KB089810

억부와 격국를 버릴 때 비기가 보인다

三命通會

삼명통회

秘비記기

11권 12권

『三命通會秘記』 삼명통회비기 11권 12권

초판 1쇄 인쇄일 2019년 05월 01일
초판 1쇄 발행일 2019년 05월 01일

원 저 만민영(萬民英)
역 자 김정안(金正安)
펴낸이 김민철
펴낸곳 문원북
디자인 황지영

등록번호 제 4-197호
등록일자 1992년 12월 5일
주   소 서울시 마포구 토정로 222 한국출판콘텐츠센터 422
대표전화 02-2634-9846 팩스 02-2365-9846
이 메 일 wellpine@hanmail.net
홈페이지 http://cafe.daum.net/samjai
ISBN 978-89-7461-435-5

이 책은 저작권법에 의해 보호를 받는 저작물이므로 저자와 출판사의 동의 없이 내용의
일부를 인용하거나 발췌하는 것을 금합니다.
이 도서의 국립중앙도서관 출판사도서목록(CIP)은 서지정보유통지원 시스템 홈페이지
(http://seoji.nl.go.kr)와 국가자료공동목록시스템(http://www.nl.go.kr/kolisnet)
에서 이용하실 수 있습니다. (CIP제어번호 : CIP2019010757)

*파손된 책은 구입처에서 교환해 드립니다.

억부와 격국를 버릴 때 비기가 보인다

삼명통회
秘비記기
11권 12권

三命通會

원저 : 만민영 萬民英
역자 : 김정안 金正安

비기祕記를 내면서......

내 집은 호암산 끝자락에 있는 빌라다. 집 주위에는 높지 않은 주택들이 많아 호암산 호압사를 넘어 들어오는 해맑은 아침 햇살이 거실 유리창을 갈라 화초 잎을 헤치고 들어오면 정말 곱고 포근하다.

가끔 무료하면 산을 올라 거침없이 호압사를 지나 깔딱 고개 올라 호암산 정상에 도착하면 굽이돌아 흐르는 한강이 한눈에 보이고, 빌딩 숲, 남산 타워, 북한산, 인왕산, 관악산 등과 저 멀리 아련히 보이는 인천 앞바다를 바라보면 찌든 삶에 활기가 돈다.

그래서 난 지금 사는 이 빌라가 참 좋다.

이제 삼명통회 적요와 7권, 10권의 벼리에 이어 11권, 12권 비기祕記를 세상에 내놓게 되었다. 과연 비기祕記일까? 그렇다! 비기祕記가 틀림없다. 아직 세상에 널리 퍼지지 않은 내용이 태산을 이루기 때문이다.

그러나 현금에 유행하는 억부抑扶와 격국格局과 기타 이론에서 벗어나지 않으면 절대 보이지 않을 것이다.

命理를 공부하는 세상 사람들이 억부抑扶와 격국格局이라는 독안에 갇혀 전혀 더 넓고 확실한 다른 세상을 보려하지 않고, 보려고 노력도 하지 않는다. 그래서 삼명통회의 11권 12권이 비기祕記, 비전祕傳일 수밖에 없다.

삼명통회 벼리 7권, 10권은 육오 만민영 선생께서 命을 논하는 이치를 설명한 것이 대부분을 차지하고, 삼명통회 11권, 12권은 선인先人 현자賢者들의 글을 수록하고 알기 쉽게 풀어 수록한 글로 구성되어 있다.

기상편은 비교적 체體의 상태의 상황을 가지고 논한 것이고, 육신편은 자평법의 진수를 논한 것으로, 현금에 유행하는 억부와 格局과는 무관 한 것이다. 그러므로 끼워 맞추려고 하면 그 심묘한 내용이 전혀 보이지 않을 것이다.

증애부는 구결로 비결을 알려 줄 것이고, **소식부**는 락록자 선생의 글을 육오 선생께서 해설한 것으로 명리에 원류에 속하는 삼명비전 三命祕傳의 삼명법이다. 그 내용은 기기묘묘하다. 현대에서 이 이론에 대한 것은 아직 국내를 막론하고 중국, 대만에도 발표 된 것도 없고, 실제 감명하는 실례도 찾지 못하였다. 또 육오 만민영 선생께서 서자평이 평評한 내용도 수록하여 자평과 삼명법을 비교하여 학습할 수 있어 더욱 빛이 난다.

소식부에 "실살神煞은 天地 五行의 정기精氣로 각 길흉의 主가 되는 바, 담명談命 者는 먼저 五行의 휴왕休旺과 격국格局을 추리하고, 그러한 연후에 神煞을 참고하여 그 일들의 종류를 관찰하여야 한다." 하여 命의 보는 선후의 관계도 잘 설명하였다.

통현자찬집은 자평과 신살을 아우르게 설명한다. 또 자평의 가장 기본 적인 내용을 충실하게 설명하는 글이다.

명통부는 서자평 선생께서 편찬한 글이라 한다. 格局의 진수를 설명하였는데, 항간에 유행하는 자평진전 식의 格局을 설명하는 것은 아니다. 그래서 인지 위작이라는 소문도 있다.

희기편, **계선편**은 명통부의 범위를 크게 벗어나지 않아서 그러한지 육오 만민영 선생께서 평을 달지 않았다.

서대승 선생께서 원리부를 편찬 하셨는데, 항간에는 서대승 선생이 서자평이라고도 한다. 내용이 자평의 진수를 보여주는 글이라고 할 수 있다. 어쩌면 현대에 유행하는 자평이라고 일컫는 논리가 서대승의 원리부의 한쪽 편을 따서 본래의 취지와 기본 또 원리를 망각한 자기 나름대로 글로 재 창출한 것이 아닐까 하는 의문이 들기도 한다.

진보부는 삼기三奇 즉 財,官,印의 형식인 三生과 二生(기세)을 위주로 설명하였는데, 이것이 자평의 진수라고 할 수 있다. 필자의 삼명비전三命祕傳의 자평부분과 그 맥을 같이 한다.

금정신비부는 육오 만민영 선생께서 편찬한 글이다. 공무원, 인반 군인, 상업, 예술, 종교, 육친을 나누어 심도 있게 설명하였다.

이외도 현기부, 수수가, 사언독보 등등에 주옥같은 비결이 수록되어 있어 명리를 학습하는 학인에게 천금만금 주고도 살 수 없는 지식을 습득하지 않나 하는 바이다.

삼명통회 적요에 삼명통회에서 전하는 간명看命 비전祕傳을 제6장 천고 사주신해를 통해서 세상에 내 놓았다. 이제 또 하나 남은 삼명법三命法의 비전祕傳을 정리하여 세상에 내 놓을 계획을 하고 있는데, 아마 올 년 말에 가능하지 않을까 한다.

이번에는 적요에 있는 자평 비전祕傳을 보강 정리하고, 삼명법三命法 비전祕傳을 추가하고, 간명에 필요한 각종 요소들을 정리 수록하여 이 한권만 보면 명리가 전부 해결 될 수 있도록 할 예정이다.

2019. 02.24 섭채 김정안

차례

券 十一

卷 十二

三命通會
삼 명 통 회

券 十一
권 십 일

氣象篇기상편 [醉醒子취성자 撰찬]

註解는 육오 만민영선생 글

⊙ 요즘 사주를 세워서 오행을 취하고, 一運을 정하고, 一運은 10년이 관련되고, 淸청, 濁탁, 純순, 駁박 등 만 가지가 가지런하지 않으니, 좋고 나쁨의 이치를 완전하게 분별하는 것을 잡기가 매우 어려우나, 옛날에는 命을 논 할 때 정밀하고 자세하게 연구하여 體체에 말미암아 用을 갖추어 논했다.

요즘에 命을 논하는 것은 격국格局에 빠져들어 가짜에 집착하니 진실을 잃어버리게 되었다.

그러하니 필히 먼저 기상氣象의 규모를 관찰하여 이에 부귀빈천을 강령綱領*으로 하고, 차론으로 用神의 출처를 알게 되면 사생궁달死生窮達이 정미精微하게 도달함을 알게 될 것이다.

모름지기 八字는 번화繁華를 요하지 않고, 五行이 화기和氣하기를 요하는 것이다.

삼원三元 六甲으로 그 흐름을 지칭하기도 하는데, 누가 만 가지의 실마리와 천 가지의 단서를 알 수 있겠는가?

그러므로 학자는 노력하여 숨어 있는 현묘한 이치를 갈고리로 끌어내고, 그 뿌리를 찾아 널리 드러내어 세상에 알리고 허虛를 찾아 실實로 향하게 하여 무無에서 유有을 창조 하여야 한다.

비록 命의 이치가 적다고 말하는 사람이 과반이 된다고 하여도 대해大海도 물 한 잔으로부터 모인 것이고, 소음少陰도 노양老陽*에서 태어나고 이루어진 것은 곧 패敗하는 징조가 되고, 변變은 곧 化하여 점차 진進하고, 이 같이 학문의 마땅한 곳을 심도 있게 살피게 되면 곧 한 줄기 빛에 해동解凍하고, 삼복의 더위에 찬바람이 있는 것과 같이 命의 이치가 어렵다 하지만 그 진리를 찾게 될 것이다.

** 강령綱領 : 일의 으뜸이 되는 큰 줄거리.
** 노양老陽 : 陽氣를 다함 주역에서 九의 數를 일컫는 말

◉ 陽은 강剛하여 중화를 못 이루어 오르게 되면 해롭고, 강剛이 유柔가 되면 길한 도道가 된다.

註解 : 이 象은 陽이 오르는데 制하지 못하고, 재차 음물陰物로 포장하지 못하고, 運이 또 동남으로 나아가면 陽의 강剛함이 중화를 잃어 主에 필히 해롭게 된다.

이것을 用하는 者는 고빈孤貧 흉폭하다.

사死는 水火의 사이에 있다.

만약 五陽이 陰月에 生하고 干支의 협합夾合이 음유陰柔한 물物이고 운도運道가 또 음유陰柔한 곳이면 길하게 된다.

이 같이 用하는 者는 비록 한천寒賤하게 태어났어도 끝에는 반드시 영화가 있다.

⊙ 유약하고 편고偏枯하면 소인의 象이고, 강건하고 중정中正하면 군자의 풍이다.

註解 : 이러한 상象은 중화의 道가 아니다.

四柱 中에서 다만 음유陰柔하게만 나타나 있으면 격에 들어가지 못하고, 干支에 또 陽이 포함되지 않으면 즉 끝까지 나약하게 되고, 이것을 用하는 者는 심기가 음독陰毒하여 아무 곳에도 이르지 못하게 되고, 강건하면 군자의 체가 되고 중정中正은 군자의 덕이 된다.

四柱의 陽中에 陰이 감추어져 있으면 강강剛이 유유柔의 制를 얻어 破,剋,刑,衝을 범하지 않게 되는데, 이것을 사용하는 者는 덕을 行하는 사람이고, 중도는 곧음으로 세상을 덮으니 그래서 군자의 풍이라고 말한 것이다.

⊙ 한박寒薄이 과하면 화난和暖의 처에서도 분발이 어렵고, 조열燥烈이 과하면 수격水激 처에서 도리어 흉재凶災가 발생한다.

註解 : 四柱가 순음純陰으로 된 것은 10월에 生한 것으로, 五行의 근근根이 절절絶되어 공허하고, 日干도 쇠약하여 강건한 氣가 없는 것이다. 설령 화난和暖한 곳을 만난다고 하더라도 발달이 어렵다.

四柱의 순화純火는 하지夏至 전에 生한 것으로, 인성人性이 조열하고, 歲, 運 中에서 돌연히 수격水激을 만나도 제어하지 못할 뿐만 아니라 도리어 해롭게 되어 이것을 用하는 者는 요절하거나 고빈孤貧하고 범법을 행하여 형벌을 받게 된다.

** 과過 : 분수를 잃다.

◉ 집실執實이 과하면 일이 현활顯豁하지 못하고 청냉淸冷이 과하면 의지가 처량하게 된다.

註解 : 집실執實은 한 개를 사용하면 통하지 못하게 되는 것이다. 가령 官을 사용하는데 財가 없고 印을 사용하는데 煞이 없는 것이다.

合이 많으면 이룸이 적은 者로 일을 완성하는데 활달하지 못하다.

만약 金水가 과하게 청한淸寒한데 화난和暖의 運을 만나지 못하면, 가령 庚辛이 10月에 生했고, 柱中이 순수한데 運에서 또 서북으로 나아가면 평생 혼자 먹고 혼자 잠을 자게 되니 생애가 적막하고 사람이 괴로워 견디기 어렵게 된다.

◉ 정情이 과하면 뜻을 오래도록 이루지 못한다.

註解 : 국중局中의 物이 유정함이 과하게 되어서는 안 된다. 만약 정이 과하면 현혹해 들어오는 것을 거부하기 어려워 자기의 별 다른 소견이 없다. 가령 甲木이 己土가 처가 되는데, 정이 견고하여 좋은데 甲己 支下가 子丑이 되면 내외가 合하여 財官(처와 자식) 이외는 없어 印綬가 甲의 마음이 움직여도 甲의 항상 오직 己土의 下에 있게 되니 그 뜻이 어찌 원달遠達하게 되겠는가?

◉ 용력用力이 과하면 이루는데 어려움이 많다.

註解 : 무릇 柱中에 얻은 자연의 물物이 뛰어난데 다시 용력用力을 부지扶持하면 끝내 좋지 않게 된다. 또 가령 財를 用하는데 국중局中에서 보지

못하였으면 반드시 傷官, 食神이 소생 시켜야 한다. 또 가령 食傷이 실시失時하여 무기無氣하면 또 比肩이 도와주어야 한다.

혹 외충外衝, 요합遙合하면 모두 用力이 분수를 잃게 된 것으로 그 성취는 반드시 어렵게 된다.

◉ 貴人이 과하면 재災를 만나도 스스로 낫고, 악살이 과하면 복을 만나도 누리기 어렵다.

註解 : 팔자 中의 원原에 貴人, 이덕二德이 많고, 財官이 돕고, 刑, 破가 없으면 비록 엎어지고 자빠져도 위태롭지 않게 된다.

원原에 악살, 삼형三刑, 육충六衝이 많고, 財官도 마찬가지로 등지게 되면 설령 財官의 地를 만난다 하더라도 어찌 복의 터를 누리게 되겠는가?

◉ 五行이 절絶한 곳도 祿馬가 身을 돕고, 四柱가 뛰어나도 比肩은 복을 나누어 가져간다.

註解 : 무릇 절처絶處를 만났다고 흉이 된다고 하는 것은 옳지 않다.

흉한 곳도 길신이 상부相扶하면 길함이 있는데, 가령 木의 絶은 申인데, 申에는 壬水 印이 있고 戊,庚은 財,官으로 내가 사용하는 물건이 되어 필히 身을 돕게 되니 복으로 나아간다.

다만 근심은 내가 사용하는 官을 극해剋害하는 神이 있으면 사용하는 곳이 끊기게 되어 이것이 흉하게 된다.

官은 貴가 되고 財는 기흡가 되니 局中에 財,官이 있으면 길하다.

比肩은 거리낌이 없어도, 劫財와는 官을 두고 싸우게 되어서 완전히 좋은 것은 아니다.

⊙ 陰陽이 오로지 강강剛하거나 유유柔하면 干支가 어찌 전도顚倒*되지 않 겠는가!

註解 : 陽은 강강剛하고 陰은 유유柔한 것은 天地의 道가 된다. 전도顚倒는 반복 反覆을 일컫는 말이다.

소이 아래 글에 실마리를 설명하였다.

** 전도顚倒 : 엎어져서 넘어지거나 넘어뜨림, 위와 아래를 바꾸어서 거꾸로 함.

** 반복反覆 : 언행을 이랬다저랬다 하여 자꾸 고침.

⊙ 비록 장가가 처처妻를 얻었지만 부부夫를 인식하지 못한다.

註解 : 부부가 이미 궁에 들이 있는데 어찌 알지 못 하는가?

다만 무정하여 통하지 못하니 남편을 볼 수가 없는 것이다.

가령 乙木은 庚金은 남편이 된다. 중간에 丙火가 사이에서 통함을 끊어버 리면 庚은 火에 손상을 입게 되고, 혹 좌의 子午가 패사敗死의 地가 되면 처는 끝까지 남편을 볼 수 없다.

⊙ 본본本에 자식이 있는데 모모母가 고려하지 않는다.

註解 : 자식은 어머니가 돌보는 것이 이치이고, 정이다.

身에 기반羈絆이 되면 끝내 기르지 못하게 된다. 가령 甲이 丙을 사용하는 데, 자식 辛金이 合하여 가면 오직 연모하는 처의 정이 엄마의 사랑으로 바뀌게 되는 것이다. 그래서 局中에 비록 丙火가 있다고 하더라도 사용이 불가능하다.

무릇 命中에서 서로 일을 꾀함은 이와 같은데 거의 오류가 없다.

◉ 부父는 자식이 없어도 고독하지 않고, 자식은 父가 있어도 도리어 고독하다.

註解 : 火는 木의 자식이 되는데, 四柱 中에 丙,丁,巳,午가 없으면 자식이 없는 것이다.

만약 地支에 火가 암축暗蓄 되어 있고 天干에서 제화制化하여 사용을 얻게 되면 자식이 없는 것은 아니다.

水는 木의 부모가 되는데, 만약 손극損剋 당하게 되면 生할 곳을 얻지 못한다.

가령 甲,乙日이 亥子年 生이고, 月은 辰,戌,丑,未가 되면 水는 土에 손상을 입게 되어, 곧 소생한 사람은 잃게 되는 것이니 어찌 고독하게 되지 않겠는가!

◉ 生은 오히려 다시 生할 수 있고, 사死는 거듭 사死하는 것은 불가하다.

註解 : 국중局中의 物의 원원에 長生이 있는데, 먼저 극손剋損 되어도 歲,運에서 다시 生旺의 地을 만나 身의 힘이 복강復強되는 것이 재생再生이다.

死는 끝이다. 무릇 사주의 物들이 원국原局에 死絶의 궁이 있는데, 뒤에 歲,運에서 다시 만나면 다시 흉하게 된다고 논하지 않는다. 死는 두 개가 될 수 없다.

◉ 이미 죽었다고 귀鬼가 되는 것은 아니고, 生을 만나도 또한 명예를 이루지 못한다.

註解 : 木이 봄에 生하고 時를 얻으면 旺하게 된다. 柱中에서 비록 死絶의 궁을 만나더라도 運行이 生旺한 곳이면 사지死地가 되는 것은 아니다.
木이 가을 生이면 실시失時되어 약하다. 柱中에 비록 生旺의 궁을 만나더라도 運行이 쇠절衰絶의 地가 되면 끝내 生이 되는 것은 아니다.

◉ 자식이 많으면 어미가 병病들게 되는데, 많은 밭은 가는 것과 같고, 어미가 많으면 자식이 病들게 되는데, 깊은 연못에 빠진 것과 같다.

註解 : 자식은 어머니에서 소생하게 되니 많으면 어미의 氣가 설설洩되어 허虛하게 된다. 어미에 다시 쇠병衰病이 가해지면 정력이 미치지 못하여 결국 자식을 돌보지 못하니 일컬어 많은 밭을 가는 것이라고 한다.
어미는 두 명이 없어야 존귀하여 그 은혜가 온전한데 만약 어미가 많으면 陰이 모여 질투가 나타나 간사한 모의가 일어나게 된다. 즉 오성五星이 두 명의 어미를 차지하고자 서로 권리를 다투게 된다.
자식이 태과하면 어머니의 사랑이 적어서 자식이 의지하는 곳이 없게 된다.

◉ 올바르지도 않고 衝하지도 않고, 치우치지 않고 合하지도 않고, 횡횡橫도 아니고 刑하지도 않고, 곧은 것도 아니고 깨어진 것도 아닌 것이 衝이 된다.
육극六極의 기문歧門을 여는 것이 合이 된다.
만물의 형적形跡이 열리는 것이 刑이 된다.

변變하고 개정改正 되는 것이 파破가 된다.

적敵으로 인해서 손상이 생긴다. 그래서 가시나무 땅에서 金을 生하게 되는데, 남전藍田*에서 나는 구슬의 종류만 못하다.

註解 : 이상의 네 가지 실마리는 전극戰剋 격박擊剝의 상象으로 내에 형허 刑虛, 구원鉤遠을 사용하는 것이다.

도란倒亂한 것을 용신用神으로 취한 것으로, 귀貴가 되고 복이 된 자者이 다. 財가 官을 生하는 것을 사용하는 것보다 못하다.

印이 煞을 얻어 사용하면 자연히 뛰어나게 되는데, 이것은 子平에서 이른 바 오로지 財,印,食을 논한 것이다.

** 남전 藍田 : 중국 섬서성 서안시 동남방에 있는 현의 이름. 그 동쪽의 남전산藍田山 에서 아름다운 구슬이 났음

◉ 길신吉神은 나의 보조자로, 吉神이 구원하면 공로가 있다.

註解 : 무릇 人命이 쇠약하고, 혹 刑.傷.破.害가 되면 用者로 이룰 수 없어 반드시 吉神이 도와 보좌하여야 나의 복을 이룰 수 있다.

또 나를 돕는 神을 살펴야 한다. 세력의 경중 여하를 판단하여야 하고, 만 약 무근無根하고, 실령失令하고, 혹은 자신이 손상 받으면 먼저 用을 구조 하는 吉神의 여하를 살펴야 한다.

가령 甲日의 여름 태생은 火에 분화焚化되는데, 壬,癸,亥,子를 만나면 나를 도와 구원을 하게 된다. 다만 水가 먼저 火土에 剋을 받아 줄어들면 나의 복이 되지 못한다. 반드시 金의 구원을 원하게 되어 水를 生하여 旺하게 하여 水로 하여금 나를 고려하는 정이 있게 되어야 한다. 이와 같은 공은

水에 있지 않고, 金에 있다.

또 가령 午가 子에 衝을 입는데, 未는 나와 合하고, 子는 未를 천천穿하게 된다. 未는 나를 돕는 神이 되는데, 가령 未가 손상을 받으면 사용되지 못하게 된다. 반드시 未土가 생조生助되어 힘이 있게 되어야 未土를 用할 수 있게 된다.

◉ 흉물은 身을 손상 시키니, 用이 손상 시키는 흉물을 해결하여야 한다.

註解 : 人命 中에 만약 흉신을 만나서 나의 신궁身宮을 극한다면, 반드시 柱中의 어떤 물건이 구하여야 한다. 나를 傷하게 하는 神을 제어하여야 저것이 자연히 해결되어 허물이 없게 되니 어찌 그 영향이 내게 미치지 않겠는가?

가령 甲木은 원래 金에 상해傷害 당하여 재해를 면하지 못하는데, 火를 얻어 剋하면 위태로움이 스스로 멀어지게 된다. 또 卯가 酉에 衝당하면 柱中에 午를 보는 것도 그러하다.

◉ 五行은 각 그 일정한 곳을 얻어야 한다. 모여 귀취(歸聚=통근通根)하면 복을 이룬다.

註解 : 무릇 五行이 허명虛名 실위失位되는 것은 불가不可하다. 다만 득령得令 귀항(歸垣=通根)을 얻어야 貴하게 된다. 만약 一局이 성립되면 뛰어나 다른 설명이 필요 없다.

◉ 일국一局이 그 원원垣를 모두 잃은 者는 유탕流蕩하고 의지할 곳이 없다.

註解 : 무릇 日主와 用神은 저락著落(통근通根)하는 것이 함께 되어야 한다. 가령 四柱 중에서 통근하지 못하여 기댈 곳이 없는데, 공망空亡, 사死, 절絶, 목욕沐浴, 형형刑, 충衝을 만나면 종내 이루지 못하고 필연 유탕流蕩하여 처소를 잃게 된다.

◉ 大運은 절제折除하여 세세歲를 이루고, 小運은 역순逆順으로 時에서 말미암게 된다.

註解 : 이주二註는 이미 論大運, 小運中에서 설명했다.

◉ 문고文庫는 충衝하여야 문명文明이 성성盛하고, 무고武庫를 가리어 엄폐하여야 방패와 창이 편안하다.

註解 : 戌은 문고文庫가 되고, 대개 火는 문명文明이 된다. 팔자 중의 원原에 재관財官, 인수印綬, 식신食神에 生氣가 없다면 문장과 학문의 징조가 없다. 문을 잠근 것이 되면 문문文이 없는 사람이다. 만약 암암暗에 상관傷官이 있고, 혹은 인수印綬가 숨어 분명하지 않는 자者, 또한 主가 총명하다.
柱中에 辰,未,丑을 얻어 戌庫를 충衝,형刑하고 運이 동남으로 나아가면 발화하여 광명하니 말미암아 문장이 왕성하게 되어 한원에 발탁되는 것을 나는 많이 보았다.
丑은 무고武庫가 되고 金은 방패와 창이 된다. 八字 中에 추기秋氣인 申,酉,庚,辛을 많이 차면 즉 이는 살기가 되는 것으로 편관偏官 양인羊刃과 동궁同宮하면 두려움이 적어서 싸움을 많이 하는 사람이 된다.

柱中에 子,巳,酉의 神과 합국合局하고, 겸해서 동남, 木火로 행하면 완금頑金을 制하니 즉 무武를 가리게 되니 창과 방패가 편안하게 된다. 이 같은 사람은 장사壯士에 해당하지만 무기를 버리고 한산하게 되는 者인데 내(育吾)가 체험한 견해다.

⊙ 비룡飛龍이 天을 떠나 구름을 따라 못에 들어가 잠룡潛龍되었다 구름을 따라서 승천하다.

註解 : 용龍은 辰이다. 天者는 亥가 되고 운운雲은 壬이다. 용龍이 구름을 얻어 하늘을 난다.

만약 年에 亥를 보고 월건月建이 辰이 되고 歲,月의 간두干頭에 壬이 있다면 즉 龍이 天에 있는 것이 되고, 日,時에 水가 旺하면 龍이 局을 만난 것으로 龍은 필히 구름을 따라서 못에 들어가게 된다. 무릇 龍은 水가 집이 되니 위의 하늘에서 떠나 아래인 水에 잠기게 된다. 이 象을 얻은 者는 문장이 세상을 덮고, 평생에 막힘이 있어도 통하게 되고, 공명이 비록 나타나서 대각(台閣:정치하는 관청)에 들더라도 사업이 종래에는 임천(林泉:은사(隱士)가 사는 곳)으로 나가게 된다.

柱中에 巳,午의 두 글자가 있는 者는 빈박貧薄한 하류의 命이 되고, 만약 年에 亥를 보고 時에 辰을 보면 日,月이 水를 만난 것으로 즉 龍이 못에 하잠下潛하게 된 것이다.

만약 干支에 刑,衝,剋,破가 있으면 龍은 편안하지 못하게 되고 日,時 上에 壬을 요하는데, 龍은 필히 구름을 따라서 하늘로 올라간다.

이와 같은 象은 年에 亥가 없으면 巳를 사용하여도 도리어 衝도 길한데 다만 한천寒賤한 출신으로 조부에 의지하지 못하고 후後에 필히 사람의 힘을 빌려 공명이 분발하게 된다.

主는 임금을 가까이 모시는 책임을 맡게 되고 運이 己酉 패절敗絶로 나아가면 집에 상喪이 있고 파직된다.

즉 임기룡배격壬騎龍背格을 설명한 것이다.

◉ **대림용大林龍은 천하天河에서 나오고, 사고四庫의 土는 九五*에 모두 거주한다.**

註解 : 대림용大林龍은 즉 戊辰木이 된다.

四柱의 中에서 납음의 천하수(天河水:丙午,丁未)를 얻게 되면 龍이 승천하게 되고 다시 완전한 四庫를 갖추면 사해四海를 구비하게 되는 것으로 소이 天下 모두 우택雨澤이 차지하게 된 것으로 필히 九五가 되어 위대한 사람이 된다.

明나라 태조의 命이 명조를 위의 연유로 설명한다.

丁 丁 壬 戊
未 丑 戌 辰
水 水 水 木

** 九五 : 역괘에서 아래로부터 다섯 번째 양효의 이름. 건괘의 구오가 임금의 지위를 뜻하는 상이라는 데서 임금의 지위를 일컫는 말.

◉ **장류長流의 용龍은 대해大海에 복귀하고, 오호五湖에 水가 모이면 많은 군중을 장악한다.**

註解 : 장류長流의 용龍은 壬辰(장유수長流水)이 되고, 龍은 장류長流의 장소

가 된다. 地支에 亥를 얻으면 龍이 대해大海에 되돌아간다고 하였고, 또 말하기를 龍은 천문天門에 뛰어 오른다 하였다.

묘妙는 납음 대해수大海水에 존재하는데, 사주에 이 水를 갖춘 者는 오호五湖의 水가 된다. 이미 갖추어졌고 또 깊으면 龍에 유익한 곳으로 좋다.

庚,辛이 生하기를 요하고 출입하면 산악이 요동하는 것으로 귀한 象이 아닐 수 없다.

가령 신건백新建伯에 봉해진 왕양명王陽明의 命.

　　癸 癸 辛 壬
　　亥 亥 亥 辰
　　水 金 水 水

이 사람은 양명학陽明學을 세운 사람이다.

◉ 六合은 공功이 있어 권력이 육부六部에 이른다.

註解 : 무릇 四柱 中에 刑,衝,尅,害,破가 있는 象은 근본으로 흉으로 논한다. 合이 되어 힘이 있게 되면 도리어 상상서롭게 되어 그 복은 많다. 年,月에서 用이 되면 크게 貴하고 日,時는 다음 순이 된다.

◉ 三刑을 득용得用하면 권세가 세 개의 변방까지 전해진다.

註解 : 刑은 원래 불길한 것이다. 득용得用되면 부귀하고 총명하고, 무용無用 者는 고빈孤貧하고 요절한다.

이것을 득용得用할 수 있는데, 삼형三刑이 유기有氣하고 日主가 강강剛強하면 用할 수 있다.

◉ 子午는 단문端門*이 되고, 쌍공雙拱(정공正拱외공外拱)의 外와 正의 갈림길을 알아야 한다.

註解 : 子午의 二位는 정正으로 치우지지 않아 그래서 단문端門이라고 한다. 만약 협공夾拱하여 파손破損이 없는 者는 다시 역량이 있게 되어 사람이 총명하고 벼슬로 나아가 업적을 세우고 명성을 날리게 된다.
정공正拱은 亥,丑이 子와 손잡는 것이고, 巳,未가 午와 손잡는 것이고, 외공外拱은 申,辰이 子와 손잡고, 戌,寅가 午와 손잡는 것으로 空亡, 剋, 破는 손상되어 꺼린다.
** 端門 : 궁전의 정전正殿 앞에 있는 정문.

◉ 巳寅의 生地는 건곤[乾(亥)坤(申)]과 合하면 충분하게 빼어난 기운이 된다.

註解 : 巳寅 生이 힘이 있으면 申亥와 합할 수 있다.
亥는 건乾이 되고, 신申은 곤坤이 되어, 만약 충잡衝雜하지 않으면 申亥는 귀한 氣가 올라 재능이 출중하게 된다.

◉ 天地에 포장包藏된 神을 득용得用하면 흉금胸襟이 현활顯豁하다.

註解 : 亥는 天이 되고 申은 地가 된다. 역량이 갖추어져 있으면, 가령 팔자 중에 두 글자가 나타나 있지 않고, 좌우의 神을 얻어 두 글자가 공협拱夾하고, 겸해서 유기貴氣하고, 공망에 떨어지지 않으면 모름지기 현활顯豁하게 된다. 혹은 申亥가 酉戌을 안고 天干의 어떤 물건에 얽매이면 사용되어 貴하게 된다.

24

◉ 풍뢰風,雷가 격렬하면 貴가 이지러지지 않아 이름을 날리게 된다.

註解 : 巳는 풍문風門이 되고 卯는 뇌문雷門이 된다. 팔자 中에 일위一位가 허공虛拱되고 다시 貴人이 있고 歲,運에서 충기衝起되면 반드시 발달하게 된다.

◉ 적지賊地에서 성가成家했다면 적적賊이 난동피워 집안이 망하고, 身은 반드시 상상喪하게 된다.

註解 : 이 법은 月支에 五陰이 있는 者를 말한다.
만약 歲,日과 쟁합爭合하는 神이 있어 이것이 처가 되고, 月支가 그 中에 함닉陷溺하게 되면 하고자 하는 것을 얻지 못하게 되어 적지賊地라고 한다. 다시 歲,日의 神이 자형自刑이 되면 나와 합할 틈이 없고, 時支에서 승기乘機를 얻고, 더불어 月支와 합하게 되면 이것을 일컬어 적적賊의 땅에서 집을 이룬 것이라 하여 부귀가 얕지 않고, 大運에서 적적賊을 제거하면 편안하게 되는데 다시 적이 난동을 부리면 흉하게 된다.
*** 함닉陷溺 : 물 속으로 빠져 들어감 [주색 따위의 못된 구렁에] 빠져 들어감

◉ 대들보는 깎아야 하는데, 木이 많으면 金이 이지러져 이루기 어렵다.

註解 : 木은 본래 金에 힘입어 깎여져 그릇이 만들어 지는데, 만약 金이 습을 당하여 머무르게 되면 木을 훼剋하지 못하고 도리어 木과 金이 이웃이 될 뿐이다.
만약 木이 성성盛한데 金이 약하면 비록 金을 취한다고 하더라도 깎지 못하

25

여 사용하지 못한다. 가령 木을 사용하는데, 金과 合하게 되면 피차가 서로 강하게 되니 貴로 논한다.

◉ 순양純陽이 지호地戶에 陰을 안으면 병권이 현혁하다.

註解 : 八字에서 순양純陽은 원래 편중된 무리가 된 것인데, 의외로 子,寅, 辰,午,申,戌이 陰인 丑,卯,巳,亥,未,酉가 암공暗拱하게 되면 두 개의 象이 서로 교감하여 구제되어 天地의 정기正氣가 완전하게 된다.
다시 四柱에 공망空亡이 없고 天干에 생의生意가 있으면 더욱 뛰어나다.
이 같은 象은 변방에서 권력을 행사하고 공후公侯의 벼슬로 발복이 적지 않다.

◉ 한 마리 호랑이가 천문天門에 木을 차면 대각臺閣이 청고清高하다.

註解 : 무릇 歲,月에 한 개의 寅을 얻으면 도리어 時에서 천문天門을 보아야한다. 그러면 호(虎:寅)는 반드시 조천소일朝天嘯日하게 되고, 柱中에 다시 卯未와 합국合局하면 木이 성성盛하여 풍風을 生하고, 바람은 호虎가 말미암는 것이니 어찌 훌륭하게 되지 않겠는가!
만약 刑, 沖, 剋, 破가 있고, 印綬, 財, 官을 얻지 못하면 사용하지 못한다.

◉ 학당이 역마驛馬를 만나면 문장의 대가가 된다.

註解 : 신좌身坐 장생長生이 학당이 되고 다시 역마驛馬가 교류하여 달리고, 일충一衝, 일합一合을 하면 통 큰 기개가 있고, 財, 煞, 貴人을 차면 가

장 貴하고 문장이 맑고 깨끗하여 속세에서 따를 자가 없을 정도가 된다.

⊙ 日主에 함지咸池가 좌좌坐했으면 강호江湖의 화주花酒가 된다.

註解 : 함지咸池는 또 다른 이름은 도화살桃花煞이다. 남녀가 만나면 필연 음란하고, 꽃과 술을 좋아하고, 강호를 유랑한다.
만약 財,官,貴,德과 동궁同宮하면 도리어 인격이 청기淸奇하고, 부귀하여 편안하게 누리고, 刑, 合은 크게 꺼리는데 공망은 좋다.

⊙ 복이 가득하면 禍를 방어하여야 하고, 흉이 많다고 반드시 상서로움이 없는 것은 아니다.

註解 : 대저 印을 사용하여 身을 生하게 되면 나의 복이 된다.
柱中의 원原에 官,煞이 있으면 印이 旺하게 되어야 하고, 財, 傷, 食神을 만나서 설기泄氣되지 않으면 貴하게 된다.
運行이 比印의 旺地가 되면 생부生扶가 태과太過하게 된다. 福이 가득 찬 곳이라도 어찌 禍가 없겠는가? 이 때문에 군자는 왕성한 곳을 두려워하게 된다.
국중局中 원原에 官煞이 많고, 다시 官,煞이 歲.運에서 行하게 되면 흉이 더욱 심하게 되고, 세월이 다가도록 험난하게 살아간다. 후에 필히 제복制伏하고, 身旺한 運이 되면, 곧 불운이 극에 달한 후에 행운이 온 象이 된다.
가령 甲日의 원原의 官,煞로 인해 위태로운데, 運에서 다시 申酉로 나아가면 흉이 더욱 심하게 된다.
순順으로 행하는 亥,子의 印運과 역逆으로 행하는 巳,午의 제운制運은 구원하는 물物이 되니 어찌 아름답게 되지 않겠는가!

이 두 구절은 陰陽은 소장消長*을 설명한 것이다.

화복의 기복倚伏*은 천도天道가 인사로 유통하여 발생하는 것이니 마땅히 그 의의를 상세히 살펴야 한다.

** 消長 : 쇠하여 사라짐과 성(盛)하여 자라감

** 倚伏 : 화禍와 복福은 서로 인연이 되어 일어나고 가라앉음.

⊙ **마馬의 머리에 화살을 차면 진秦에서 生하여 초楚에서 死하고, 마馬를 뒤에서 채찍을 가하면 북에서 아침을 맞고, 남에서 저녁을 맞는다.**

註解 : 이 말은 역마驛馬가 日,時 下에 있고, 반드시 合되어 있는 것이다.

일컬어 고삐를 맨 것이라 하여 큰 재복財福이 있고 재능이 넘치게 된다.

또 馬 앞에 刑衝이 있는 것을 화살을 찬 것이라 하여 고삐가 끊긴 象이 된다. 만약 衝한 者가 金에 속하고, 尅하는 者가 木에 속하면 더욱 화禍가 심하여 그 사람은 타향에서 사망하게 된다.

무릇 驛馬를 취하여 用하면, 순순順은 年에서 日,時를 취하고, 역逆은 時가 日主를 用한다.

馬에 제란堤欄이 없으면 방자하게 날뛰는 것을 저지 할 수 없다. 가령 뒤에서 다시 刑衝을 하게 되면 馬은 필히 질병이 있게 되고, 종내 안돈安頓의 地가 없으면 主人은 一生 피곤하게 살아가고, 사방으로 빨리 달리려고 경쟁을 하게 되고, 만약 刑衝의 神이 三合, 六合을 만나면 채찍질하여 걸음을 더 재촉하지 않는다.

◉ **성령性靈의 형침形寢은 속은 탁하고, 겉은 청淸하게 흐르고, 모양은 준걸한데 마음이 어리석은 것은 무릇 청淸한 中에 함탁涵濁한 것이다.**

註解 : 무릇 用神을 취함에서 刑,衝하면 착란錯亂하고 탁하여 적당하지 않아 사용하지 못한다는 말이다.

마땅히 그 中에 있는 암장暗藏의 물물物物을 살펴야하는데, 만약 탁한 中에 한 점의 고청孤淸함이 나타나 흐르게 되면 사람이 수수하고 허름하지만 성정이 영리하고 슬기롭고 지략이 뛰어나다.

만약 用神의 청기淸奇 특립特立은 혼잡하고 형상刑傷되지 않아야 청하다고 말할 수 있다.

다만 중간에 암장暗藏의 物이 있고, 소용의 物에 손상되는데 그 병을 끝내 제거하지 못하면 사람이 비록 미모가 있지만 필연 실학失學하여 이루지 못하고 주색으로 혼미하게 된다.

◉ **한명의 장군이 문을 지키면 간사한 무리가 항복한다.**

註解 : 장將은 귀중貴重한 神이고, 관關은 긴요한 것이고, 사邪는 나를 시기하는 物이 된다. 가령 甲乙日에 金旺한 年月이 되면 모두 나를 剋하여 오는데 丙이 月上에 투출하면 제살制煞하는 권력이 되어 煞을 복종 시키게 된다.

또 壬癸가 戊己를 만나고 支의 土가 剋하면 身은 적과 맞서지 못하는데, 긴요한 곳에 庚辛 印이 있어 煞을 化하면 감히 난동을 부리지 못하게 된다.

◉ 흉한 무리가 主를 刧하면 독력獨力으로는 이기기 어렵다.

註解 : 이 말은 煞이 중중重重하고, 身은 경하고, 고독한데 돕는 者가 없다는 말이다. 무릇 문을 지키는 것이 없으면 구원하는 神이 있어야 한다. 그렇지 않으면 이길 수 없어서 主는 병으로 요절하게 된다.

◉ 무리에서 벗어나면 무리를 보는 것을 꺼리고, 이 神이 化하면 이 神을 보는 것을 기뻐한다.

註解 : 종화從化는 뛰어난데 거처가 궁하지 않아야 하고, 반드시 용심用心을 상세히 살펴야 한다. 가령 甲己 合 화토化土하면 木氣를 벗어버리고 처가妻家를 따라야 하는데, 만약 甲,乙,寅,卯,未,亥를 보면 나와 비견比肩*하여 곧 원原에 旺한 깔개가 되니 어찌 연정이 없지 않겠는가! 게다가 比,刃은 또 나의 財를 쟁합爭合 할 수 있어 甲己로 하여금 서로 이루지 못하고 도리어 사이를 떨어지게 하는 한恨을 만들게 한다.
또 가령 乙庚 化金 되면 金이 旺하게 되는 것이 좋다. 처가 지아비에 의지하게 되는 것이다.
[蟾彩 : 각 음陰인 乙,丁,辛,癸를 기준으로 화신化神을 설명했다]

丁壬 化木은 木이 旺한 것을 좋아한다. 두 여자가 그 모母에 의지하게 되는 것이다.
丙辛 化水는 水가 旺하게 되는 것을 원한다. 모母가 자식에 의지하는 것이다.
戊癸 化火는 火가 旺한 것을 좋아하는 것으로 主가 財에 의지하는 것이다.

空亡과 煞을 크게 두려워하고 比肩은 쟁투爭妬하여 큰 벼슬을 이루지 못하게 하고 고아와 이성異姓이 된다.

** 比肩 : 앞서거니 뒤서거니 하지 않고 어깨를 나란히 함. 낮고 못함이 없이 서로 비슷하게 함.

⊙ 역마驛馬가 고삐가 없으면 남북동서의 객客이 된다.

註解 : 고삐가 없는 것은 馬가 승하지 않은 것으로 남북동서로 다니지 않는 곳이 없다. 가령 人命에 이것을 만나게 되면 主는 반드시 표령飄零*하게 된다.

** 표령飄零 : 처지處地가 딱하게 되어 안착하지 못하고 이리저리 떠돌아다님

⊙ 도화桃花가 煞을 차면 창기, 광대, 종, 병졸의 무리가 된다.

註解 : 도화桃花를 日時 上에서 본 것을 두고 말한 말이다. 刑하고, 合하여 유정한 것을 꺼릴 뿐만 아니라 五煞과 같은 위치가 되는 것을 더욱 꺼린다. 예의와 염치의 가르침을 받지 아니한 무례한 무리가 된다.

⊙ 모자母子는 처음부터 끝까지 의지하게 되고, 부처夫妻는 生死를 탐하여 서로 의지한다.

註解 : 모자母子, 부처夫妻는 오직 체용體用의 양단兩端으로 설명한다. 그런데 日月에 있는 것이 중요하다.

가령 戊日 좌坐에 辰이 있고, 申月에 生했으면 土의 자식은 金이 되고, 金은

辰에서 양양養하니 자식은 어릴 때 모母에 의지하여 스스로 강하게 된다. 土는 申에서 生*하고, 늙어서는 얻은 자식에 기대게 된다. 이와 같은 象은 매우 뛰어나다.

歲,運이 파파破되는 것은 크게 꺼리고 근심이 된다.

가령 丙日의 子月이 酉金을 用하면, 火에게 金은 처가 된다. 辛金은 子에서 生하여 부가夫家에 시집가서 자신의 身이 길러지게 된다. 火가 酉에 이르면 死하게 되는 것이니 처, 財에 의지하여 살아가는 命이 된다.

이러한 象은 財官을 사용하는 것으로 貴하게 되고, 크게 꺼리는 것은 刑,衝으로 局이 흩어지는 것이다.

[蟾彩 : 土가 申에서 生한다는 것은 삼명법의 이치다. 삼명법에서는 水의 일생과 같이 취급한다.]

◉ 두 눈에 눈동자가 없는 것은 火土가 癸水를 볶아 마르게 했기 때문이다.

註解 : 癸水는 사람의 신장에 속하는데, 一身의 터가 되고 두 눈의 근본이 된다. 눈은 五行의 관련에서 오직 눈동자는 水에 속하니, 水가 고갈하여 신장이 허虛하게 되면 눈동자가 의지할 곳이 없게 된다.

만약 日干이 火土 月에 태어나면 갈라지고, 日時 좌坐의 土는 근원을 막고, 柱中에 木火를 만나면 볶여 줄어들고, 종화從化를 이루지 못한 者는 눈병으로 근심이 많게 된다.

만약 歲,月,時 中에 있으면 비록 가을의 기운을 얻었다고 하더라도 서북 大運으로 나아가지 않고, 木火의 태염太炎한 地를 만나면 실명하여 괴로움을 당하게 되고, 水가 자못 통근하게 되면 하원下元에 질병이 있게 된다.

⊙ 대장大腸에 병病이 있는 것은 丙丁이 庚金을 훼하여 손상시키기 때문이다.

註解 : 庚은 대장大腸에 속하여 水土에 임하면 마땅하고, 丙,丁,寅,卯가 局을 얻었는데 制하지 못한 것은 좋지 않다.
庚金이 비록 통근하였더라도 刑,衝,훼,破을 당하고 겸해서 木火 大運이 들어오면 水土가 쇠한 곳이 됨으로 이 같은 질병이 있게 된다.

⊙ 土가 습지濕地로 나아가면 뿌리가 기울어지게 되어 백우伯牛*의 한恨과 같고, 火가 염천炎天의 곳에 있고, 局을 얻으면 안자顔子*의 근심은 없다.

註解 : 戊土는 비위에 속한다. 四柱 中에 生旺 통근通根의 위치가 없고, 음습陰濕한 時에 태어났고, 또 토처土處가 수침水浸하게 되고, 運行이 습지濕地가 되고, 歲에서 土가 훼을 받으면 비위인 土가 손상을 입게 되어 이로 인하여 질병이 발생한다.
火는 문명의 象으로 구하九夏에 生하고, 寅午戌 三合 局이 되면 火가 발휘한다. 木이 적은데, 적은 것이 사용되면 피곤하고, 水가 통근되는 것도 좋지 않다.
火를 만나 불꽃이 일어나는 이것을 얻은 사람은 즐거워 근심이 없게 된다.
火가 극처極處로 나아가고 木의 生함을 많이 만나면 도리어 主는 요빈夭貧하고, 이롭지 않다.
** 백우伯牛. 안자顔子 : 백우伯牛의 병. 백우는 공자의 제자 염경冉畊의 자. 안자顔子는 고대 학자의 이름.

◉ 水가 범람하여 木이 뜨게 되면 죽어서 관곽棺槨이 없고, 화염으로 토조土燥하면 삶이 고단하다.

註解 : 木이 水의 범람에 말미암게 된다. 運에서 土가 막지 못하고 다시 死絶한 곳이 되고, 衝되고 아울러 煞을 만나면 반드시 타애락수墮崖落水하고 횡해독망橫害毒亡하여 좋지 않다.

土는 火로 인해서 건조하게 되면 만물을 生하지 못하는데 초운初運이 남으로 행하면 못쓰게 되어 사용하지 못한다.

뒤에 비록 財官을 만난다고 하더라도 사용하지 못하여 고빈孤貧 분주奔走하게 되고, 가家가 없는 命이 된다.

◉ 처가 많고 日主가 약하면 화분花粉의 생애가 되고, 馬가 약하고 比가 많으면, 형해形骸가 표박飄泊하다.

註解 : 무릇 財를 用하면 곧 처인데, 가장 중요한 것은 時에 득위得位한 것이다.

日主가 다시 강하게 되고 歲,月에 의지하게 되고, 陰陽이 각 장소를 얻으면 어진 배필이라고 할 수 있다.

만약 財가 많아 산란하고, 형刑 혹은 합合이 가지런하지 않고, 日主가 고약孤弱하면 임무를 수행하지 못하게 되어 처에 의지하여 이득을 취하고, 그의 身을 관장하게 된다. 그러나 또 財가 경하고 比가 많으면 身을 기르는 物이 많게 되어 用되지 않는다고 할 수는 없다.

무릇 財旺하고 身強하게 되면 평생 안락하게 되고, 財가 경하고 比가 많으면 用이 부족하여 종내 강호를 떠돌아다니고 재물을 얻는데, 고생을 많이 하게 되니 어찌 안락하게 되겠는가!

◉ 무릇 凶神과 교회交會하게 되면 선善이 적은 까닭에 이루기 어렵고, 길이 아울러 임하여 빛나게 되면 악이 비록 많다고 하더라도 감화하게 되는 것과 같이 道의 이치를 깨우쳐 行하게 되면 神과 같은 마음이 생기게 될 것이다.

애써 학습하여 익히게 되면 크게 혹은 적게 이루게 될 것이다.

六神篇 육신편

◉ 五行의 신묘한 작용은 하나의 이치를 피하기 어렵다. 나아가고, 물러가고, 존재하고, 없어지고, 변하고, 통하는 道를 알아야 한다. 正官이 印을 차면 馬(具才)를 탄 것만 못하다.

註解 : 무릇 官을 사용하는 법은 대략 건강하고 旺하고 맑고 높아야 하고, 가장 꺼리는 것은 천박한 것이다.

官이 旺하면 印이 마땅하고 약하면 財가 마땅하다. 이 같은 이치는 변화하지 않는 이치이다.

요즘은 印을 사용하는 것이 財를 사용하는 것만 못하다고 하는데, 가령 身旺하고 官은 경하고 印綬가 많으면 日主가 심히 강하게 되어 官이 유약하게 된다는 말이다.

호중자가 말하기를 官이 경한 것과 煞이 경한 것은 같지 않다 하였다.

소이 財가 旺한 地를 좋아하는 것은 官을 生하고, 印을 훼하는 것이며, 그 표리表裏는 중화가 되느냐 아니냐에 있다. 이 같은 점이 족히 복이 나타날 만한 것이다.

◉ 七煞에 財를 사용하면 어찌 득록得祿이 마땅하겠는가?

註解 : 이 말은 煞이 크게 旺하여 日主가 의지 할 곳이 없는데, 또다시 財를 사용하여 煞을 生하여 日이 더욱 약하게 되고 煞은 더욱 旺하게 된 것을 말하는 것으로 마땅하다고 할 수도 없고, 많은 것도 불가하다.

다만 기명棄命하여 종從하면 침능侵凌의 근심은 면하게 된다.

運이 財煞이 旺한 地로 나아가게 되면 처음 종從한 마음을 바꾸지 않는다.

歲,運에서 祿을 만나게 되면 日主가 강을 믿고는 煞과 싸움을 하게 되지만 적은 수로 많은 무리를 대적하게 되는 것은 흉하다.

◉ 印이 財를 만나면 파직罷職되고, 財가 印을 만나면 官을 옮긴다.

註解 : 印은 맑고 높고 바르고 큰 物인데 財를 보면 그 명위名位를 보조 할 수 없게 된다.

또 원原에 印綬를 사용하여 官煞에 의지하지 않는 者가 運行이 印官의 地가 되면 벼슬이 맑고 높다.

財 運을 만나게 되면 印綬를 剋하게 되는데, 柱에 比肩의 구원이 없으면 파 직되어 한가하게 되는 것을 면하기 어렵고 손상이 심한 者는 반드시 상극 이 되는 곳에서 사망하게 된다.

또 身旺하고 財를 用하면 영화가 있게 되는데, 다시 財가 旺한 地로 나아가 게 되면 主는 이길 수 없어 도리어 印이 旺한 유년流年이 되어 나의 근본 을 도와야 승진하여 다른 보직을 받을 수 있게 된다. 이를 財를 탐하여 印 을 깨는 것으로 논하지는 않는다.

◉ 命이 요절夭折 되는 것은 食神이 홀로 효효를 만났기 때문이다.

註解 : 七煞에 身이 손상되는데 원原에 正印이 없는 경우에 食傷이 있으면 七煞을 制하여 身을 보호한다. 오직 食神 일위一位로 煞을 制하여야 한다. 장년壯年 運에서 煞을 制하는 곳이 되면 좋다.

만약 유력한 梟神을 만나면 食神을 헌하는데, 柱에 偏財가 없으면 적敵(七 煞)과 대적하게 되어 종살縱煞이 되거나 身이 손상되는 것을 면하지 못하여 재해는 크게 불어난다.

◉ 運이 흉하게 되어 위태로운 것은 羊刃이 겹쳐 파국破局되었기 때문이다.

註解 : 이 말은 오직 財를 사용하는데 煞이 없는 것이다.

羊刃은 재앙이 되는 것이므로 크게 꺼린다.

만약 歲,運에서 羊刃, 劫財를 많이 만나면 파국破局되어 집안에 초상이 생기고, 투옥되는 고뇌가 있게 되고, 처자妻子가 손상되는 비운을 맞게 된다. 수화水火는 병장기가 다 있는 것이다.

** 水火 : 물과 불. 물에 빠지고 불에 타는 고통, 서로 상극이 됨, 사이가 매우 나쁨. 이상 생활에 필요 불가결한 것의 비유. 홍수와 화재火災.

◉ 正官을 쟁탈하는 것은 불가하고, 傷官도 없어야 한다.

註解 : 官은 복록이니 원하지 않는 사람은 없을 것이다. 만약 柱中에 比刃이 많이 있고, 오직 一位의 官星이 있으면 반드시 쟁탈이 일어나서 재해가 발생한다.

官星 運은 傷官 運만 못한데, 상진관성傷盡官星되면 比肩의 쟁탈이 없어 비로소 마땅하게 된다.

⊙ 七煞이 귀歸했다면 가장 싫은 것은 七煞이 制되는 것이다.

註解 : 이것도 比肩으로 인한 것을 말한 것이다. 무릇 四柱에 比肩이 많이 있으면 필연 祿을 두고 싸우고, 財를 두고 싸운다.

또 歲,運의 物物도 빼앗는 재해가 있다. 가령 年月에 一位의 七煞이 투출透出했으면 比肩은 두려워 그 세勢는 반드시 귀歸하게 된다.

또 歲,運에서 하나의 食神을 만나 煞을 制하면 어떤 일을 벌이는 주된 神이 없게 되어 比肩이 처음과 같이 난동을 부려 財가 흩어지고, 업이 깨어지게 된다.

구차하게 탐욕하여 횡사하게 되는 원인이 그 조짐이 아니겠는가?

[蟾彩 : 煞이 食神에 깨어져 比肩이 날뛰어 재앙이 발생한다는 것이다.]

⊙ 官이 煞地에 거주하면 官을 지키기 어렵고, 煞이 官의 장소에 있다고 어찌 煞이 변하게 되겠는가?

註解 : 官은 순아純雅한 귀인貴人이 되고, 煞은 간사奸邪한 폭객暴客이 된다.

가령 官이 煞의 무리에 거처하면 그 세勢가 독립하지 못하여 반드시 혼화混化하여 煞이 된다.

비록 官의 순아한 풍이 있어 평온은 지킨다고 하더라도 煞은 곧 강폭한 사람이 되고, 비록 官星의 예의가 있다고 하더라도 종내 예의를 지키지 않아서 煞이 변하여 官이 될 수 없다고 한 것이다.

⊙ 財를 탐하면 印이 허물어지고, 높은 과거科擧에 발탁됨도 印의 경중을 구분하여야 한다.

註解 : 무릇 命에서 印이 重하고 煞이 경하면 종내 貴하게 되지 않는다. 財가 旺한 運으로 나아가 태과한 印을 훼하고, 불급한 煞을 生하여 煞과 印이 같이 머무르면 반드시 초월할 수 있게 된다.

만약 印이 경한데 財를 만나면 크게 해로우니 상세히 살피는 것이 마땅하다.

⊙ 財를 用하는데 比를 만나면 만관萬貫의 재물이 붙는데, 곧 比肩의 자부資扶를 얻어야 한다.

註解 : 財는 내가 사용하는 物로 얻으면 아름다운 것이다. 柱中에 유일한 七煞이 권세를 잡아 日主가 制를 당하면 財를 사용할 겨를이 없다. 만약 比劫을 얻고 투로透露되고, 혹은 歲,運에서 생부生扶하게 되면 日主가 쇠약에서 벗어나 煞과 대적할 수 있어 財를 비로소 내가 사용할 수 있게 된다.

⊙ 運이 旺한 곳에 도달하면 身은 도리어 약해진다.

註解 : 이 말은 종재從財, 종살從煞이 이루어지지 않은 象을 말한 것인데, 主가 쇠약하여 감히 命을 버리지 못한 종살 從煞, 종재從財가 되는 것을 말한 것이다. [가종격 假終格]

만약 大運에서 자부資扶의 地를 만나면 반드시 財,煞과 싸움을 하게 되는데, 적을 이기지 못하여 도리어 財,煞에 상해를 당하게 되니, 차라리 약하게 되어 종從 하는 것만 못하다.

이것은 반드시 財로 인하여 재앙이 있게 되고, 질병도 발생하게 된다.

◉ 財가 겁처劫處를 만나면 오히려 禍가 가볍게 된다.

註解 : 身弱한데 財가 많으면 필적할 수가 없어 運에서 比劫을 만나 財를
나누는 도움의 氣를 받아야 재해가 가볍게 된다.

◉ 財가 손상되지 않았지만, 더욱 꺼리는 것은 도적의 음모陰謀이다.

註解 : 柱中에서 財를 사용하는데, 比刃이 겁탈하지 않는 者는 손상되는 곳
이 없고, 그런데 매우 꺼리는 것은 고중庫中에 比刃이 암장되어 있는 것이
다. 혹은 충형衝刑을 당하면 음밀하게 도둑질 당하는 것을 면하기 어렵게
된다.

◉ 煞을 확실히 制하지 못하면, 적을 굴복시키는 병사를 찾아야 한다.

註解 : 煞은 완폭頑暴한 사람으로 반드시 食神으로 확실히 制하여야 사용
할 수 있다.

가령 柱中에서 확실하게 제복하는 사람은 흉하다고 할 수 없고, 四柱 支神
에 깊이 숨어있는 것을 찾아야 한다.

가령 食神이 암복暗伏하고, 혹은 食神과 刑衝을 만나고, 혹은 食神과 三合
이 되면 역시 적을 굴복시키는 병사가 되고, 또 大運에서 制煞의 장소로
나아가면 반드시 主는 벼슬을 하고 이름을 이루게 된다.

◉ 貴人의 머리 上에 財,官을 이면 사마駟馬*로 문을 채운다.

註解 : 이 말은 오직 歲日의 貴人이 호환하는 것을 말한 것이다. 공망, 극해剋害를 만나지 않고, 煞刃이 같은 궁에 있고, 위에 財官이 실려 있고, 또 정위正位에 거처하고, 合을 차고 근根이 있고, 진기進氣가 되는 時를 얻게 되면, 부귀하고, 병권, 형벌을 장악하는 사람으로 비상한 命이 된다.
옥정玉井에 이르기를 벼슬이 높은 命은 貴人의 두상頭上에 官星을 차고 이 官이 財을 보면 특출하게 된다고 하였다.
** 駟馬 : 한 채의 수레를 끄는 4필의 말.

◉ 生旺한 궁宮 中에 亡,劫이 숨어 있으면 위용을 삼군三軍에 떨친다.

註解 : 팔자 中에 만약 망신亡神, 겁살劫煞을 차고, 진정眞正한 長生을 만나고, 年支 납음納音도 장생長生, 임관臨官, 제왕帝旺을 얻은 者는 무략武略이 출중하고 솥을 들고 산을 뽑는 날램이 있다.
[蟾彩 : "生旺한 궁宮이란"은 망신亡神, 겁살劫煞이 납음오행의 장생지長生地 혹은 왕지旺地에 속한다는 것이다.]

◉ 마馬를 타면 체면이나 명망名望을 망치게 되는 것은 祿(건록)을 얻은 것이 원인으로 곧 祿(건록)은 피하는 위치가 된다.

註解 : 柱中 원原에 比劫이 많으면 財를 사용하지 못한다.
歲, 運에서 財를 만나 日主가 그 用(財)을 탐하면 比刃이 필연 겁탈한다. 重하면 命이 손상되고 집에 초상이 생기고, 輕하면 파직된다.

또 원原에 官星을 사용하는데 財를 차면 貴하게 되고, 運이 귀록歸祿의 곳이 되면 比肩의 旺地로 필연 官을 빼앗는다.

설령 比肩을 만나도 경쟁하여 도리어 녹봉을 잃게 되니 피하는 것이다.

◉ 印은 두 어진 사람의 액厄을 풀고, 財의 올가미로 육국六國이 싸움을 하게 된다.

註解 : 양현兩賢은 二煞이 되고 印은 인仁이 된다.

무릇 日主가 약하지 않아야 사용되는데, 양살兩煞이 天干에 투출하여 있으면 日主을 해치게 되고, 설령 食이 구원한다고 하더라도 梟神이 食을 탈탈奪하면 크게 흉하다.

만약 印을 사용하면 煞이 化하여 나에게 항복할 뿐 아니라 부귀가 나타나는 사람이 되고, 또한 福을 누린다.

설명하면 양현兩賢은 官과 煞을 말한 것이다. 아래 글에 다시 중살혼행(衆煞混行:무리의 煞이 나아간다)에 대한 글이 있어 여기서는 설명하지 않겠다.

財는 모든 사람이 공히 욕심을 내는 物이다. 그래서 더욱 재앙에 얽매이는 者가 많게 된다.

만약 局에 柱中 刃이 있으면 財를 만나지 말아야 한다. 곧 없으면 劫과 싸움이 없게 되고, 혹시 財가 있어 사용하고, 혹은 歲에서 財를 만나면 比肩이 일어나 겁탈하여 재해가 있어 재산이 줄어들고 처가 손상되어, 존재하는 곳에는 재앙을 면하지 못한다.

◉ 煞의 무리가 혼잡하여 行하면 오직 仁으로 化하여야 하고, 한 개의 煞이 창란倡亂하면 한 개의 힘으로 사로잡아야 한다.

註解 : 煞은 근본으로 制한 후에 복종시켜야 한다.

만약 많은 煞이 있어 制할 수 있는 힘이 모자라면 制하여도 도리어 배반한다. 그래서 印을 사용하는 것 만 못하다.

印은 어진仁 것이니 어짐으로 煞을 변화시켜 煞로 하여금 煞 스스로 자복自降하게 되면 뛰어나게 된다.

印이 旺한 것이 좋다. 그 화化가 더욱 더 보태지게 되면 좋고, 제복制伏은 마땅하지 않다.

세상에서 흔히 말하는 바, 지나치게 미워해도 난을 일으킨다.(疾之已甚亂*) 하였다.

한 개의 煞은 창란倡亂하여도 세력이 유한有限하여 食으로 制하면 스스로 복종한다. 하물며 食神은 뛰어나게 制하는 者가 아닌가!

** 질지이심란疾之已甚亂 : 공자의 말씀으로 용맹을 좋아하는 사람은 가난을 힘들어 하면 난을 일으키고, 사람이 인자하지 않는 것을 매우 증오해도 난을 일으킨다 하였다.

◉ 印이 煞地에 거주하여 化하면 덕德이 되고, 煞이 印地에 거주하면 刑으로 말미암아 가지런하게 된다.

註解 : 가령 甲 日主에 申은 煞이 되어 나를 剋하는데 制하지 못하면 흉하다.

특히 알지 못하는데 水 印의 장생長生은 申으로 스스로 화살化煞하여 흉폭하지 않게 된다.

만약 干支에 財가 많으면 하격下格이 되는데, 比가 旺하게 되면 財가 가볍게 되어 사용되는 者로 다시 아름답게 된다.

가령 乙木에게 辛金은 煞이 된다. 子를 만나 재배되면 강함을 믿고 나를 훼하여 비록 나의 印이 되지만 煞이 소생하는 궁이 된다. 만약 다시 辛金이 투출하여 있으면 日主를 침릉侵凌*하게 된다. 干에 食神이 없으면 구원하는 者인 旺한 午를 얻어 子를 衝하여 煞을 生하는 궁을 제거하면 煞인 辛이 의지 할 곳이 없게 되어, 거의 身을 훼하는 근심을 면하게 된다.

** 침릉侵凌 : 침해하고 능욕하다.

⊙ 형제가 財를 깨면 財를 득용得用하고, 煞,官이 主를 기만하면 主는 모름지기 煞,官을 따라야(從格)한다.

註解 : 比肩 一局과 日干 전록專祿이 柱中에 財,官을 보지 못하면 소용所用이 없어 도리어 比肩이 무리를 이루어야 한다.

財가 旺하면 궁宮이 空, 衝, 破가 되기를 바라야 하고, 財가 나의 소용所用하는 것이 되면 전실塡實과 궁宮을 衝하고, 比肩과 합하여 머무르는 것을 크게 두려워한다.

가령 辛酉日에서 酉가 卯와 衝하고, 卯가 午와 파破하는 것이 합당하게 사용된 것이다.

官,煞이 크게 많고 日主가 무력한데 四柱에 통근 처가 없고 運도 財,煞로 나아가면 命을 버리고 煞을 따르는 것만 못하다.

煞이 旺한 것을 만나면 반드시 발복하게 되고 身旺하게 하는 運과 食神 運은 크게 꺼린다.

◉ 한마리 마馬가 마구간에 있으면 사람들이 감히 잡아가려고 하지 못하지만, 한 마리 마馬가 들판에 있으면 사람이 공히 잡아가버린다.

註解 : 馬는 재물이다. 이에 比肩이 반드시 쟁탈하는 물건이다.

만약 財가 명명明에 투출하고, 四柱 中에 특별히 세워지면 훔쳐가려는 者가 없다. 비유하면 馬가 마구간에 있는 것은 원래 주인이 있는 것으로 분류되어 比肩이 구태여 쫓아가 잡으려고 다투지 않는다.

크게 두려운 것은 財運이 등져 작용하는 것으로, 가령 三合 六合하여 比肩이 징조를 타서 은밀히 훔쳐가게 되면 재앙이 가볍지 않다.

사용하는 財가 명명明에 노출되지 않고 지고支庫에 몰래 숨어있으면 사람들이 알 수 없는 곳인데, 比肩이 다투어 절취하려고 한다면 비록 깊이 감추어져 굳게 엄폐되어 있어도 보증하기는 장담하기 어렵지만 근심은 없을 것이다.

◉ 財가 生과 庫에 임하여 있는데, 생궁生宮이 깨어지게 되면 두 집안의 종사宗嗣를 받들어 겸하게 된다.

註解 : 무릇 命에서 印은 모모母가 되고 財는 부부父가 된다. 財와 印이 맺어져 가정을 이루고, 印은 반드시 財로써 主를 삼게 된다. 그래서 財가 貴하게 되면 印은 저절로 영화가 있고, 夫가 패패敗하면 처는 의지할 곳이 없게 된다.

소이 사람의 근기根基는 부모로 논하는데, 반드시 먼저 財를 헤아려야 한다. 만약 財가 장생長生의 궁궁宮에 있고, 또 묘고墓庫 국국局에 있는데, 도리어 神이 소생所生의 宮에서는 깨어지고, 묘고墓庫는 범하는 것이 없으면 양자로 입양되는 아이가 되어 부부父를 버리고 모모母를 따라가는 자식이 된다.

무릇 生은 무릅쓰고 나타나는 初가 되고, 庫는 수렴收斂*하는 때로 처음은 버리고 끝을 말미암은 것에서 이와 같이 되는 것이다.

** 수렴收斂 : 거두어 옴츠림. 수축함.

** 종사宗嗣 : 종가 계통의 후손.

◉ 身 좌坐에 比肩이 比局을 이루면 새로운 사내를 몇 번 맞이하게 된다.

註解 : 무릇 命에 傷官, 食神이 없는 者는 필연 財가 사용되는데 이는 처가된다. 처가 소속한 궁은 日 下의 一位이다.

도리어 比肩이 차지하여 점유하여 있고, 또 三合이 되어 局을 이루어 있는데, 歲,月,時 中에 財가 있으면 반드시 약탈당하게 된다.

柱에 만약 財가 없어도 歲,運에 있게 되어도 우환이 발생하고 처첩이 손상된다. 어찌 한 둘에만 그치겠는가?

◉ 부모가 한 번 헤어지고, 한 번 합하는 것은 모름지기 印綬에 財가 임하는 것을 알아야 한다.

註解 : 柱 中에 財,印은 부모의 神이 된다. 처소가 동궁同宮되는 것은 허락되지 않는다.

비록 부모의 이름이 된다 하지만 실제 극박剋剝의 뜻이 있으니 어찌 헤어지는 것을 면할 수 있겠는가!

만약 印과 財가 상련相連하여 일궁一宮이 되면 財,印이 모두 몸 둘 곳이 분명히 있고, 生祿이 동향同鄉한 者는 종내 합쳐 가정을 이루고, 그리고 허물없이 가깝게 된다.

◉ 부처夫妻가 결혼을 하고, 또 손상이 되는 것은 모두 比肩이 마馬를 항복시키기 때문이다.

註解 : 무릇 財는 처실妻室로 논한다. 財가 旺한 年이 사용되고, 혹은 생조生助 진기進氣가 있으면 당연히 일처一妻를 얻게 된다.

만약 財 下의 원原에 比肩이 잠복되어 있어도 煞神이 제복制伏하게 되면 빼앗아 가지 못하게 되고, 한번 만난 財가 또 食神이 제살制煞하면 뜻을 놓아주게 되어 탈재奪財되어 처와 오래 유지되기가 어렵다.

◉ 자식의 위치에 자식으로 메꾸어지면 백도伯道의 외로운 탄식이 되고, 처궁妻宮을 妻가 지키면 맹광孟光*의 처와 같이 어질고 단정하다.

註解 : 자식은 官煞로 자식의 위치는 生時가 된다. 時上에 財가 긴요하고, 官,煞이 生旺한 氣가 되어 형刑, 해害, 고孤, 허虛를 만나지 않고, 用神이 시후時候를 잃지 않으면 자식이 있게 된다. 만약 官이 실령失令하고 다시 傷官, 食神이 있어 투기가 심하고, 바로 時上에 전실塡實이 오게 되면 도리어 백도伯道*의 탄식이 있게 된다.

처는 財가 되고 처궁妻宮은 日支가 되는데, 본궁本宮에 만약 처를 보면 위치를 얻은 것이 되고, 比刃을 만나지 않고, 刑衝을 만나지 않고, 도화桃花 악살이 없고, 이에 天月 이덕二德 貴人이 함께 하는 者는 도온道韞*의 재주가 있을 뿐만 아니라 맹관孟光의 덕이 있다.

** 백도伯道(등유鄧攸) : 중국 진나라 때 사람으로 등유鄧攸인데 자字가 백도伯道이다.
영가 말년에 석륵의 난이 일어나자 아내와 어린아들, 조카를 데리고 피난길에 올랐다. 그러나 적을 만나 자식과 조카 가운데 한명을 버리지 않으면 안 되는 상황을 맞았다. 이에 등유는 처에게 말하기를 "내 동생이 일찍죽어 오직 이 아이만 남았으니 버릴 수 없으니 우리의 아이를 버릴 수 밖에 없겠소" 라 하니 처가 울면서 등유의 뜻에 따랐다. 그러나 나중에 부부가 온갖 병법을 다해 후사後嗣를 얻고자 했으나 얻지 못하니 당시 사람들이 이일을 의롭게 여기면서 슬퍼하여 말하기를 "하늘은 무심도 하구나 등백도로 하여금 자식이 없게 하다니" 라고 하였다.

** 孟光 : 후한 때 양홍梁鴻이란 학자가 있었는데, 그는 비록 집은 가난하지만 절개만은 꿋꿋해 모든 사람의 존경을 받고 있었다. 그는 뜻하는 바 있어 장가를 늦추고 있었는데 그를 사모하는 얼굴 못생긴 맹광이란 처녀의 뜻이 기특해 그녀와 결혼했다. 그런데 양홍이 결혼 후 며칠이 지나도 색시와 잠자리를 같이하지 않자 색시가 궁금해 그 까닭을 물었다. 이에 양홍이 대답하기를, "내가 원했던 부인은 비단옷을 걸치고 짙은 화장을 하는 여자가 아니라 누더기 옷을 부끄러워하지 않고 깊은 산속에서라도 살 수 있는 여자였소"라고 하자 색시는 그의 말을 따라 이후부터 화장도 않고 산골 농부 차림으로 생활하다가 남편의 뜻에 따라 산 속으로 들어가 농사를 짓고 베를 짜면서 살았다.

남편의 인품을 존경하며, 그의 의지를 따르고 극진한 내조로 집안을 화목하게 꾸려 남편으로 하여금 마음 놓고 학문을 파고들어 명저를 저술할 수 있게 했으니 이 내외가 반듯한 인생을 완성한 것이다.

** 도온道韞 : 詠雪之才(영설지재), 柳絮之才(영설지재)의 고사성어의 주인 공.

진나라 사혁謝奕이란 사람은 슬하에 남매를 두었다. 어느 눈오는 날, 남매를 불러 놓고 "저 내리는 눈이 무엇을 닮았느냐?" 하고 묻자 오빠인 낭朗은 하늘에서 소금을 뿌리는 것 같다 하였고, 누이동생 도온道韞은 버들가지에 비유하여 눈 깜짝할 사이에 멋진 시를 만들었다는 고사에서 비롯된 말이다.

◉ 傷官이 입고入庫하면 陰은 生하고 陽은 死한다. 羊刃이 身을 도우면 合은 기쁘고 衝은 좋지 않다.

註解 : 傷官은 원래 陰陽이 있는데, 생사生死를 마땅히 비교하여야 한다. 무릇 傷官이 귀고歸庫를 歲,運에서 만나게 되면 상망喪亡 횡화橫禍가 많이 발생한다.

특히 五陰 傷官을 알지 못한다고 하는데, 이것은 반혼返魂*으로 재앙이 없다.

刃은 身을 돕는 物이지만 身旺하면 큰 두려움이 생기게 된다. 오직 旺한 煞을 얻게 되면 刃과 합작하여 권성權星으로 변화하게 된다. 만약 官과 刃이 충전衝戰하게 되면 악살이 되어 사용하는 者는 마땅히 그 경중을 살펴 그에 따라서 좋고 나쁨이 있게 될 뿐이다.

◉ 권인權刃이 거듭 권인權刃을 行하면 도刀를 즐기다 망신亡身되고, 財,官이 다시 財,官을 만나면 더러운 것은 탐하다 파직된다.

註解 : 권權은 煞이 되고, 刃은 병兵이 된다. 身旺하면 이것은 둘 다 사용되어 병형兵刑의 우두머리가 된다. 煞이 旺하면 制하는 곳으로 행하면 좋고, 刃이 旺하면 煞地로 나아가는 것이 좋다.

만약 원原에 煞이 旺한데 다시 煞이 旺한 곳으로 나아가면 업을 세워 공로는 있지만 도검刀劍의 下에서 사망하는 것을 면하기 어렵다.

刃이 많은데 다시 羊刃의 地을 만나면 녹祿에 진출하고 재물을 얻는데, 필연 좋은 약을 먹는 사이에 사망한다. 수數가 그러하다.

財는 녹봉祿俸이고 官은 녹祿이다.

身强한데 이 둘을 만나면 명리가 출중한 선비가 된다.

무릇 官이 약하면 旺한 곳으로 나아가면 좋고, 財가 旺하면 印地로 나아가는 것이 좋다. 모두 발복이 성립되는 때가 된다.

만약 印이 官을 만나면 祿이 넘치게 되고, 財가 旺한데 財를 만나면 녹봉이 남아돌게 된다. 군자에 祿이 과하고 녹봉祿俸이 남게 되어 반드시 탐오貪汚하여 파직된다.

** 녹봉祿俸 : 벼슬아치에게 주던 급료.

◉ 祿이 長生에 이르고, 원原에 印이 있으면 맑음이 청청淸淸하고, 官이 더해지고, 馬가 제왕帝旺으로 行하면 오래도록 손상되지 않고, 벼슬이 높게 오른다.

註解 : 원原에 사용하는 官星이 쇠약하면 印綬가 좋다고 할 수 없다.

만약 官이 長生을 만나면 맑고 뛰어나고 특립特立하게 되고, 또 印의 정을 고려하게 되는데, 印은 부신扶身의 근본이 되기 때문이다.

이 세 者를 널리 사용할 뿐 아니라 반드시 벼슬로 나아간다.

원原에 偏正의 財를 사용하면, 비록 득위得位하였다 하더라도 실시失時하면 官의 거처가 현요顯要하지 않다.

반드시 歲,運에서 제왕帝旺, 임관臨官을 기다려 財가 충분하게 되어야 사용할 수 있고, 마마馬가 반드시 건강하게 달리게 되고, 比刃에 겁탈을 당하지 않는다.

이것이 官에 더해지게 되어 작위가 오르게 되어 업을 세우게 되는 것이다. 남는 財가 이루게 될 것이다.

◉ **財가 旺하고 身은 쇠약한데, 生을 만나면 사망하게 된다.**

註解 : 財가 旺하고 身이 쇠약하다면 힘이 약하여 맡을 역량이 없다. 뜻이 있지만 망각하여 도리어 안일하게 지킨다. 한 번 장생長生의 地를 만나면 곧 강한 힘을 믿고 터무니없이 꾀하기만 하여 財를 얻지 못하고 재해가 따르게 된다.
[蟾彩 : 財가 旺하고 身은 쇠약한데, 신강한 運이 들어오면 도리어 화禍가 생긴다는 것.]

◉ **刃은 강한데, 財는 박薄하면 煞을 보아도 官(관직)이 나타난다.**

註解 : 이 말은 官을 사용하는데 약하고, 財도 천박하면 대개 羊刃, 劫財로 인하여 관직이 나타나지 않게 된다. 곧 官이 기댈 곳에 없다는 것이다.
가령 一位의 七煞이 刃과 合하게 되면, 버린 財가 병病에서 소생하여 官의 生을 충족시켜 官이 자왕自旺하게 된다.
학자는 이와 같은 것에서 官,煞 혼잡이 무조건 좋지 않다고 하지는 말아야 할 것이다.

◉ **이법은 지극히 깊고 묘한데 요즘 자못 익혀보니 조리에 맞아 무지몽매한 것에 다소 도움이 되어 뜻하지 않게 명확한 것을 알게 되었다.**

憎愛賦 증애부

- 부富를 순수하다고 富하다고 하지 말고, 빈貧을 전쟁이 있다고 貧하다고 하지마라.
- 貴를 수실秀實하다고 貴하다고 하지 말고, 천賤을 반상反傷으로 인하여 賤하다고 하지 마라.
- 문장이 화려하게 뛰어난 것은 귀貴와 마馬가 학당學堂에 모인 것이다.
- 도량이 넓은 것은 水火가 성정의 입장에서 합당하게 된 것이다.
- 계략이 깊고 생각이 심오한 것은 덕성德星이 침정沉靜의 궁에 거처한 것이다.
- 술업術業이 현미玄微한 것은 제좌帝座에 문장의 관館이 지키고 있는 것이다.

- 괴강魁罡에 민첩하고 변화무쌍한 징조가 있다.
- 이감離坎은 총명의 문門이 된다.
- 貴人과 祿馬를 만나는 것은 좋다.
- 劫刃과 공망은 멀리하여야 한다.
- 長生이 貴人이 되면 사랑할 만하다.

- 쇠패衰敗를 소인이 만나면 미워하고 싫어한다.
- 사궁四宮이 싸움에 패하여 흩어져 도망치면 불인不仁 불의不義하다.
- 五行이 相生하면 효자 혹은 충신이 된다.
- 印祿이 刑衝의 위치에 존재하면 마음이 어지럽고 몸이 바쁘다.
- 日時에 귀고鬼庫가 있으면 근심은 많고 즐거움은 적다.
- 日干이 旺하면 재해와 허물이 있고 재물이 적다.
- 命이 衰하면 실의로 낙담하고 의식이 분주하다.
- 旺한 곳에 剋을 만나면 성패成敗가 이롭게 된다.
- 貴地가 손상되면 평생 화복이 日時에 힘입게 된다.

- 한 세상 길흉은 氣運을 전거로 삼는다.
- 복성福星에 氣가 있으면 승진하여 옮기게 된다.
- 歲가 運을 剋하면 흉하여 사람이 떠나고 재물이 흩어진다.
- 大運이 위태로우면 온 갖 재앙이 생기고, 流年이 길하면 천 가지 재앙이 제거된다.
- 絶되지 않고, 絶이 되고, 財命은 형세가 위태로운데, 生이 구원하고, 生을 얻게 되면 명리가 이루어진다.
- 三合, 六合을 만나면 吉은 重하고 凶은 輕하다.
- 七煞등 사흉四凶을 만나면 禍는 깊고 복은 얕다.
- 승진되어 옮겨지는 것은 祿을 만난 年이고, 돈 벌어 논밭이 늘어나는 것은 반드시 財地와 합한 것이다.
- 세군歲君이 主를 충압衝壓하면 흉재凶災가 있고, 大運이 상해는 받으면 유달리 길이 적고, 歲는 運을 生하는 것이 마땅하고, 運은 身을 生하는 것이 좋고, 삼위三位(身,歲君,運)가 相生하면 一年 동안 두루 좋아진다.

- 財,官이 旺하게 갖추어져 있으면 벼슬을 하게 되고, 재물과 식량이 균영 均榮하게 되는데 어찌 가려져 초라한 초가집에 머무르게 되겠는가!
- 祿이 生地로 모여 들어오면 부귀를 알 수 있다.
- 馬가 녹왕祿旺한 곳에서 달리면 영화가 있는 것으로 확실하게 단정할 수 있다.
- 서로 왕래하여 이식(利息=이자)을 구하고자 하면 모름지기 六合과 상봉 하여야 한다.
- 時干에 祿을 차면 조원朝元*하게 되어 主는 복을 평온하게 획득하게 된다.
- 月은 쇠약하고 時는 旺하면 젊은 시절에 넉넉하게 된다.
- 本은 重하고 主는 輕하면 종신終身 표탕漂蕩하게 된다.
- 장거리에서 장사하여 돈을 버는 것은 반드시 旺한 것에서 財를 만난 것 이다.
- 홀연히 현달顯達하여 집을 이룬 것은 刑 中에 貴를 본 것이다.
- 主와 本이 당시當時가 됨을 女人이 얻어 부지扶持하게 되었으면 貴祿과 유정하고, 군자는 이로 말미암게 되면 吉하게 된다.
- 남에서 장사하고 북으로 여행하는 것은 馬의 道가 통통通한 다는 것을 알 아야한다.
- 東에서 판매하고 西에서 말을 달리는 것은 반드시 수레를 움직여 이익 을 구하는 것이다.

** 조원朝元 : 으뜸(처음)으로 향한다.

- 日干이 곤약困弱하면 백우伯牛가 창궁蒼穹을 원망하며 두려움을 무릅쓰는 것이다.
- 祿馬가 쇠衰하여 미약하면 안자顔子가 단명을 피하기 어려운 것과 같은 것이다.
- 흉을 지인支刃보다 더 흉하다 하지 말고, 吉을 干이 강한 것보다 더 길하다고 하지 말라.
- 馬가 열등하면 재물이 적고 男은 도망가고 女는 달아난다.
- 천라지망天羅地網은 비명횡사한다.
- 궁한 것은 劫을 만난 것이다.
- 의심이 나서 마음이 불안 한 것은 자형自刑을 범한 것이다.
- 절絶한 것에 財을 만나면 처와 자식과 백로偕老하기 어렵다.
- 대모大耗 소모小耗는 노름으로 집안이 망한다.
- 관부官符, 사부死符는 반드시 主에 형사상의 송사가 있을 때이다.
- 다시 四柱에 絶을 만나면 三命이 형상刑傷되어 목을 매이는 형벌을 피하기 어렵고 얼굴에 문신을 새기는 고통을 당한다.
- 만약 오귀五鬼를 만나면 뇌雷에 상상傷하고 범에 물리는 것을 의심하지 말아야 한다.
- 다시 흉한 무리가 많이 있는 값이면 나쁜 재앙으로 횡사하는 것으로 단정하고, 女는 음천淫賤하고 남은 창광猖狂하다.

◉ 간혹 사람의 성정을 묻는데 어질고 우둔하고 착하고 악한 것은 먼저 貴와 煞이 旺한가 쇠약한가를 먼저 추리하여 기교機巧 영변靈變한 것을 궁구하여야 한다.
- 포부가 큰 者는 괴강魁罡으로 재앙이 많다.

- 性이 순한 者는 六合으로 상서롭고 인품이 그윽하고 한가하고, 맑고 깨끗함이 보이는 사람이다.
- 화개華蓋, 고허孤虛와 과숙寡宿을 만나면 시샘이 많고 사납다.
- 偏官 劫刃은 권력이 되고, 劫刃은 인색하여 쩨쩨하고, 다시 기략이 음흉하다.
- 모략이 많은 것은 壬癸에 나타나고, 위맹은 반드시 丙丁이 근본이 된다.
- 甲乙은 순순으로 인자仁慈 대량大量하다.
- 庚辛은 휴휴虛로 과단果斷 무강無剛하다.
- 고수孤囚를 만나면 정신이 없고, 破,敗를 만나면 소선疏跣이 많다.
- 형전刑戰 者는 우둔하다.
- 정안靜安 者는 현준하다.
- 조패躁敗 者는 火가 왕성한 것이다.
- 숨어 참는 者는 金이 많은 것이다.

⊙ 金水가 사령司令하여 相生하고 火土가 時에서 만나 상조相助하면 고단하지 않으면서 의식을 자족하고, 힘을 사용하지 않고, 집안을 몸소 이룬다.

다시 덕신德神이 서로 도우면 고향에서 존경받고, 貴祿이 공위拱位하면 반드시 큰 성에서 이름을 떨치고, 그 곳이 어리석은 者는 복福이 福이 아니고, 그 곳이 근심이 있는 者는 이루어도 이루어지지 않은 것이고, 福이 福이 아닌 者는 길한 곳에서 흉을 만나고, 이루었지만 이루지 못한 者가 된다.

격국格局에 파破가 있고, 格이 손상되면 복이 손상되고, 局이 깨어지면 재앙이 초대된다.

⊙ 생각 하건대 만약 싹이 가을에 가뭄을 만나면 겨울에 곳집은 공허하고, 꽃이 봄 서리에 당하면 여름에 백과百果를 이루지 못한다. 지모智謀가 비록 넉넉하지만 이루지 못하여 가난한 선비에 불과 할 뿐이다.

설령 하늘이 되돌아 선회하는 징조가 있다고 하더라도 건공입업建功立業을 완성할 수 없다.

어찌 역생酈生이 솥에 삶겨 죽고, 범증范增은 등창으로 사망하였고, 연명淵明의 귀거래사歸去來辭, 자미子美의 서거西去, 맹가孟軻의 불우不遇, 풍연馮衍의 공회空回, 매신買臣이 부신負薪하여 행가行歌하고, 강혁江革이 고한苦寒으로 좌독坐讀한 것이 이와 같은 것이 아니겠는가!

무릇 싹이 빼어나지 않은 者도 있고, 빼어나지만 열매를 맺지 못한 者도 있고, 다시 상패傷敗한 값이 태과太過하고, 오로지 복이 꼴과 땔나무에 불과한 者도 있고, 설령 온 갓 예술에 재능이 많다고 하더라도 주리고 질병이 있고, 구렁에 빠져 곤란을 당하고, 이러한 것들로 命이 하여금 그러한 것이다.

⊙ 부귀가 같이 이루어지는 것은 어떠한 이유에서 인가 질문을 하는데, 자기鎡基가 막대하고, 수실秀實이 매우 뛰어나면 성현聖賢에 달한 者가 되고, 때가 있지 않아도 부귀하게 되는 者로, 예로부터 모두 그러하다.

간혹 煞局이 되어 있으면 문文이 높고 무武가 뛰어나고, 간혹 관대冠帶의 下의 거처에서 업이 크고 재주가 뛰어나다.

만약 도리나 기예가 깊어서 썩 미묘한 여하를 추측하는 것은 먼저 학당 내의 삼기三奇 사복四福을 먼저 논하고, 다음에 格局에서 하나의 길과 두 개의 마땅함을 논하면 된다.

가령 己未가 甲子를 보면 상서롭고, 壬辰이 丁巳를 보면 상서롭고, 壬子, 丙

午는 主가 바람 앞의 빛이 되는 유아儒雅한 선비가 되고, 辛酉, 丙申은 준수하고 영화한 선비가 된다.

陰陽이 온전히 순수하게 전거가 되면 아름답고, 조화가 상생相生하면 가장 아름답다.

태양의 정기와 달의 광채를 분별이 어려운 者는 옥당 금궤玉堂金匱를 측정하기 힘들고 얻은 者는 영화롭고 만난 者는 貴하게 된다.

◉ 만약 어질고 어리석고 밝고 암울한 것은 질그릇을 만들 때 돌림판을 고르게 돌려야 하듯이 조화에서 발생되지 않는 것이 없다. 가령 봉황새는 치鴟에서 生하고 뱀이 변하여 용이 되고, 향기 좋은 난초는 애초愛草로 꺾이지 않고, 고목은 오직 산야에서 살아가고, 젊어서 貴하고 늙어서 천하고, 초에 험난하고 뒤에는 누리게 되는 것이다.

大運의 쇠왕衰旺으로 말미암아 부귀가 변경된 것인데 격국이 순수하다가 도리어 잡雜하게 되면 봄의 뒤안길에서 낙담하고, 運行이 후에 득시得時하면 어슬렁거리다가 늦어서 볕을 보고, 봄과 가을이 있고, 달이 둥글게 되었다 이지러지게 되는 것이다.

◉ 살펴보면 재물을 보호하는 것은 자식인데 자식이 죽고 나면 벼슬이 없어지고 다시 논밭은 가는 사람이 된다.

運이 쭉 하나로 통하면 매우 권세가 높고 다년간 작록爵祿이 있다.

잠깐 휴식이 생긴 것은 時運에 이른 者와 더불어 時에 서로 만나서 生旺한 값이 된 者인데 반드시 흉이 없다고 하지는 못한다.

유정한 者는 통하고 무정한 者는 막히고, 유합有合이 된 者는 길하고, 衝이 있는 者는 흉하고, 官印이 세歲에 임하면 벼슬길이 순탄하여 승진되고, 食

財 運을 만나면 서민도 영창하게 되고, 간혹 젊었을 때는 조부의 영화에 의존하고, 늙어서 아들과 손자가 貴하다고 할지라도 고난이 있고 의지하지 못하는 것도 있다.

◉ 대개 四柱의 왕쇠로 인하여 大運에서 말미암은 바, 누리고, 누리지 못한다.
어찌 말라비틀어진 나무를 보지 못 했는가? 설령 봄을 만났다 하더라도 영화가 없게 되고, 무성하고 건강한 나무는 비록 서리를 만나도 敗敗하지 않는다.
時日이 年月을 이지러지게 하면 젊어서 아무것도 하지 못하고, 生時의 旺氣가 근원을 향하면 반드시 늦어서 복이 있게 된다.
예전에 옥玉을 갈고 닦는 것이 있고, 성城이 줄을 잇는 가치가 있고, 스스로 집안을 일으키고, 가령 팽련烹煉의 여餘는 불손不損하고, 세한歲寒의 뒤에는 불조不凋하고, 소식消息의 묘는 변통에 있고, 화복은 마땅히 쇠왕을 살펴야 하고, 어느 한도에 가까운 정도로 命을 깨우친 후에 군자는 공히 평하여야 할 것이다.

消息賦 소식부

珞璣子락록자 註주, 育吾육오 註解주해

⊙ 근원의 一氣가 선천先天으로, 청탁(淸濁=음양)으로 내려진 것이 자연이다. 삼재三才로 象을 이루어 나타나 사기(四氣=사계절)로 흩어져 1年이 되었다.

註解 : 이것은 조화의 근원이 비롯되는 것을 말한 것이다. 三命이 만들어진 연유를 설명한 것이며, 三命(三才)은 干이 祿이 되어 天元이라고 하고, 支는 命이 되어 人元이라 하고, 납음納音은 身이 되어 地元이라 한다.

이것은 옛사람들이 조화를 몰래 엿본 것이며, 소이 天地 법으로, 陰陽이 체가 되어 四柱에 배정되고 八字를 이루게 되었다. 이것이 낙록자 첫 말의 뜻이다.

⊙ 干祿의 향배로 빈부를 정하고, 支는 命으로써 역순逆順의 순환을 자세히 살펴야 한다.

註解 : 干은 마치 나무의 줄기와 같고, 支는 마치 나무의 가지와 같은 것이라고 말 할 수 있고, 干은 陽, 支는 陰으로 나누어 말 할 수 있다.

干支는 陰陽인데, 十干의 祿은 12支 中에 위임되어 있고, 양도陽道는 순행

順行, 음도陰道는 역전逆轉하게 된다.

모두 장생長生으로부터 헤아려 본음本音의 임관臨官을 만나면 멈추게 되는데, 이것이 陽이 生하면 陰이 사死하고, 陰이 生하면 陽이 死하는 것으로 자연의 이치가 된다.

"이간이록以干爲祿" 은 祿의 향배向背를 추측한다는 것이다. 가령 甲의 祿은 寅인데 丑을 만나면 향向이라 하고, 卯는 배背라 한다. 그리고 祿 앞의 一辰은 羊刃이라하고, 祿의 후의 一辰은 녹고祿庫이다. 經에 이르기를 향록向祿은 生이 되고, 배록背祿은 死라 하였다.

"향배向背로 빈부를 정하고"와 支를 命으로 하고 역순逆順을 상세히 살펴라" 한 것은 가령 양남음녀陽男陰女는 生月에서 순행하고, 음남양녀陰男陽女는 生月에서 역행하는데, 인품에 있는 陰陽은 역순의 氣가 있다. 역순의 氣는 干支 中에 존재하는데, 주기를 가지고 복시復始하여 왕래 순환한다. 가령 한서寒暑가 되고, 사계절로 운행하여 무궁하게 복시復始한다. 그래서 말하기를 "支를 命으로 하여 역순의 순환을 상세히 살펴라" 한 것이다.

담형왈曇瑩曰, "干祿은 향배向背가 있어 이것으로 길흉을 추리하는데 심천을 궁구하여야 한다 하였다.

배背는 역자逆者로 빈貧이 되고, 향向은 순자順者로 부富를 알 수 있다. 그러나 꼭 그렇지 않다. 배록背祿이라고 가난하지 않다. 그러니 支에서 인원人元을 살펴 運을 헤아려 득실을 헤아려야 한다.

男은 맞이하고 女는 보내는데 행복과 불행이 교체하고, 길를 만나도 흉을 만나는 작용들이 있다.

◉ 운행運行에서 일진一辰은 10년이 되고, 절제하면 3日이 1年이 되고, 휴왕休旺은 정교하고 오묘하여 궁하면 변하여 통하게 되니 현묘하다.

註解 : 먼저 干支를 설명하여 팔자에서 정하고 다음 行運으로 추리하게 되며, 行運은 三命에서 가장 긴요한 者다. 그래서 먼저 그 법을 들어 나타내 보인 것이다.

運行은 一辰에 10이 맡게 되고, 절제折除하면 3日은 1年, 1달인 30일은 10년이 된다. 이것이 고인이 세운 運의 법이다.

절제折除는 정확한 실제의 수數가 되어야 하고, 命은 절기節氣가 있고, 심천은 같지 아니하다.

運은 生月로 취하고, 절기로 취하는데 번갈아 다르게 나타나 휴休가 있고, 왕旺이 있어 팔자와 더불어 부절符節이 되고, 生旺은 좋고 휴패休敗는 나쁘거나 또는 휴패休敗는 좋고, 生旺은 싫으니 천변만화千變萬化하여 그 소식消息의 다함과 조화의 뛰어남에 대해 누구나 그 현묘함을 통달하지 않으면 안 된다.

그래서 말하기를 변화하여 지어지는 것을 변變이라 하고, 변천하여 나아가는 것을 통通이라 한다 하였다. 그러하니 통변通變의 이치를 얻으면 이에 길흉의 의미가 존재하지 않겠는가? 그래서 현묘玄妙에 능하면 완전무결하게 될 것이다.

◉ 그것은 氣가 되는데 장차 오는 者는 앞으로 나아가고進, 공功을 이룬 자는 뒤로 물러退난 것으로, 뱀蛇이 재灰에 있게 되고, 선선이 먼지 속에 있는 것과 같다.

註解 : 氣는 五行의 氣를 말하는 것으로 사계절에 흩어져 있는데, 봄에는 곧 木은 旺하고, 火는 상相이 되고, 土는 사死하고, 金은 수囚하고, 水는 휴休한다.

임관臨官, 제왕帝旺을 맞이하러 가는 것은 장래 者로 진進이 되고, 휴폐사절休廢死絶은 등진 者로, 곧 공을 이룬 者로 퇴退가 된다.

五行의 氣는 진퇴進退하여 순환循環한다. 사람의 行運은 매 一辰에 존재하는데, 상相인 자는 이미 진출하여 있고, 旺한 자는 곧 물러退나고, 권력을 맡게 된 者는 사용할 수 있어 복이 되고, 권력을 맡지 못한 자는 사용하지 못하여 이익이 없다.

만약 五行의 氣가 지나가서 물러났다면, 사선蛇鱔은 모두 火에 속하는 종류로 火는 土에서 수사囚死하고, 휴休하면 못쓰게 되어 재가 된 것과 같으니 이를 두고 한말이다.

巳에는 3마리의 짐승이 있는데 사(蛇:뱀), 선(鱔:드렁허리), 인(蚓:지렁이)이다. 그러므로 사선蛇鱔은 火가 되는데 수사囚死, 휴폐休廢에 이르면 재와 먼지에 있는 것과 같으니 또한 이를 두고 한 말이다. 土는 나아가는 氣로 진進이 되고 火는 물러가는 氣로 퇴退가 된다.

형화상에 이르기를 선인鱔蚓은 水土에 속하는 것으로 먼지에 거처하면 반드시 근심이 있고, 등사螣蛇는 회화灰火의 神으로 회처灰處는 약樂이 된다 하였다.

물物을 가지고 예를 든 것인데 物의 무리들이 좋아하여 순응하고 원하는 곳은 길하고 탈이 나서 달아나는 곳은 흉하니 즉 物의 조화로 이를 관찰할 수 있다.

사람의 行運은 비록 동일한 궁이라고 할지라도 氣의 진퇴進退가 있으니 처한 곳이 어긋나지 않아야 하고, 命에는 생사가 있으니 휴왕休旺을 세밀하게 보아야 하고, 궁하고, 통하고, 변하는 것인 즉 이러한 것을 이해하여야 할 것이다.

◉ **그것은 유有인데 무無을 쫓아 有가 세워지고, 그것은 무無인데 하늘에 드리우진 상象으로 문文이 나타나 있게 된다.**

註解 : 五行의 氣는 정명正明*하다. 이것은 무無를 쫓아 유有가 세워지는 것이니 천상天象 오성五星을 빌려 갖추게 된다. 대개 물질이 생기는 초初에는 무엇인가 있게 되고, 太極이 생긴 후는 무엇도 없는데, 없는 것에서 또 있게 된다.

없는 것에서 있는 것이 나타나 天에서 상象을 이루어 존재하고, 地에서 형形을 이루어 존재하니 변화가 생기게 된다.

** 正明정명 : 정대正大하고 공명公明함.

◉ **그것은 상常이 되는데, 인仁이 서고, 의義가 세워지고, 그것이 사事가 되는데 간혹 보이고, 간혹 들린다.**

註解 : 五行은 하늘에 있어서 오성五星, 地에 있어서 오악五嶽이 되고, 사람에 있어서 오장五臟이 된다,

확충하여 행하는 것에는 오상五常인데, 상常은 오랜 道가 있다. 역易에 말하기를 天이 세워진 道는 陰과 陽이라 하고, 地가 세워진 道는 유柔와 강剛이라 하고, 인간에 세워진 道는 인仁과 의義라고 하여 인간의 道는 인仁과 의義가 아니고서는 세워질 수 없다고 하였다. 서書에 이르기를 二五(음양

오행)의 사事는 곧 一은 모貌, 二는 언言, 三은 시視, 四는 청聽, 五는 사思라 하였다.

오상五常은 오사五事로 모두 五行의 변화인데, 사람의 성정을 이에서 취하고, 견문見聞 동정, 모두 이 수數를 피할 수 없다.

"보고或見, 듣고或聞"는 가령 金.木.水.火.土는 견見.궁宮.상商.각角.징徵.우羽로 문聞이고, 모貌.언言.시視.청聽.사思는 곧 見이다. 또 숙肅.우乂.철哲.모謀.성聖은 문聞이 된다.

모두 五行을 사용한 것으로, 지나치거나 궁벽하게 되는 것은 불가하다.

자세히 살피고 말없이 속으로 깊이 이해하여 담는 것이 밝은 지혜를 가진 완벽한 선비가 하여야 하는 일이 아니겠는가!

** 거취去就 : 1.사람이 어디로 가거나 다니거나 하는 움직임의 상태 2.버림과 가짐을 아울러 이르는 말

◉ **숭崇은 보寶가 되고, 기奇는 貴되고, 장성將星은 덕德을 돕고, 天乙이 임하여 더해지면 귀한 命이 되고, 本과 主가 휴수休囚가 되면 감추어져 없어져버린다.**

註解 : 숭(崇:높음)은 비(卑:낮음)의 반대가 되고 기(奇:홀수)는 우(耦:짝수)와 대칭이 된다.

物은 쌓이면 높아지고 높은 것은 숭崇이 되고, 五行에 있어서는 上이 下를 生하는 것이 이에 해당한다.

物은 짝과 더불어 하지 않으면 홀이 되고, 五行은 각 상호가 다르면서 무리를 이룬다.

장성將星은 월장月將이고, 덕德은 천을덕天月德이고, 천을天乙은 귀신貴神이다. 生年은 本이 되고, 生日은 主가 되고, 휴수休囚의 대칭은 生旺이 된다. 人命엔 年.月.日.時가 있고, 四柱에는 五行이 있고, 上은 下를 生하고, 삼기三奇는 乙丙丁이 있고, 다시 장성將星, 德, 貴를 차고, 主. 本이 득지得地하여 生旺하고, 이른바 길장吉將이 교립하면 복이 미치어 경사롭다. 이것은 貴한 命이 되는데, 貴한 命은 설명한 것이다.

부부賦에서 먼저 말하기를 숭기崇奇는 보귀寶貴가 된다 하였고, 뒤에 말하기를 主, 本은 休囚를 꺼린다 하였다.
숭기崇奇를 만나는 것이 어려운 것이지만 主, 本에 절실하게 필요한 것이 되고, 모든 신살神煞은 다음이다.
命은 五行이 먼저 주관하는데, 먼저 生旺하여야 하고, 다음은 신살神煞로 장성將星, 덕德, 귀신貴神이 있으면 길하다.

서자평이 논하기를 숭崇은 主. 本이 되고, 무릇 命中의 수명, 재물, 재앙, 복을 장악하는 辰이 곧 숭崇이라한다. 기奇는 祿(官), 馬(財)가 되고, 무릇 命中에 財.官.印.食이 곧 기奇라 한다. 德은 日支를 德이라 하고, 辰은 즉 六合이라 하였다.

가령

    時 日 月 年

    乙 癸 庚 壬

    卯 卯 戌 寅

이 명조에서 9月의 장將은 卯에 있어 生日을 돕고, 五行으로 9月은 金土가 되고 六合은 卯戌合이 되고, 乙庚合, 戊癸合, 이와 같이 五行이 각 휴패休敗의 地에 거주하지 않으면 貴하게 된다는 것이 부의 뜻이 아니겠는가?

◉ 구진勾陳이 위치를 얻으면 박애를 이루어 적은 믿음도 이지러지지 않고, 진무眞武가 당권當權하면 지혜와 탁월한 재능이 있고 길조로 분별한다.

註解 : 이것은 水土를 들은 것으로 나머지는 이 예에 준한다.
구진勾陳은 土의 장將이고 상상常은 신신信이다.
진무眞武는 水의 神이고, 常은 지智이다.
信은 충분히 성성聖에 도달할 수 있고, 지智는 道를 만들 수 있다.
五行의 用은 오직 자리가 좋아야 한다. 득위得位는 戊,己가 7月(申)에 生한 것으로, 모모母가 자식의 자리에 있는 것이 되고, 당권當權 자는 壬,癸가 7月(申)에 生한 것으로 자식이 모가母家에 거주하는 것이 되는데, 이 이물二物은 근원이 같고, 둘 다 申月에 生하기 때문이다.

서자평은 戊,己의 좌에 寅,卯와 亥,卯,未가 있거나, 壬,癸의 좌坐에 午,巳와 辰,戌,丑,未가 임하여 있으면 下에 官.印.祿.馬가 있는 것으로, 왕旺.상相.묘고墓庫로 득위得位하고 당권當權한 것이라 하였다.
부부賦와 같은데 그 의義는 다르다. 土가 사계절에 生하고, 水는 겨울三冬을 만난 것이 득위得位, 당권當權이 된다.
서자평이 말 한 것은 이것만 못하다.

[蟾彩 : 木은 甲.乙.寅.卯.辰으로 위치는 동방 청룡靑龍의 象.

火는 丙.丁.巳.午.未로 위치는 남방 주작朱雀의 象.

土는 戊.己.辰.戌.丑.未로 위치는 중앙 구진등사勾陳騰蛇의 象

金은 庚.辛.申.酉.戌로 위치는 남방 백호白虎의 象.

水는 壬.癸.亥.子.丑으로 위치는 북방 현무玄武의 象.

得位하고 당권當權 했을 때 각 五行의 올바른 쓰임이 있게 된다.

戊己土는 地支에 辰.戌.丑.未.巳가 있어야 하고, 壬癸水은 地支에 申.亥.子이 있어야하고, 丙丁은 地支에 寅.巳.午가 있어야 하고, 甲乙은 地支에 亥.寅.卯가 있어야하고, 庚申은 地支에 巳.申.酉이 있어야 한다.

특히 月支에 있으면 당권當權이라 할 수 있어 그 힘이 더 강하고 타 위치는 득위得位했다고 할 수 있다.

득위得位는 당권當權보다는 힘이 약하고 가깝게 있을수록 힘이 강하다.]

⊙ 어질지 않고, 의롭지 않은 것은 庚辛과 甲乙이 교차交差하는 것이고, 시시비비는 壬癸와 丙丁이 으르는 것이다.

註解 : 위 글의 설명은 당권當權 득위得位하면 교차交差하지 않고, 상외相畏하지 않아야 한다는 것이고, 이번 글은 甲이 庚을 보고, 乙이 辛을 보고, 丙이 壬을 보고, 丁이 癸를 보면, 마치 두 여자가 동거하고 두 남자가 같이 있는 것과 같이 陰陽이 불합不合하여 경사를 이루지 못하는 것을 설명한 것이다.

庚辛의 주체는 의義가 되고 甲,乙의 주체는 인仁으로 서로 교차交差하면 불인不仁하고 불의不義하게 된다.

丙丁의 주체는 예禮가 되고 壬癸의 주체는 지智가 되고 서로 두려워하여

혹 시是 혹 비非가 된다.

庚이 乙과 合하고, 辛이 丙과 合하는 것은 강하고 부드러움이 서로 승乘하여 인의仁義가 같이 이루어져 교차하지 않는다. 丙에 癸는 官, 丁壬 合하면 祿으로 陰陽이 서로 짝이 되어 水火가 기제旣濟되어 서로 두려워하지 않는다.

甲申 乙酉는 불인不仁이고, 庚寅 辛卯는 불의不義하고, 寅申 庚甲은 교차하고, 卯,酉 乙辛은 암전暗戰하고, 丙이 壬을 만나면 丙은 비非가 되고 壬은 시是가 된다. 丁이 癸를 만나면 癸는 시是가 되고 丁은 비非가 된다.
子,午도 마찬가지로 그렇고 巳亥도 마찬가지다.

[蟾彩 : 陰과 陰이 만나고 陽과 陽이 만났을 때 음양이 기제가 되지 못하여 발생하는 것을 설명한 것이다. 곧 陽이 陰을 만나면 기제가 된다는 것이다.
세력이 비슷할 때 일어난다고 할 수 있고, 木과 金이 교차 할 때는 의리와 인정이 없는 성격이 나타나고, 水와 火가 교차할 때는 시비가 잘 일어나는 것으로 이해하면 된다. 書에 水火가 있으면 시비가 일어나는 날이라고 하였다.]

⊙ 그래서 선현先賢들은 겸허하게 처해진 속세에서 선仙을 구하는데, 높은 깨달음은 이궁離(火)宮이 정해진 수양처가 되고, 道에 귀의 하는 것은 수부水府에서 구원求元하게 된다.

註解 : 인의仁義는 늘 득실得失로 어그러지고, 시비是非는 늘 영고榮枯로 묶여, 이에서 매일 쉬지 않고 증진하여도 알 수 없어, 그래서 선현先賢은 속세에서 겸허하게 선仙을 구하였다.

사랑을 나누어 주고, 사사로움이 적고, 욕심이 많지 않고, 혹 마음(火)을 다하여 깨닫고, 혹 익신益腎의 정精으로 도道에 귀의하고, 내로 정신을 지키고, 외로 환망幻妄을 버리면 내가 物에 대한 것을 통달하지 않겠는가! 명색이 공空하면 필경 이것이 아니 될 수 없을 것이다.

◉ 五行이 통하는 道를 깨우침에 그 사용하는 방법은 여러 문門을 취하여야 하는데, 현인賢人의 이치를 따르지 않으면 난잡하게 되고, 신묘한 용법을 이루어야 하는데 이루지 못하면 재해가 따른다.

註解 : 道는 존재하지 않는 곳이 없고, 物은 道가 아니 없을 수 없다. 五行이 변화하여 대도大道에 통하게 되니 어떤 곳에도 해당하지 않는 곳이 없어 그것을 취하여 사용하는 것은 한 가지가 아니어 다문多門이라고 한다.

가령 식자識者는 닦아 정하고, 선자仙者는 현묘한 것을 구하는데 선비가 스스로 문득 깨달음이 없으면 어찌 이것이 가능 하겠는가?
이러한 고로 현자賢者가 된 者는 마음을 다하여 궁리 연구 하여 五行의 뛰어난 용법에 통달하고, 우자愚者는 결국 자매自昧하여 얻은 곳이 없다. 능력이 있는 者는 수양하여 복을 얻고 능력이 없는 者는 패하여 禍을 얻는다. 역에 이르기를 진실하지 않은 사람은 道를 헛되게 행하지 않아야 한다 하였다.

◉ 보이는데 보이지 않은 형형形은 아직 때가 아니기 때문에 있지 않는 것이고, 싹트고 싹이 트지 않은 단서는 오랜 세월歲月 동안 이어져 내려온 것이다.

註解 : "보이는데 보이지 않은 형형形"은 가령 10干이 12支에 있는 祿에 의거하게 되는데, 보이건 보이지 않건 形은 존재한다.

甲은 寅이 祿으로 寅이 나타나 있으면 祿이 나타난 것이고, 寅을 보지 못하고 戌을 본 것은 五子*가 원둔元遁*하여 戌에 이르면 甲戌이 되는데, 戌은 甲의 록당祿堂이 된다. 이것이 소위 나타나지 않은 祿이다.

甲에게 辛은 官이 되고, 辛의 祿은 酉이고, 甲에 酉는 명확한 官이다. 酉를 보지 못하고 未를 보면 天 官이 둔갑遁甲하여 未에 들어간다. 未上에 辛이 있지만 소위 官을 보지 못한 것이 된다.

"싹이 트고 싹이 트지 않는 것" 은 가령 陽氣가 子에서 生하여 卯에서 旺하고 午에서 끝나고, 陰氣는 午에서 生하여 酉에서 旺하고 子에서 끝나는 즉 陽이 生하면 陰은 死하고, 陰이 변하여 陽으로 化하고, 子午는 陰陽이 화생化生하는 시종始終으로 무극無極*이 된다.

陰이 극極되면 陽이 生하고, 陽이 極되면 陰이 生하니 氣가 子午에서 껍질이 벗겨져 삐걱거리면 싹이 나와 출입이 끊임없고, 왕래가 궁窮하지 않고, 실이 처음에서 계속 연이어진 것과 같이 만고萬古에 끊임 없이 이어지는 뜻을 말한 것이다.

태현太玄에 이르기를 "形이 보이고 보이지 않고, 싹이 트고 싹이 트지 않는 것"은 태양이 넘어가면 달로 나오고, 더위가 가고 추위가 오고, 쇠퇴하여 교체되고 일어나 교체되고, 다시 쉬게 되고, 다시 旺하게 되고, 한번은 밝게 되고 한번은 어두워지고, 한번은 줄어들고 한번은 나오고, 이어지고 이어져 늘 존재하게 되는데 때가 되지 않으면 있지 않다. 하였다.

대개 음양오행은 나타나있을 때가 있고, 나타나 있지 않을 때가 있고 싹이 있을 때가 있고 싹이 없을 때가 있는 그 이치가 현묘玄妙하다.
조짐이 발설하면 物이 있지 않을 수 없는데 때가 아니면 그렇지 못하다.
天.地.人에 여차한 합당한 것이 오기 마련이니 하여간에 참뜻을 문득 깨달아야 할 것이다.

** 오자五子 : 甲子, 丙子, 戊子, 庚子, 壬子.

** 원둔元遁 : 時柱를 말 하는 것으로 五子 원둔元遁은 甲子라면 甲子, 乙丑.... 乙亥까지가 되고. 丙子라면 丙子, 丁丑...... 丁亥까지를 말 하는 것이다.

** 무극無極 : 끝이 없음. 동양 철학에서 太極의 처음 상태를 일컫는 말.

◉ 하공河公은 七煞을 두려워했고 선부宣父*는 원진元辰을 두려워했다. 아미峨眉는 삼생三生*을 밝혔는데, 일반 백성은 완전히 알지 못 하였고, 귀곡鬼谷은 구명九命을 전파하였는데, 별을 관찰하여 갖춘 것으로, 요즘 모든 학파에서 모은 그 요지는 편견 된 것이라 할 수 있어 아직 곡해된 것을 풀지 못하고 있으니 모름지기 신묘한 깨우침이 필요하다.

註解 : 원진元辰 七煞은 煞 중에 가장 흉하다. 命은 五行으로 내려 받은 것이니 이 근심은 누구도 피하지 못한다.
상고上古시대의 성현聖賢으로 하상공河上公은 신선의 분파이고, 문선왕文宣王은 성聖의 유파流波인데도 오직 이 두 者를 두려워하였다. 하물며 그

이하의 사람들은 일반 백성이 아닌가? 그래서 저서著書하여 세상의 폐해를 없애고 사람을 고난에서 건지기 위하여 길흉화복을 알렸는데 존재가 아직 움트지 않고 있다.

아미峨眉 신선이 三生을 밝힌 것이 정확하지 않을 수 없었고, 귀곡자鬼谷子는 구명九命을 전파하였는데, 통하지 않는 것은 아닌데, 논리가 심오하고 깊이가 오묘하여 측정하기가 어렵다.

그래서 별을 관찰하여 만들었는데, 일반 백성은 갖추지 못하였다.

三生은 녹,명,신祿命身이 되고, 九命은 身,命의 양궁兩宮과 祿,馬 이위二位와 生,年,胎,月,日,時로 길흉화복을 추리하였다.

낙록자珞琭子는 모든 학파들의 요지를 참고하여 모아 간략하였다. 홀로 마음깊이 깨달아 나타낸 견해로 편견偏見이 있을 수 있는 것이 이 글이다.

깊은 뜻을 두루 해석하여 뛰어난 근기가 도리어 맞지 않아 학자는 총명하게 깨우쳐 융통성을 발휘하여야 이것이 아름답게 될 것이다.

** 선부宣父 : 공자를 높여 이르는 말. 당의 개원 27년에 문선왕이라고 추시한 데서 온 말.

** 산생三生 : 과거, 현재, 미래의 세상이라는 뜻에서, 전생과 현생과 후생의 총칭.

◉ 신臣은 난야蘭野에서 태어난 후 어릴 때부터 참된 절개를 숭상하였는데, 들어가고자 했지만 현호懸壺의 묘妙가 없었고, 거리를 거닐려고 했지만 화장化杖의 신神이 없었다. 식息은 一氣가 응신凝神한 것이고, 소消는 五行이 통通하는 도道가 된다.

註解 : 신臣은 군(君:락록자)을 가리킨 것이다. 난야蘭野는 지명地名이고, 스스로 떨쳐 나와 어릴 때 절개를 우러러 받들어 본받는 유모진풍幼慕眞風은 곧 큰 뜻을 품는 것이다.

현호懸壺 화장化杖은 호공壺公과 비장방費長房의 고사故事로 예전 사람의 뛰어남을 칭한 것이다.

무능함을 스스로 뉘우친 것인데, 밖으로 나타나는 욕망을 절제하지 않고, 안으로 뜻한 바가 없으면 안 된다.

"식息은 一氣가 응신凝神한 것이고, 소消는 五行이 통通하는 도道" 이것을 부부賦에서 나타나고자 함은 소식消息*을 말한 것이 아니겠는가! 무릇 조화에는 생존息이 있고 사라지消는 것이 있는 연유에서 논한 것이다.

** 소식 : 天地 시운時運이 돌고 돌아 자꾸 변화함. 日月의 내왕. 때의 변천. 영고와 성쇠. 풍신風信.

[호공壺公

중국 후한 시대에 비장방費長房이라는 사람이 있었다. 그는 여남현汝南縣의 시장에서 관리인으로 일하고 있었다. 어느 날 비장방은 이상한 광경을 보게 되었다. 시장 한 모퉁이에서 영약靈藥을 파는 약장수 할아버지가 한 분 있었는데, 이 할아버지는 언제나 가게 앞에 항아리를 하나 놓아두고는, 시장이 파하면 얼른 항아리 속으로 들어가 사라지는 것이었다. 시장 사람들은 아무도 그것을 눈여겨보지 않았으나 비장방은 너무도 이상한 일이라고 생각되어 그 할아버지를 찾아갔다.

그러자 할아버지는 그를 항아리 속으로 안내했다. 항아리 속에는 훌륭한 옥으로 만든 화려한 저택이 장엄하게 솟아 있고, 그 저택 안에는 산해진미가 차려져 있었다. 그는 할아버지와 함께 술과 음식을 마음껏 먹고 나서, 다시 항아리 밖으로 나왔다. 이 약장수 할아버지는 하늘에서 지상으로 유배된 선인仙人인 호공이었다. 뒤에 호공이 용서를 받아 천계天界로 돌아갈 때, 비장방도 그를 따라갔는데 선술仙術을 익히는 데 실패하여 지상으로 돌아왔다고 한다.

이 고사에서 비롯하여 '호중지천'은 별천지·별세계·선경을 의미하게 되었다. 항아리의 입구가 좁은 데에 연유하여 장소가 극히 협소함을 이르는 말로도 사용된다.]

◉ **건곤乾坤의 위치는 암컷과 수컷이 되고, 金木은 강하고 부드러움을 정하고, 주야는 군신이 되고, 청적靑赤 時는 부자父子가 된다.**

註解 : 이것은 소식消息*되는 조화의 큰 규모規模*를 설명한 것이다.

건乾은 陽에 속하고 천도天道, 군도君道, 부도夫道가 된다.

곤坤은 陰에 속하고 지도地道, 신도臣道, 부도婦道가 된다.

건乾은 움직動이는 체體가 되어 열림을 주관하고, 곤坤은 조용히 멈추어 靜 있는 體가 되어 닫힘을 주관한다.

건곤乾坤은 陰陽으로 암컷과 수컷 양자兩者가 교류하여 통하는데, 이것은 五行의 변화 중에 존재한다. 易에서 주장한 건곤乾坤의 올바른 뜻이 이것이다.

인仁은 유柔하고 의義는 강剛한데 金木의 성질이 되고, 一陰과 一陽도 강유剛柔로 추정한다.

오직 강剛하고 유柔가 없으면 生으로 변하지 못하고, 오직 유柔하고 강剛은 없으면 生으로 화化하지 못한다.

낮은 강하고 生으로 변하여 나가고, 밤은 부드러워 生이 변하여 물러감으로 강유가 쌓여 변화를 이루어 주야가 진퇴를 이룬다.

낮은 陽으로 군君의 상象이고 밤은 陰으로 신臣의 象으로써 주야의 道가 되고, 그 징조는 소식消息으로 차고 비게 되는 것으로 나타난다.

그 구별은 유명幽明*이 있고, 그 수數는 生死가 있고, 하나는 크고, 하나는 아니고, 하나는 덜어지고 하나는 더 해지고, 끝과 처음이 서로 원인이나 계기가 되고, 신고新故의 상대相代, 영욕의 지소所至, 복록福祿이 자래自來하는 근본이 모두 이와 같은 것이 아닐 수 없다.

五行의 神은 제帝라 말하여 동방은 청제靑帝로 부父가 되고, 남방은 적제赤帝로 자식이 되어, 곧 청적靑赤의 이치는 아비가 자식에 전하는 道가 된다.

설명하면 음양오행 중에는 군신이 있고, 부자父子가 있고, 부부의 道가 존재하지 않겠는가!

이것이 조화의 큰 가르침으로 인륜에도 또한 통한다.

** 규모規模 : 1.본보기가 될 만한 일. 모범. 규범 2. 운동·활동·사물의 구조 및 모양의 크기와 범위.

** 유명幽明 : 1.어둠과 밝음 2.내세와 현세 3. 저승과 이승.

◉ **하나의 길과 궤도를 취하는 것은 불가하고, 단일한 이치로 추리하는 것도 불가하다.**

겨울에 염열炎熱을 만나는 때가 있고, 여름의 화초가 서리를 만나는 때도 있고, 陰에 속하는 쥐가 얼음에 거주하고, 신구神龜는 火에서 잠을 잔다.

註解 : 이것은 음양오행의 道를 설명한 것으로 미묘하여 정통精通하기 어렵고 은오隱奧하여 측정하기 어렵다.

"불가일도이취궤不可一途而取軌, 불가일리이추지不可一理而推之(하나의 길과 궤도를 취하는 것은 불가하고, 단일한 이치로 추리하는 것도 불가하다.)"는 가령 겨울은 춥고 여름은 더운 이러한 이치가 통상으로 올바른 때인데, 만약 겨울에 염열炎熱을 만나고 여름에 화초가 서리를 만나는 것은 그때의 때가 아니다. 때가 아닌데 令을 행하는 것은 통상적인 이치를 잡아맨 것이다.

"서화鼠火와 구빙龜冰"인 이 같은 이치는 있는데 그 종류에 마땅한 것이다.

음서陰鼠에 차가운 것이 깃들고, 신구神龜가 따뜻한 곳에 쉬는 것은 종류에 맞지 않는 것이지만, 그 종류가 맞지 않는 곳에 거주하는데, 이를 일도一途로 논한 것이다.

보편적인 상리常理는 궁리하기 쉽고, 상리常理가 아닌 것은 궁구하기 어려우니 조화가 어찌 쉽다고 할 수 있겠는가?

추자鄒子의 취률吹律에 있는 한곡회춘寒谷回春, 효부함원孝婦含寃등과 6月에 서리가 내리는, 이러한 재앙이 되는 괴이한 일들이 고금에 통하여 매우 많이 발생하는데 음양오행의 변화가 아니고서는 말 할 수가 없다.
화서火鼠의 털을 길쌈하면 베가 되고, 수천水蠶의 기름이 제기祭器에 오르는 것은 세상 사람이 알고 있는 바와 같다.

신이경神異經에 이르기를 북방에는 얼음 층이 만리나 되고, 두텁기가 백장이 되고, 쥐의 무게는 만근이 되고, 털의 길이는 자보다 긴 것이 가운데 저장되어 있지 않겠는가 하였다. 이것이 음서陰鼠의 서빙棲冰이다.

이아爾雅에 이르기를 一은 신구神龜로 말하고 十은 화구火龜라고 하였다. 곽박찬郭璞讚이 이르기를 天은 신물神物을 生하는데 십붕十朋의 구龜는 火에서 논다 하였다. 이것이 신구神龜의 숙화宿火가 된다.

서자평徐子平은 동지에서 一陽이 生하고 하지에서는 一陰이 生한다 하였다.

겨울에 염화炎熱를 만나고, 여름의 풀들이 서리를 만나고, 癸의 祿은 子에 있고, 인원人元이 되고, 丙은 官印이 되고, 戊의 祿은 巳가 되고, 人元이 되고, 癸는 戊가 官印이 되고 음서서빙為陰鼠棲冰, 신구숙화神龜宿火가 두렵지 않다는 것이 부賦의 의미이다.

[瞻彩 : 동지冬至에서 一陽이 生하고 하지夏至에서는 一陰이 生한다 하였으니 추운 겨울에 온기가 일어나고 더운 여름에 냉기가 생기게 되는 것이 인간사에 흔히 있는 것이니 金은 水를 生하고 水를 木을 生하는 이러한 단순한 논리에 집착하지 말라는 것이 부賦의 설명이다.]

◉ **陰陽을 헤아리는 것과 物物의 심중은 궁구하기 어렵다. 대개 겨울은 따뜻함이 적고, 여름에는 볕이 많을 뿐이다. 화복禍福 상서로움도 대략 이와 같은 것이니 술사術士는 8,9만 맞추는 것을 바라야 한다.**

註解 : 위 글의 설명은 겨울에 따뜻하고 여름에 서리가 있는 것, 빙서冰鼠 화구火龜의 설명은 음양의 상리常理는 아니지만 물류物類가 서로 감응 하는 것을 말한 상문上文과 "한측罕測, 난궁 難窮" 이 글은 도리어 상반되는 말이다.

겨울에 염열炎熱을 만나 때도 있다 했는데, 대개 겨울에는 덥지 않고, 또 여름의 풀이 서리를 만날 수 있다 했고, 여름에는 볕이 필히 많다 하였다. 춥고 더운 것은 이미 통상의 이치이고, 陰陽의 오묘한 곳을 엿보면 그 당면한 이치가 있어 그것으로 화복을 추리한다. 좋은 조짐은 그 류 類가 응함으로써 나타난다.

술사는 三命과 五行을 전문專門으로 논하여 행년行年. 運에서 旺相하고 득위得位한 것을 運에서 만나면 크고. 휴수休囚나 실위失位하면 그렇지 않은 것으로 본다. 다만 그 통상적인 道는 8,9만 적중시키기를 희망한다.

人命의 행년行年. 運에서 화복이 응하는데, 가령 좋은 조짐이 변이變異하는 사물의 심정을 궁구하기 어려워 술術에 의지하는 선비는 충분한 가운데에서도 이치 또한 8,9를 바라기도 어렵다.

무릇 天地에 완전한 공적은 없다.

이것이 사람에 해당하는 것이니 그렇지 않겠는가?

[蟾彩 : 자연이 상리에 벗어나는 일이 허다하게 많이 일어나는데 어찌 인간이 命을 추리함에 100% 맞출 수 있겠는가? 80~90%도 맞추기 어렵지 않겠나 하는 것이 육오 만민영 선생의 견해인데 필자도 동의하는 바이다.]

⦿ **만약 젊어서 휴패休敗의 地를 만나면 젊은 시절 외롭고, 궁핍하고, 늙어 건왕建旺한 곳을 만나면 임한 나이에 고달프다. 만약 먼저 흉하고 나중에 길한 것은 근원이 탁하다 흐름(運)이 맑게 되었기 때문이고, 처음에는 길하다 끝은 흉한 것은 무리의 뿌리는 달콤하고, 후예에서 고통이 따르게 되었기 때문이다.**

註解 : 身은 비록 運을 따르지만 반드시 가운假運도 身의 자본이 된다. 세勢가 時에서 미치지만, 가시假時도 세勢를 탈 수 있다.

건장한 나이에는 運이 旺한 곳이 좋고, 늙어 점차 쇠약한 나이가 되면 運은 곤지困地가 마땅하다. 소식消息을 따라야 하나 휴왕休旺은 자유자재롭다.

초생初生에 갈멸歇滅하고, 만세에 흥륭한 者는 청탁이 유청流清하고, 유년에 건왕建旺하고 노년에 외로운 者는 끝(후손)은 괴롭고 뿌리는 달콤하기 때문이다.

만약 運氣를 교량較量하자면 근원根源을 궁구하고, 먼저 근기根基의 후박을 살피고, 겸해서 운한運限의 시종始終을 살피면 비록 백발백중은 아니더라도 8,9는 바랄 수 있다.

대저 人命은 年은 존尊이 되고, 胎.月.日.時는 바탕으로 다음이 된다.

그래서 말하기를 四柱에서 군부君父를 일으키고, 길흉의 주재主宰는 年에서 취하고, 운기運氣의 근본을 밝혀 터의 허실 추리는 月을 취하고, 안위安危의 징조兆와 고락苦樂의 근원原을 살피는 것은 日에서 취하고, 귀천貴賤의 본본을 정하고 生死의 기일을 정하는 것은 時를 취하고, 어릴 때 음덕이 비롯되는 것의 구분과 출사하기 전을 궁구하는 것은 胎로 취한다.

月은 主의 초初를 관리하고, 日은 主의 중中을 관리하고, 時는 主의 말末을 관리하고 年은 전체를 거느린다.

모름지기 처음과 끝이 함께 성취되고, 전후 상응相應하면 부귀가 양전兩全하고, 재록財祿이 쌍현雙顯하고, 초初에 吉이 없고, 끝에 흉하고. 초初에 흉하고, 끝에 흉한 것이 있어 각 다르게 되니 그래서 얻기가 정말 어렵다. 혹 중말中末에 흥륭하여 또한 작록을 이루는 命이 되기도 한다.

◉ 싹이 나타나는 조짐은 그 근원을 살펴야 알 수 있고, 근根은 싹을 이끌게 되고, 열매는 꽃이 핀 후에 맺힌다.

註解 : 담명談命을 설명하면 胎는 근根이 되고, 月은 묘苗가 되고, 日은 화花가 되고, 時는 실實이 된다. 뿌리를 연구하면 싹을 알 수 있고, 꽃을 본 연후에 열매를 알 수 있다.
이러한 까닭에 성인聖人은 먼저 조짐을 관찰 하고, 미맹未萌을 보고, 근원根源을 살펴 후대 자손을 알게 되었다.

서자평이 이르기를 運 內의 길흉을 알고자 한다면 먼저 근원의 승부勝負를 살펴, 근원에 貴가 있고, 運에 貴가 임하면 貴하고, 근원에 財가 있고, 運에 財가 임하면 발재發財하고, 근원에 재災가 있고, 運에 재災가 임하면 재앙이 있다 하였다. 이 설명 또한 통한다.

◉ 원명元命(年柱) 태생胎生(태월)을 취하여 삼수三獸 종문宗門을 정하고, 율여律呂의 궁상宮商으로 五行의 성패成敗를 논한다.

註解 : 짐승은 36位로 나누는데 支에 12辰이 열거되고 이어서 분포된다.
한 개의 辰에는 3마리 짐승이 있다. 子人은 쥐, 박쥐, 난새. 丑人은 소, 게, 악어. 寅人는 범, 삵, 표범. 卯人은 토끼, 여우, 담비. 巳人은 뱀, 드렁허리, 지렁이. 午人은 말, 사슴, 큰사슴. 未人은 양, 매, 기러기. 申人은 원숭이(猴,

猿,猱), 酉人은 닭, 까마귀, 꿩. 戌人은 개, 이리, 승량이. 亥人은 멧돼지, 돼지, 검은 양(猪,豕,豿)이다.

응신자凝神子가 이르기를 상신象神 자는 하늘에 기재되어 있어 主는 크게 부귀하고, 불상신不象神 자는 하늘에 기록되어 있지 않아 하늘에서 알 수 없으므로 비슷한 모양의 神을 기준으로 하여 성질과 기운을 단정하게 된다 하였다.

원명元命 태생胎生은 甲子生 人이 生月이 癸酉가 되면 胎는 甲子가 되어 원명元命과 같은 사람이다.
가령 乙丑 金人이 己卯 月이 되면 胎은 庚午 土가 되어 土生金이 되는데, 두 설명을 아울러 상세히 살펴야 한다. 그 의미가 다르지 않기 때문이다.

年으로써 月을 취하고, 月로써 胎를 취하여 3곳에 부류를 살핀다. 일컬어 삼수三獸라 하고, 먹고 먹혀 모양이 손상되는 유무有無로 곧 종문宗門의 출처를 정할 수 있다.

陽六은 율律이 되고, 陰六은 여呂가 되어 오음五音의 총 율려律呂가 된다. 율려律呂 상합相合으로 支를 나누고 干을 정하여 五行이 오음五音으로 된다. 이러한 고로 甲己는 궁토宮土로 감추어진 丙寅이 일어나고, 乙庚은 상금商金으로 감추어진 戊寅이 일어나고, 丙辛은 치수羽水로 庚寅이 일어나고, 丁壬은 각목角木으로 壬寅이 일어나고 戊癸는 징화徵火로 甲寅이 일어나고, 五音은 모두 寅에서 일어나 寅은 12개월의 처음이 되고 2,6時의 처음이 된다.
사람의 성패 길흉는 이러한 연유에서 비롯되는 것이다.

◉ 무합無合 유합有合을 후학은 알기 어려워 3개 중에 하나만 얻을 수 있는데 전현前賢이 싣지 않았다.

註解 : 道는 2에서 세워져 3에서 이루어지고 五에서 변하여 天地의 數가 十에서 갖추어진다.

짝할 따름인데 유합無合 무합有合은 가령 甲己 合에서 柱에 己를 보지 못하고 午를 얻으면 午 中에는 己祿이 있어 인연이 되고, 寅과 亥의 合에서 柱에서 亥를 보지 못했는데 壬을 얻으면 亥上에 壬祿이 있어 인연이 되고, 또 가령 寅午戌 合에서 柱에 寅을 보지 못했는데, 甲을 보면 寅 中에 甲祿이 있어 인연이 되어 1/3을 얻는다.

가령 甲이 己를 얻으면 一合하고, 午를 얻으면 二合이 되고, 亥를 얻으면 三合이다. 이것은 곧 一祿을 얻어 三祿으로 나누어 진 것으로 앞에서 말한 보이고 보이지 않은 형形과 싹이고 싹이 아닌 서緖라고 한 이치가 이와 같은 것을 두고 말한 것이다.

이허중은 支干 合은 격이 갖추어진 것으로 논하였다.
年.月.日.時.胎 五位가 干支 合이 갖추어 질 수 있다고 하여 子에 곧 丑이 존재하는 견해, 寅에 곧 亥가 존재하는 견해, 甲에 곧 己가 존재하는 견해, 乙에 곧 庚이 존재한 견해를 밝혔다.

祿干의 五位는 가령 甲.乙.丙.丁.戊를 차면 자연히 己.庚.辛.壬.癸와 合이 되고, 12支가 가령 寅.卯.辰.巳.午를 차면 자연히 未.申.酉.戌.亥와 合이 되고, 또는 子,丑 位에 대해 祿馬가 있어 가加해지면 10干 12支 모두 合이 갖추어진다 하였다.

서자평이 말하기를 무합無合, 유합有合, 혹은 형합刑合, 자축요사子丑遙巳 등의 이러한 격은 이미 寅巳 刑, 丑巳 파破가 있는 것인데, 丙.戊가 형파刑 破를 입게 되어 나타난 것으로 곧 三으로 분별되어 行한다. 이것이 三合 巳 酉丑이다 하였다.

고가에 이르기를 범寅이 질주하면 뱀巳, 돼지亥, 원숭이申가 달아나고, 양 未이 공격하면 돼지亥, 뱀巳에 자연히 영화가 있게 된다 하였는데 이 설명 도 통한다.

◉ 年이 비록 관대冠帶를 만났다 하더라도 아직 여분의 재해가 있고, 운 초運初가 쇠약한 곳이 되면 오히려 드물게 복이 있다.

註解 : 年은 태세(太歲=流年)가 되고 運은 大運이다.

年에 비록 관대冠帶를 만났다 하더라도 오히려 폭패暴敗의 여재餘災가 있고, 運이 비록 쇠약한 곳이 되어도 오히려 旺官을 차면 드물게 복이 있다.

이 行運은 소이 전후前後 5年으로 나누는 설說이 있다.

두 글귀는 호문견의互文見義*하다.

 ** 호문견의互文見義 : 그 특징은 상하의 글의 의미가 서로 호응하거나 보충한 것.

◉ 대체로 天元이 여려 약하면 궁이 길하여도 영화롭지 않고, 中下가 흥 륭하면 괘卦가 흉하여도 허물이 일어나지 않는다.

註解 : 天元은 十干이다 干이 生旺하게 되면 영화롭게 되고, 만약 쇠衰, 병 病, 사死, 묘墓, 절絶이 되면 天干은 약하다. 비록 임한 궁宮이 길한 곳이라

하여도, 가령 재財, 관官, 장성將星, 천을天乙의 종류를 얻어도 영화를 얻지 못한다.

中은 地支이고 下는 납음이다. 中,下에 임한 五行이 흥왕한 地가 되면 비록 정해진 팔괘가 흉으로 분류되어도 재해에 이르지 않는다.

서자평은 무릇 命의 天元에 財,官의 地가 임하여도 月(生)에서 때를 얻지 못하고, 본기本氣가 여리고 약하고, 上下 五行이 휴왕休旺하고, 또 돕지 않으면 비록 궁에 祿馬 길신을 만나도 영화가 미치지 않는다 하였다.
가령 庚辛이 춘월春月에 生했고, 다른 위치에서 火가 金을 剋하면, 金에게 寅.卯.甲.乙은 財가 되고, 木 中의 旺火로 인하여 金에게는 해害가 되고, 또 金이 령令을 얻지 못하면 비록 궁이 길한 재財이지만 재앙이 있고, 中者는 인원人元이 되고, 下者는 지원支元이 된다. 가령 丁은 壬이 官인데 中下의 祿馬가 건왕하면 경사를 이루고, 비록 火가 절지絶地에 임한다고 하더라도 中下의 貴를 탄다 하였다.

성감成鑑에 말하기를 祿이 비록 絶이 되었다고 하더라도 貴를 세운다 하였다.
도주陶朱에 이르기를 祿이 絶하고 財가 亡하여도 나쁜 조짐이 되지 않는다 하였다.
간혹 一吉, 三生이 구궁九宮에 속하고, 오귀五鬼가 命에서 절절絶되고, 팔괘에 속하는 것도 또한 통한다.

◉ 존尊이 흉한데 비卑가 길하여도 구원의 공功이 없고, 존尊이 길하다면 卑가 흉하여도 재앙이 자연히 치유된다. 祿(복록)은 삼회三會가 있고, 재災는 오기五期가 있다.

註解 : 입년立年은 존尊이 되고, 胎.月.日.時는 다음 차례로 자본이 된다. 大運은 존尊이 되고, 태세太歲, 소운小運은 다음 차례로 자본이 된다.

만약 본명本命과 大運이 만나서 건왕建旺한 곳에서 덕합德合하면 歲.運.日.時의 흉이 허물이 되지 않고, 大運과 本命이 사수死囚의 地가 되고, 전쟁을 하면 歲.運.日.時의 吉이 구원하지 못한다.

그래서 설명하면 "祿에 삼회三會가 있고"는 곧 장생長生.제왕帝旺.고庫가 삼회三會로 이것은 길한 地가 된다.

"재災는 오기五期" 라는 것은 쇠衰.병病.사死.패敗.절絶로 이것은 흉한 地가 된다.

무릇 祿과 재災의 설명은 祿은 干祿의 祿이 아니고, 이는 녹祿을 활용하여 본 것이다. (복록으로 본다.)

요즘 학자들은 오직 三合을 들어 金이 巳酉丑을 만나고, 木이 亥卯未에 거주하고, 火가 寅午戌을 얻고, 水가 申子辰을 만난 것 이것을 "祿에 삼회三會"라고 말하는데 옳지 않다.

서자평의 설명은 팔자 中에서 내외內外 三元이 가장 힘을 얻은 者가 존尊이 되어 즉 用神이 되고, 用神은 손상되지 않아야 한다. 만약 손상되면 비록 다른 위치에 길한 것이 있다고 하더라도 구원되지 않는다 하였다.

年.月.日.時 내외에 三元이 비록 극전剋戰이 있다고 하더라도 다만 존尊이 손상되지 않는 者는 재해를 만나더라도 자연히 치유가 된다 하였다.

또 중요한 것은 소식消息에 의해 손상된 神은 主에 어떠한 길흉이 있게 하는데, 命에 해로우면 身에 재해가 있고, 처에 해로우면 처에 재해가 있고, 官에 해로우면 관직을 잃게 된다.

이 설명 또한 이치가 있다. 다만 존비尊卑는 이치에 잘 맞지 않다.

⊙ 흉이 많고 길이 적은 것은 대과괘大過卦의 초효初爻 무리가 되고, 복이 천淺하고 화禍가 깊은 것은 동인괘同人卦의 구오九五*에서 깨우쳐야 한다.

註解 : 흉이 많고 길이 적은 命은 休囚로 무기無氣하다. 그리고 진용進用(벼슬)에 마땅하지 않다.

대과괘大過卦의 초육효初六爻 효사爻辭의 말이다. 백모白茅를 깔개로 사용하면 허물이 없고, 六陰은 부드러워 남보다 뛰어난 재주가 없고, 초육初六은 제일 下의 효爻로 때가 되지 않아 세상을 피하고, 위치를 피하고, 계인戒人이 근심하는 道라고 하는 이러한 내용이다.

공자가 말하기를 무엇을 하겠다는 꾀를 삼가 하면 그 잃는 바가 없다 하였다. 이 또한 올바른 의미이다.

복이 적고 화禍가 많은 命은 五行이 相剋하고 무기無氣하고, 또 관직으로 나아가겠다는 희망을 품지 않는 것이 마땅한데, 이와 같은 내용이라고 할 수 있다.

동인괘同人卦 중中 9, 5효사爻辭에 이르기를 사람과 함께하지만 먼저 울고 뒤에 웃으니 대사大師를 이겨야 만날 수 있다 하였다.

상象이 이르기를 뜻을 같이 하는 사람보다 먼저인 것은 중용으로 곧기 때문이라 하였다.

곧은 道를 볼 수는 있으나 행하기는 어려우니 계인戒人이 스스로 이겨야 한다는 의미다.

** 대과괘大過卦 : 육십사괘의 하나. 태괘兌卦와 손괘巽卦가 거듭된 것으로, 못물이 나무를 멸함을 상징.

** 동인괘同人卦 : 육십사괘의 하나. 건괘乾卦와 이괘離掛가 거듭된 것으로, 하늘과 불을 상징함

** 초효初爻 : 육효 중中에 맨 밑에 있는 효.

** 구오九五 : 역괘에서 아래로부터 다섯 번째 양효의 이름. 건괘의 구오가 임금의 지위를 뜻하는 상이라는 데서 임금의 지위를 일컫는 말.

** 진용進用 : 진출하여 사용되는 것 즉 벼슬을 하게 된다 등.

⊙ 기쁜 것과 기쁘지 않은 것은 六甲이 이지러지거나 가득 찬盈 것이고, 근심이 있고, 근심이 없는 것은 五行의 구조救助에 의거된다.

註解 : 문희聞喜는 가득 찬盈 것인데, 가득 찬盈 것은 이익益이다. 불희不喜는 휴휴란 말인데, 휴휴(이지러지)는 것은 손상이다.

손익損益의 道를 六甲으로써 추정하여 보면 간혹 空亡이 되어 天地가 허탈한 辰(星)이 되기도 하고, 六陽 命은 양궁陽宮을 두려워하게 되고, 六陰 命은 음위陰位를 두려워하게 되는 것, 또 歲, 運, 행년行年에서 祿馬, 貴人을 만나도 空亡이 되는, 이러한 것은 五行의 휴영虧盈과 상제相制에 의해서

나타나는 현상으로 기쁘기도 하고, 기쁘지 않기도 하다.

근심이 되고 근심이 되지 않는 것은 五行이 휴폐休廢한 곳이지만 生을 만난 것이다.

가령 木이 甲申 水, 癸巳 水를 얻은 례례가 되고, 戊申 土人이 丁酉 火를 얻으면 폭패暴敗 파쇄破碎 자형自刑이 되고, 丁酉火는 火가 사死하고, 丁巳土는 化하여 土가 되어 자식이 어미에 전傳하는 길이 된다.

[蟾彩 : "丁酉火는 火가 死하고"는 납음오행 火가 地支 酉에서 死한다는 것]

甲寅水 人이 申 運에 이르면 충형반음衝刑反吟이 되고, 祿馬가 絶되어 旺金이 制되니 둔遁된 壬申金을 보면 干이 구원된다.

신술神術에 이르기를 절絶한 곳에서 부모를 만나면 재앙이 변하여 복이 된다고 한 것이 이것이다.

나의 견해(育吾)는 六甲 五行의 설명은 원활한데 간혹 원명元命 팔자에 이지러짐이 있고, 찬 것이 있고, 구원이 있고, 도움이 있고, 혹은 行運과 유년流年에서 이지러지게 하고, 차게 하고, 구원이 있고 도움이 있게 되니 너무 집착할 필요는 없다.

휴영虧盈은 길흉을 말하는 것이고, 구조는 制하면 흉하고 도우면 길한 것을 말한다.

◉ **팔고八孤는 오묘五墓에 비추어 밝히고, 戌未는 동행東行하고, 육허**
六虛는 공망 下가 되니 亥(乾)가 공망이면 巳(南)가 허虛가 된다.

註解 : 甲子 순중旬中은 戌亥가 空亡이고, 충沖하는 辰巳가 육허六虛가
된다.

戌亥는 건금乾金의 위치이고, 西의 끝과 북쪽의 처음이다. 甲戌 순旬, 甲申
순旬도 申酉, 午未가 잇닿아 空亡이고, 辰巳, 寅卯, 子丑은 육허六虛다.

그래서 寅.申.巳.亥는 사고四孤의 地가 되고, 辰.戌.丑.未는 오묘五墓가 되
고, 戌未는 동행東行하고, 공망空亡은 거꾸로 돈다.

팔고八孤는 辰.戌.丑.未 五行의 묘墓를 제외하고 남은 것이 팔음八音으로
고허孤虛의 辰이고, 고孤는 묘墓에 비추어 나타난다.

申酉人의 고진孤辰은 亥, 과숙寡宿은 未이고, 五行의 묘墓는 사기四氣 中에
붙어있고, 그 氣는 모두 月에서 세워져 쫓아 들어온다.

동행東行의 戌과 未는 곧 火木의 墓로 木은 亥로부터 生하고, 火는 寅에서
일어난다. 火木의 氣는 모두 寅을 머리로 하여 동행東行하여 戌未의 墓에
서 저장된다.

가령 乙丑生 사람은 亥가 육음六陰의 올바른 空亡이 되고, 亥는 巳와 충衝
하니 육허六虛다.

亥는 건천乾天, 巳는 손지巽地, 巳는 남방의 첫 神이다.

간혹 말하기를 육허六虛는 空亡 아래 있고, 고孤는 동해東行하고, 허虛는
서회西迴하고 이 두 자는 상대相對되는 맛이 있다 한다.

총론總論하면 12支의 신살神煞 이름으로 순역順逆 순환循環, 고허孤虛, 공
망空亡, 오묘五墓를 설명 한 것인데 人命에서 가장 중요한 者다.

◉ 天元 一氣는 후백侯伯의 영광에 오르고, 支에서 인원人元이 일어나고, 運에서 상인商人들의 득실得失이 발생한다.

註解 : 干은 祿으로써 천원天元이 청수淸秀하고, 길장吉將이 들어와 더해진 것을 사람이 얻게 되면 貴하다.

支는 命으로써 지원支元이 순수하고, 四柱가 화합하면 부유하게 된다.

이렇게 天地를 나누어 干支를 구별한다. 天元의 一氣라고 하는 것은 한결 같은 모양이 아니다. 가령 요즘 담명자談命者가 칭하는 바는 상천象天이라 한다. 그래서 一氣는 天祿(建祿)이 맡은 곳으로 모름지기 祿이 천덕天德. 官. 印. 貴. 食을 차고, 五行 四柱 中에 生旺한 氣를 겸하게 된 자는 貴하다.

상인商人의 무리는 인원人元을 상세히 살피면 재물의 득실을 정할 수 있다. 모름지기 유기有氣 무기無氣를 관찰하고 진신進神과 퇴신退神을 관찰하여야 한다.

그래서 아래 글에 이르기를 財와 命이 유기有氣하고, 財가 絶하고 命도 쇠약한 것은 運에 대응하여 정하게 되는 것으로 말했다.

정정은 곧 결정으로 運은 곧 쉼 없이 유전流轉하는 것이니 의義는 각 있는 곳에서 취해진다.

◉ 오직 財, 命을 보아 유기有氣하면 배록背祿을 만나도 가난하지 않고, 만약 財가 絶하고 命이 쇠약하면 설령 건록建祿이 있다고 하더라도 부유하지 않다.

註解 : 人生은 命과 財가 主가 되고, 五行에 헀 받은 자를 財라한다.

유기有氣는 財와 命이 모두 生旺한 五行에 득려得呂한 것을 말한 것이다.
財와 命이 유기有氣하면 비록 四柱에 배록背祿되고 官이 없어도 빈천하지
않다.
만약 命과 財에 기氣가 없지만 비록 월건月建에 祿을 좌하고 적은 官이 있
으면 부귀하게 되지 않는 것은 아니다.

가령 庚寅木은 丙戌土가 財가 되는데 戌이 있어 土가 旺하고, 身(납음오행
木)은 命의 寅에 의해서 旺하고, 戌은 비록 庚의 申을 등진 것이라 하여
도 남음오행 土는 戌土에 의해서 旺하니 財와 命에 氣가 있어 가난하지
않다.

또 가령 甲辰火 生人이 丙寅火를 얻으면 金이 財가 되는데, 金은 寅에서 絶
하고, 辰土가 寅에 이르면 命의 鬼가 되고, 겸해서 空亡이 되니 財가 絶하
고, 命이 衰한 것이다. 비록 月建에 좌록坐祿한다 하여도 財와 命이 무기無
氣하여 부유하지 않다.

앞에서 설명한 干의 祿으로 빈부의 향배를 정하는데, 무릇 財,命 양궁
兩宮이 각 地가 旺하게 되어야 한다. 팔자뿐만 아니라 行運도 모두 그러
하다.

서자평이 말하기를 財와 命이 유기有氣한 것은 가령 甲乙이 巳午 등의 月
이고, 건록建祿인데 부유하지 않는 것은 가령 甲乙이 寅卯 등 月에 生한 것
이라 하였다. 마땅히 상세히 살펴야 한다.

[蟾彩 : 삼명三命이라고 하는 것은 年柱의 天干은 祿, 地支는 命, 납음은 身이 된다.

```
月    年
丙    庚
戌    寅
(土)  (木)
```

戌土는 납음 木의 財星으로 납음도 土이니 財星이 旺한 것이 되고, 寅은 木이고 납음도 木으로 이것은 즉 命이 旺한 것이 되어서 즉 財와 命이 旺하여 비록 月支 戌이 年干 庚의 祿이 없어도 부귀하다.

```
月    年
丙    甲
寅    辰
(火)  (火)
```

甲의 건록建祿인 寅이 月支에 있지만 甲辰 柱의 공망이 되니 즉 年干 甲의 祿이 공망이다. 또 辰은 寅이 煞이 되어 命을 剋한다.

납음 火의 財星은 金인데, 金은 寅에서 絶이 되니 財星이 氣가 없다. 그래서 비록 建祿이 月支에 있다고 하더라도 命과 財에 氣가 없는 것으로 부유하지 않게 되지만 만약 좀 약한 官에 있다고 하면 또 부귀하다.

◉ 만약 身이 旺하고 귀鬼는 絶하면 비록 파명破命되었다 하더라도 수명은 길고, 귀鬼가 旺한데 身은 쇠약하면 건명建命을 만나도 수명은 짧다.

註解 : 깨진 命이 수명이 길다는 것은 本命(年柱)이 旺(납음)한 궁인데 鬼는 絶된 者를 말한다. 가령 납음 火가 巳 궁에 존재하는데 水의 값이 되고, 木이 寅地에 거주하는데 金을 만나고, 土가 申의 장소를 향하는데 木을 만나고, 金이 亥中에 귀歸했는데 火를 만난 것이다.

건명建命인데 요절한다는 것은 本命이 쇠약한데 旺한 鬼를 만난 것이다. 土가 寅地와 木을 보고, 火가 亥地와 水를 만나고, 金이 巳와 火를 보고, 火가 申과 金을 만나는 이 모두 납음으로써 취한 것이다. 五行의 이치가 制을 받아 요절한다. 제制하는 物이 곧 수명이 된다.

예전에 이르기를 건명建命은 主가 장수하고, 파년破年은 主가 일찍 죽는다 하였다. 그러나 죽륜경竹輪經에 이르기를 건명建命이 반드시 수명이 긴 것은 아니고 파명破命이 반드시 수명이 짧은 것은 아니다 하였는데, 이 것이 낙록자의 소이 소식消息이다.

天元을 貴로 논하고, 人元은 富로 논하고, 財와 命으로 빈부를 논하고, 身과 鬼를 수명으로 논하여 각 그 중요한 자를 칭하여 설명한 것이다.

◉ 배록背祿, 축마逐馬는 곤궁 적막하여 힘들고, 祿馬가 동향同鄕되면 삼공에 오르지 않으면 팔좌八座*에 오른다.

註解 : 祿은 작록爵祿을 일컫는 것이고, 馬는 차마車馬를 말한다.

人命에서 祿馬는 매우 중요하다고 선인先人이 말하였다.

祿馬는 모두 부귀에 이르는 것으로 만약 祿이 배背하여 가고, 馬가 달아나 흩어져 버려, 이 둘을 함께 잃게 되면 가난하다.

배背는 陰陽이 서로 등背진 것을 말한 것으로 향향向에 대한 배背를 말한 것이 아니다. 축逐은 도망가 흩어진 축逐으로 쫓아가는 추追를 말한 것이 아니다.

가령

　　○○甲癸

　　○○寅亥

癸의 祿은 子(건록)로 寅과 배背하고, 馬(驛馬)는 巳가 되는데, 寅과 刑한다. 앞에 刑이 있어 馬가 도망가 흩어지고, 배背로 인하여 祿이 미치지 못한다.

馬는 전면面前에 있고, 祿은 배후背後에 있어 앞을 향하여 馬를 뒤쫓게 되는데, 祿 또한 따라오지 못하고, 祿을 기다리지 않고 馬는 점차 멀어져간다. 이것이 한록란마捍祿攔馬로 동향同鄕과 상반된다.

日干 둔록遁祿, 時干 둔마遁馬를 사용하여 五子에서 원래 구하는 것을 알아야한다.

가령

　　戊壬○庚

　　申辰○午

丁壬의 시주時柱에 둔遁한 庚子에서 (丁壬 合木의 둔시 庚子,辛丑,壬寅,癸卯,甲辰,乙巳,丙午,丁未,戊申) 戊申에 이르러, 戊申의 申은 庚의 祿이 되고 午(寅午戌)의 馬가 되어 이 申은 祿에 속하고 馬에도 속한다. 本과 命이 서로 같은 곳에서 祿馬를 얻게 되어 더욱 아름답다.

또

　　丙己丁甲

　　寅亥丑申

　　火木水水

命의 生時인 제좌帝座 上에 祿馬가 같이(寅) 모여 있고, 겸해서 甲申水, 己亥木, 丙寅火, 모두 납음오행이 청왕淸旺 생기生氣하여 만년에 기묘한 인연을 만나 소이 삼공三公에 올랐고 수명이 70을 넘겼다. [時支의 寅이 역마와 월간 甲의 건록에 속한다.]

서자평은 祿의 官, 馬는 財로 傷官을 보면 배록背祿이 되고, 比劫은 축마逐馬라 하였다.
가령 甲人이 봄(三春:寅卯辰), 여름(九夏:巳午未)에 태어난 것인데, 천원天元에 丙.丁.甲.乙이 투출하고 亥卯未가 례례라고 하고, 동향同鄉은 壬午, 癸巳 등 日이 되고, 柱에 丁,巳,丙,戊가 午巳에 귀록歸祿하는 등의 례를 들었는데, 아울러 상세히 살피는 것이 마땅하다.

** 팔좌八座 : 중국 후한. 진나라에서 육조의 상서 및 일령. 일복야의 총칭. 위. 송. 제에서 오조. 일령. 이복야의 총칭. 수. 당에서 좌우 복야와 영과 육상서의 총칭.

⊙ 벼슬이 높은 위치에 도달하는 것은 협록夾祿의 장소가 주관하고, 적게 채워지고 크게 이지러지는 것은 劫財가 地에 있는 것으로 이것이 두렵다.

註解 : 협록夾祿은 곧 공록拱祿으로 가령 癸丑木이 癸亥水를 얻은 례예가 된다. [子가 공협]
劫은 劫煞로 가령 丁丑水가 丙寅火 歲를 얻은 것이 되고, 水가 火를 剋한다. 이 火는 水의 財인데, 丙寅火는 자생自生의 火가 되어 소영小盈하다고 할 만하다.
丑(丁丑水)人은 死絶이 寅인데 丑土가 寅木(丙寅火)에 制를 받게 되어 財가 鬼로 化하여 이것이 소위 대휴大虧다.

三命에서는 財가 旺하면 吉이 되는데, 사람도 재물이 있으면 복이 된다. 만약 劫地의 장소가 되면 설령 命에 한 둘의 吉한 곳이 있다고 하여도 크게 이지러지는 것을 면하기는 어렵다.

서자평이 논하기를 협록夾祿은 가령 癸丑日, 癸亥時가 된다면 本祿 上이 세수歲首와 합화合化하면 상해相害되어 불가不可하고, 또 天干을 剋하여 붕괴 시키는 것도 불가하고, 地支를 충동衝動하는 것도 협귀夾貴가 머무르지 못하게 되어 貴氣가 달아나게 된다 하였다.
소이 福이 모인 地가 손상되는 것은 불가하고, 禍가 모인 地는 敗가 없는 것이 불가하다. 五陽干이 五陰을 보면 劫財가 되고, 五陰干이 五陽을 보면 敗財가 되고, 劫은 敗보다 더 흉하다. 이 설명이 더욱 분명하다.

⊙ 生月에 祿을 차면 높은 벼슬을 하고, 기의奇儀가 중범重犯하면 교양教養이 있고, 도량度量이 크고, 군중에서도 뛰어나 큰 그릇이 된다.

註解 : 왕정광王廷光의 해석은 "생월대록生月帶祿은" 生月은 運의 근원으로, 天祿이 生旺한 氣를 차고 행운行運이 순수한 자는 평생 온후하고 복이 가장 많고, 또 生月을 근거로 生日 生時를 이해하여 알아야 하는데. 四柱와 납음오행이 상호 祿을 차고 겸하여 生旺의 氣에 오르면 貴하다 하였다.
영화상瑩和尚의 해석은 본명本命의 녹원祿元은 生月과 生日에서 구한다 하였다. 가령 庚子人, 甲申月이 되고, 乙庚日은 甲申 時가 되는 것이 이것이라 하였다.
[蟾彩 : 乙庚 合化 金의 祿 申]

서자평의 해석은 甲乙人이 가을에 生하고, 丙丁人이 겨울에 生하였으면 官星의 정기正氣를 生月에 찬 것이 이것이라 하였고, 丑은 곧 부자父子의 氣가 얇아 祿의 도움이 필요한데, 다시 生日 支 내에 있어 천원天元(日干)이 자왕自旺하고, 生時에 휴패休敗가 거주하지 않고, 행년行年에 거듭 녹祿이 있고, 또 生月에 祿을 찬 것이 이것이라 하였다.

견해(育吾)는 戊日이 乙巳月을 만나고 壬日이 己亥月을 만나고 癸日이 戊子月을 만나면, 月干은 官星 地支는 祿이 되어 官祿을 얻는다. 혹 壬寅日이 甲辰月, 辛酉日이 辛巳月로 月地가 官星이 되어 관직이 높게 되는 것이 위의 설명이다.

"중범기의重犯奇儀"의 왕정광王廷光 해석은 乙丙丁은 삼기三奇이고, 戊.己.庚.辛.壬.癸는 육의六儀*가 되는데, 十干에서 九를 사용하고, 둔거遁去는 甲 者의 의儀를 일컫는 것이다 하였다. 가령 乙巳 生이 辛巳 月日을 얻으면 辛은 의儀가 되고, 乙은 기奇인데 乙은 辛巳에서 官을 생성生成하고, 또 좌에 관록官祿, 장생長生, 학당이 되고 二巳는 기의奇儀가 중범重犯한 것으로 기의奇儀는 天地 陰陽이 짝이 되어 합한 영수英秀한 氣라 하였다.

형화상瑩和尚에는 甲.戊.庚.乙.丙.丁을 근거로 한 天地 이의(二儀=양의兩義)의 법으로 말하고, 이동李소은 곧 子에 寅을 더해 순수順數로 年月이 本命을 보아 이른 것이라 하였다.

나의 견해(育吾)는 둔갑遁甲으로 삼기三奇 육의六儀를 논한 왕정광의 해석이 옳게 보인다.

** 육의六儀 : 중국에서, 제사, 빈객, 조정, 상사, 군려, 거마의 여섯 일에 관關한 의식.

◉ 음남陰男 양녀陽女는 출입하는 年의 때(時)를 관찰하고, 음녀陰女 양남陽男은 다시 歲의 원진元辰을 살펴야 한다.

註解 : 남녀의 구별은 男은 높고 女는 낮다. 陽의 근본 위치는 男이 되고, 陰의 근본 위치는 女가 된다.

요즘 음남양녀에 관해서 말하는데, 그 실마리를 잘못 알고 있고, 그 단서는 벌써 실종되었다.

運에는 역逆과 순順이 있고, 大運이 교입出入하는 年에 나타나는 것을 잘못 헤아리면 허물이 있다.

양남음녀가 각 그 마땅한 것을 얻는데 大運이 바뀌어 변하는 年의 원진元辰 등 煞을 살펴야 한다. 이러한 고로 길흉 회린悔吝은 동動 者에 나타나고, 행운行運은 三命에서 가장 중요하다.

서자평의 이것에 대한 해석이 가장 상세하다.

원진元辰 이것은 당생當生의 근원으로 官,印에 해害가 되는 것이다. 앞에 설명한 출입의 年, 이것이 元辰의 歲를 논한 것으로 그 이치는 다시없고, 더 나아가서 절기의 심천, 財官의 향배向背를 논하는데 모두 전인前人이 밝히지 아니 하였다.

[蟾彩 : 여기서 말하는 원진元辰은 神煞의 일종으로 봐서 流年에서 들어오는 神煞들을 살피라는 것으로 보는 것이 타당하게 보인다.]

◉ 生地는 상봉相逢하여 참여하여야 하고, 퇴신退身은 마땅히 피하는 위치가 되어야 한다.
흉이 모이고凶會, 길이 모이고吉會, 반음伏吟, 복음反吟, 음착양차陰錯陽差, 천충天衝, 지충地擊 등이다.

註解 : 이것은 運의 길흉, 화복에 대해 만난 바를 설명한 것이다.
"生地가 상봉相逢" 한 것을 형화상瑩和尚에서는 본명本命이 長生 中에 왕旺한 귀鬼를 만난 것이라 하였다. 가령 납음 金이 乙巳火를 만나고, 납음 土가 庚申木을 만나고, 납음 火가 甲寅水를 만나고, 납음 木이 辛亥金을 만난 것이라 하였다.
[蟾彩 : "土가 庚申木을 만나고" 는 土의 長生이 申이라는 說에서 연유.]

왕정광王廷光은 곧 五行의 근거로, 부자父子가 상계相繼하는 道로 부父가 건장할 때 자식은 어리고, 자식이 강건 할 때는 부父가 쇠약하게 되는 부자父子의 동처로 자식이 이미 왔으면 부父는 이미 성공하여 자연히 스스로 담당하여 물러나기를 고하여, 나를 生한 것을 타他에 알려 자식이 아버지의 위치를 대신하게 되는 것이라 하였다.

易에는 진(震:東)에서 장남長男(金)을 용사用事 하고, 건乾은 서북으로 부父는 물러간다고 한 것이 이 이치가 된다 하였다.

서자평은 庚辛生 人이 申酉 運에 도달하면 火가 官祿이 되지만 火는 申酉가 병사病死가 되고, 木은 재백財帛인데 木이 申酉에서는 死絶이 되어 官,財를 갖추지 못하는 것이 되는 것이니 즉 건록建祿이라고 하여도 부유하지 않을 때가 있다는 설명으로 부부賦의 말이 틀린 것이 아니라 하였다.

行年.歲.運.祿.馬 다섯 곳 모두 生旺의 地에 존재하면 공히 와서 나의 원명元命을 돕게 되면, 일컬어 길회吉會라 하고 그렇지 않은 것을 흉회凶會라 한다.

복음伏吟은 大運과 원명元命이 서로 대對하는 것이다.

陰이 陰이 만나는 것은 착錯이고, 陽이 陽을 만나는 것은 차差라고 한다. 人命에 음양이 착잡錯雜하고, 입운人運에서 陰陽이 교차하는 것이 음착양차陰錯陽差가 된다.

원명元命과 運이 동남(卯午)에 있고 태세太歲는 서북(酉子)이 되면 천충天衝이라 하고, 元命과 運이 서북(酉子)이 되고 太歲가 동남(卯午)이 되면 지충地擊이라한다.

길회吉會 흉회凶會는 運에서 복음伏吟 반음反吟, 음착陰錯 양차陽差, 천충天衝 지충地擊을 만나 그 사이에 길이 모인 것이 있고, 흉이 모인 것이 있는 것을 말하는 것이다. 반드시 모두 흉하게 되는 것은 아니다.

가령 甲子金 命의 복음伏吟인 庚子土는 吉하고, 戊子火는 흉하다. 반음反吟인 戊午火는 흉하고, 庚午土는 길하다.

[蟾彩 : 납음이 土生金하면 길하고, 火剋金하면 흉하다.]

서북(酉子)이 동남(卯午)을 충衝하면 主는 출입이 동요하여 변경되고, 이는 내가 外를 충衝하는 것이다.

동남(卯午)이 서북(酉子)을 衝하면 비록 衝하지만 동요가 없는 것으로 이는

외가 나를 衝하는 것이다.

이것을 만난 者는 모두 主가 편안하지 않은데, 그 사이에는 길흉이 양존한다.

음양陰陽 착차錯差는 곧 순음純陰 순양純陽으로 불생不生 불성不成하고, 기이한 것이 많이 일어나고 짝짓지 못한다.

간혹 말하기를 천충天衝, 지격地擊은 天干 地支가 大運과 元命이 서로 충격衝擊하는 것으로, 오직 五行을 지칭한 것이 아니고, 陰陽이 절멸絕滅 되는 地로, 歲,運에서 이것을 얻고 다시 반反.복음伏吟 상에 존재하면 흉회凶會가 되는 것을 알아야 하고, 四柱에 그것이 거주하면 설령 貴하다고 하더라도 수명을 길지 못하다 하였다.

◉ 혹 사살四煞, 오귀五鬼, 육해六害, 칠상七傷, 지망地網, 천라天羅, 삼원三元 구궁九宮을 만나면 복이 경사慶事를 이루고, 화화禍도 아울러 있어 위태롭고 불안한데 도우면 빠르고 억누르면 느리다.

註解 : 이것은 모두 행운行運에서 신살神煞을 만난 것을 설명한 것이다.

命들의 앞에 있는 四辰은 四煞이라 하고, 또 寅.申.巳.亥로 네 개를 충衝하는 겁살劫煞이기도 하다. 命 앞의 五辰은 오귀五鬼라고 하고, 곧 子人이 辰을 亥人은 卯를 본 것이다. 혹은 辰.戌.丑.未가 四煞이 된다.

五行이 剋을 만나면 오귀五鬼가 되고, 육해六害는 寅巳의 례가 되고, 칠상七傷, 망신亡煞 등의 神, 혹 일길一吉, 이흉二凶, 삼생三生, 사살四煞, 오귀五鬼, 육해六害, 칠상七傷, 팔난八難, 구액九厄은 모두 삼원三元 구궁九宮 내에 있는 모든 신살의 이름으로 歲,運에서 만나면 흉하다.

만약 원명元命, 삼원三元, 구궁九宮에 五行의 生旺에 미치게 되면 복이 되어 오히려 길경吉慶을 이룰 수 있다.

五行이 신살보다 먼저다.

만약 三元, 九宮, 五行이 四柱에서 쇠패衰敗가 되고, 歲,運도 모두 흉살의 값이 되면 소위 禍에 아울러 위의危疑*하다.

煞을 돕게 되면 재앙을 속속히 이루고, 복이 억눌리게 되며 경사가 더디다.

내가(育吾) 이귀二句에 아울러 화복을 겸하여 설명하면 禍를 도우면 빠르고, 福을 도우면 느리고 福을 누르면 빠르고, 禍를 누르면 더디게 된다고 할 수 있다.

서자평이 설명하기를 元命에 辰.戌.丑.未가 犯하고 大運도 그 上이 되면 일컬어 사살四煞이 되고, 大運 干이 귀鬼가 되어 制하고 財.煞.官.印과 태세太歲를 일컬어 오귀五鬼라 한다.

丑,未 生 人에 柱中 원元에 丑.未가 있고 다시 大運에 辰.戌.丑.未가 있는데, 도리어 太歲에서 子.午.卯.酉를 만나면 일컬어 육해六害라고 하고, 運中에 七煞을 만나면 일컬어 七傷이 되는데, 가령 甲乙人에 庚辛은 官이다. 運이 남방으로 흐르고, 혹 寅午戌을 만났는데, 巳와 未가 太歲에 있는 것이 이것이다 하였다.

사살四煞은 경輕하고 오귀五鬼는 重하고 육해六害는 輕하고 七傷은 重하고, 運에서 만나면 輕하고 세歲에서 만나면 重하다.

천라지망天羅地網은 戌人이 亥를 얻지 않고, 亥人이 戌을 얻지 않은 것을 일컬어 정천라正天羅라 하고, 辰人이 巳를 얻지 않고. 巳人이 辰을 얻지 않은 것을 일컬어 진지망眞地網이라 한다.

중간에 또 亥가 戌을 보고, 辰이 巳를 본 것으로 나누는데, 더욱 重하다.

만난 者는 재앙과 질병이 연이어 나타난다.

대개 運을 추리하면 마땅히 생년生年 태세太歲와 運과의 生剋을 살펴 生剋을 먼저 결정한 후에 모든 神煞을 참고하면 길흉이 잘 맞는다.

** 위의危疑 : 의심疑心이 나서 마음이 불안不安함.

◉ 貴地도 때가 있어야 하는데, 比肩을 만나면 경쟁이 되고, 만약 사람이 피곤하고, 馬가 힘이 모자라면 財가 旺한 곳에 의탁되어야 한다.

註解 : 맹자가 이르기를 비록 자기(鎡基=터전)가 있다고 하지만 時를 기다리는 것만 못하다 하였다. 만약 運에서 貴神의 地가 들어와 기다린 시수時數*와 부합하면 복경福慶이 있는데 가장 꺼리는 것은 比肩이다.

가령 比肩이 運에서 들어오면 반드시 싸워 경쟁하게 된다. 약한 자는 강한 자에 굴복하고, 길흉은 실살神煞이 오르내리는 것으로 설명한다.

만약 祿馬의 氣가 쇠약하면 오직 녹재祿財, 명재命財가 旺相함을 얻고 또한 부지扶持하여야 한다.

간혹 말하기를 比肩 쟁경은 가령 두 개의 庚이 한 개의 丁을 빼앗고 두 개의 丙이 한 개의 戊를 빼앗아 그 복을 나누어 가져가는 것으로, 가령 이 같은 者는 교상交相 시비로 사람이 피곤하고 馬가 힘이 없는 것이라 하였다.

본명本命의 支를 설명하면, 인원人元과 역마驛馬의 五行이 쇠패衰敗 무기無氣한 地가 되어도 소이 재앙에 이르는 것은 아니다.

財가 旺하면 가령 命은 역마가 申이 되는데 申中의 金이 旺하여 火가 쇠쇠하게 되는 것이 이것이다.

서자평이 해석하기를 "역귀지이대시歷貴地而待時"는 가령 壬辰水, 癸巳水生人은 土가 官祿이 되고 火는 재백財帛이 되는데 生月이 여름九夏이고, 사계四季(辰戌丑未)가 아니면 비록 귀지貴地가 분명하다 하더라도 마땅히 四時의 기본基本을 기다려 한다 하였다.

원元에 있거나 없거나 역시 比肩을 만나면 쟁경한다. 가령 壬辰水와 癸巳水가 다시 여름과 사계四季에 존재하면 官祿의 時를 얻은 것이 되고, 大運또한 火土 분야가 되는데, 太歲는 壬癸年 또는 亥子丑을 만나고, 혹 형충衝刑이 되고, 혹 파해破害가 되면 主가 뜻을 거행하는 중에 요절한다.

인피人疲는 인원人元이 피핍疲乏한 것이고, 마렬馬劣은 合하는 辰의 馬가약한 것이다.

가령 甲午金에 生한 사람이 서방으로 運이 行할 때 午의 인원人元은 火에 속하고 火는 서방에서는 死絶하기 때문에 인원人元이 피곤, 노곤하게된다.

甲은 己가 財인데 午內에 己土가 있고, 己가 서방에 이르면 또한 쇠패衰敗하게 되어 馬가 힘이 모자라게 된다.

午가 비록 피핍疲乏하다고 하더라도 오히려 서방의 旺한 金 財에 의지하게 되고, 가을의 金은 壬癸를 회임懷妊하고, 己와 더불어 鬼를 깨고 財를生한다. 이와 같이 설명하면 납득이 된다.

** 시수時數 : 스스로 돌아가는 그 자신의 길흉 화복의 운수를 일컬음.

** 피핍疲乏 : 피곤함. 노곤함

[蟾彩 : * 녹재祿財 : 年柱 天干을 기준으로 한 財星. * 명재命財 : 年柱 地支를 기준으로 한 財星.]

⊙ 財는 旺하고 祿은 衰하면 건마建馬가 어찌 엄충掩衝을 피할 수가 있겠는가? 歲에서 임하면 오히려 재앙이 되지 않고, 풍년이 들어 복을 얻는다.

註解 : 剋 者를 財라고 하고, 기탁된 者를 일컬어 祿이라 하고, 타는 者는 일컬어 馬라고 하고, 馬는 몸을 돕는 근본本이다.

祿은 양명養命의 근원이 되고, 祿이 貴를 타면 벼슬이 바뀌고, 馬가 財를 만나면 복을 획득하고, 祿財, 역마를 겸해서 얻으면 부귀가 양전兩全하고, 한 개만 얻으면 차제次第가 된다.

혹 天祿이 비록 衰하다고 하더라도 身財가 오히려 旺하고 겸해서 역마를 만나 타고 온다면, 설령 歲運에서 엄복掩伏 충격衝擊하게 되더라도 오히려 재해가 없다. 게다가 후에 歲,運에서 다시 五行이 生旺하게 되고 회합會합 풍등豐登의 곳이 되면 복을 많이 얻는다.

엄掩 者는 복음伏吟이고, 충衝 者는 반음反吟이다.

가령 癸亥水 生이 乙巳火 歲를 얻고 祿을 만나면 水가 비록 巳에서 絶하지만 水人은 火를 剋하니 財가 된다. 火는 巳에서 旺하고 겸해서 巳는 역마가 되어 비록 巳亥가 상충相衝으로 반음反吟(衝) 上에 임하지만 身旺한 財가 되어 재해의 허물은 없다.

만약 歲,運이 서로 충충衝하지 않고 三合, 六合하고 五行이 生旺한 地가 되고, 또 財를 만나고 馬를 만나면 그 시기에 풍등豊登하다고 할 수 있어 복을 얻는다.

서자평이 말하기를 이 절節과 앞의 뜻은 같고, 이치는 다르다. 가령 丙午人이 運이 서방에 이르면 비록 財는 旺하고 祿은 쇠약하더라도 하원下元의 건마建馬가 돕게 되고, 酉中에 辛이 丙과 합하게 되어 엄충(掩衝=복음과 반음)을 두려워하지 않고, 이와 더불어 中下가 흥륭興隆하면 끊이지 않게 되어 財가 運에서 엄충掩衝 하여도 군건하여 꺼리지 않게 된다. 이렇게 논하여 歲가 운위運位이 임하여도 흉한 허물이 없다 하였다.

太歲는 조화造化의 主가 되는 것으로 온 갓 煞의 존존尊으로 내임來臨하여 運을 압박하면 흉은 많고 길은 적다.
만약 삼원三元 五行 내외에서 官印을 유용有用하면 또한 이로워 대인大人이 되고, 길회吉會를 이루게 되고, 재백財帛을 유용有用하고, 또 貴人으로 인하여 재백財帛이 일어난다.
가령 生日이 壬午가 되고, 大運 庚午, 歲는 戊午가 되면 歲.運이 같이 임한 것으로 또한 吉會가 되고, 다음 年은 辛未가 되어 그 氣가 끊어지지 않아 官.財.백帛을 유용하게 되어 福을 획득한다.

◉ 대길大吉 生이 소길小吉을 만나면 도리어 수명은 길게 되고, 천강天罡의 運이 천괴天魁에 이르면 기생寄生이 있어 수명이 이어진다.

子	丑	寅	卯	辰	巳	午	未	申	酉	戌	亥
身後신후	大吉대길	功曹공조	太冲태충	天罡천강	太乙태을	勝明승명	小吉소길	傳送전송	從魁종괴	河魁하괴	登明등명

註解 : 丑은 대길大吉이고, 未는 소길小吉이다. 가령 癸未日에 生한 사람이 丑運으로 나아가거나 혹 丁丑日 生人이 未運으로 나아가면 반음反吟이라고 하여서는 안 된다. 모두 生氣라고 한다.

癸는 巳에서 氣를 받아 未에서 형形을 이루고, 丁은 亥에서 氣를 받아 丑에서 形을 이루어 生을 만난 것이다. 가령 육임六壬에서 과과로 나타내 발용發用하는 것은, 丁 과과는 未에 있고, 癸는 丑에 있는 이것이 이 의미다.

丑未는 陰陽의 중회中會로 天乙貴神이 임한 곳이다. 主의 本에 만나게 되면 수명이 길다.

辰은 천강天罡이고, 戌은 천괴天魁다. 가령 庚戌 生人이 辰運으로 나아가거나 혹은 甲辰 生人이 戌運으로 行하면 반음反吟이라 하지 않는다.

庚은 寅에서 氣를 받아 形은 辰에서 이루어지고, 甲은 申에서 氣를 받아 戌에서 이루어지는데 모두 生氣가 되기 때문이다.

귀곡자가 이르기를 강罡 中에는 乙이 있고, 괴魁 속에 辛이 감추어져 있다 하였다. 앞에 말한 생봉生逢 후에 말한 기생寄生과 뜻이 다르지 않다.

간혹 말하기를 이 뒤의 팔귀八句와 반음反吟의 길흉을 다시 조명해보면, 반드시 뜻이 확고한 것은 아니다 한다.
가령 乙丑金 陰命인 남男의 6月生이 곧 둔遁한 癸未木 月生을 보면 비록 本命과 生月이 서로 극합剋合되어 요상夭傷 된다고 하지만 乙丑은 납음이 金으로, 癸未의 납음인 木을 剋하기 때문에 수명이 길게 된다.

가가歌에 이르기를 生月(運)이 身을 돕게 되고, 납음이 수명을 되돌리는데, 身이 쇠약한데 命을 剋하면 수명이 짧고, 命이 身을 剋하면 수명이 길게 된다 하였다.
가령 戊辰 陽命 男이 辰月 生이 되고, 運이 5세에 일어나 순행하여 56세에 運이 壬戌 납음 水에 이르면 戊辰木을 生하고 辰月의 천원덕天月德은 壬가 되고, 戌上에 붙어 있는 壬水가 木을 生하니 곧 기생寄生으로 수명이 이어진다.

형화상螢和尚에 이르기를 下 사절四節로써 아울러 진인眞印을 사용하면 비로소 그 상세한 것을 알 수가 있다 하였다.
乙丑 金印, 癸未 木印, 壬申 水印, 甲戌 火印, 戊辰 土印은 계속 수명이 이어져 長生한다. 기寄와 반反은 이 五干을 버리고는 그러한 것을 알 수 없다 하였다.

까닭은 丑上에는 乙木이 있고, 未上에는 癸水가 있고, 癸水는 乙木을 生하여 祿元이 증장增長*하여 도리어 수명이 길게 되지 않을 수 없고, 戌 上에는 甲이 있고, 辰 上에는 壬이 있고, 壬水는 甲木을 生하여 丙火에 이어지게 된다.

그래서 천강天罡이라고 하고 運이 천괴天魁에 이르면 生이 붙여져 수명이 이어지고, 대략 十干의 祿이 되어 사람의 수명이 정해진다 하였다.

** 증장增長 : 힘을 도와 전보다 더 잘 하게 함.

⊙ 종괴從魁(酉)에 창룡蒼龍(辰)이 다다르면 財가 天으로부터 자연히 오고, 태충太衝(卯)이 묘위昴胃(酉)에 임하면 人元에 해害가 있다.

註解 : 酉는 묘위昴胃의 장소이고 종괴從魁가 이것이다. 卯를 말하면 창용蒼龍*에 머무르는 태충太衝이 이것이다.

支元의 財를 취하여 요즘 말에 천래天來 者로 酉上에 辛이 있고, 卯中에는 乙이 있어 辛金은 乙木을 制함으로 인하여 財는 天으로부터 오는 것이다.

그래서 酉金이 卯木을 剋하니 乙木은 辛金을 두려워하고, 祿은 이미 피상被傷되어 人元이 剋을 받아 그렇다.

만일 그렇다면 酉人이 卯를 보면 吉하고, 卯人이 酉를 보면 흉하고, 위치의 순서를 높고 낮음 강하고 부드러움에서 결정된다.

서자평이 이르기를 창룡蒼龍은 辰에 속한다. 酉生 人이 辰을 만나면 酉中의 辛金이 辰中의 乙木 剋하니 財가 되고, 支 내의 天元을 財로 사용한다.

卯人의 運이 酉에 이르면 金剋木이 되고, 相刑으로 되돌아간다. 支가 人元이 되니 그래서 해롭다. 해롭게 하는 者는 七煞이다. 衝.刑.剋制 되지 않아도 또한 편음偏陰, 偏陽이 된다 하였다.

◉ 金祿은 정수(正首=寅)에서 궁窮한데 庚은 궁함이 重하고, 辛은 輕하다. 木人은 금향金鄕에서 곤困한데 寅은 궁함이 깊고, 卯는 얕다.

註解 : 陰이 다되면 陽이 生하고, 陽이 다되면 陰이 生하는 것은 陰陽의 자연 이치이다.

陽金(庚)은 巳에서 生하고, 子에서 死하고, 寅에서 絶하고, 陰金(辛)은 子에서 生하고 巳에서 死하고 卯에서 絶하는데, 정사正死 정생正生은 重하고, 편생偏生 편사偏死는 輕하다.

다음으로 陽木(甲)은 亥에서 生하고 申에서 絶하고, 陰木(乙)은 午에서 生하고 酉에서 絶한다. 陽木(甲)은 申이 깊고 酉는 얕고 陰木(乙)은 申은 얕고 酉는 깊다.

寅卯는 木의 무리고, 庚辛은 金의 종류로 申은 水가 生하는 地가 되는데, 木은 위태롭게 되고, 寅은 火를 生하는 궁으로 金은 궁窮하게 된다.
또 하나 丙辛 合이 있으면 辛은 輕하고, 乙庚 合이 있으면 卯는 천淺하다.

◉ 묘妙는 변통通變을 깨우치는데 있다. 설명이 서툴렀지만 응험은 마치 神과 같다. 무당과 판수는 현絃을 조절하는 것에는 어두워 율려律呂를 바라는 것이 어렵다.

註解 : 무릇 命,運의 길흉 화복은 가령 위의 부賦에서 대략적으로 특별히 설명하였다. 그러나 뛰어남은 그 통변을 깨우침에 있다. 부賦의 설명이 비록 좀 부족하다고 하여도 그 이치가 뛰어나 그 응함이 神과 같다.
만약 통변通變을 잘 할 수 없는 것은, 비유컨대 무고巫瞽*에게 현絃을 조절하여 악곡에 맞추어 율려律呂가 조화롭게 되기를 바랄 수 없는 것과 같은 것이다.

** 무고巫瞽 : 무당과 판수. 무당판수. 즉 무당들.

◉ **庚辛이 甲乙에 임하면 군자는 벼슬을 할 수 있고, 북인北人이 남방 運에 있게 되면 무역으로 그 이득을 얻게 된다.**

註解 : 金木은 서로 얻는 이치가 있고, 水火는 기제既濟의 道가 있다. 그래서 특별히 거론하여 설명하였다.

庚辛이 甲乙에 임한 설명에서 남은 八干도 알 수 있고, 북인北人의 運이 남방이 있는 것에서 남은 동서도 알 수 있다.

군자를 들어 말 한 것은 소인은 그렇지 않다는 것이고, 북인北人을 들어 설명한 것은 모름지기 亥子 방방만 그렇게 된 다는 것이다.

甲은 辛이 官이 되고, 乙은 庚이 官이 된다. 가령 庚辛 運에 歲는 甲乙이 임한 사람을 말한 것이다.

그래서 군자는 벼슬을 하게 되고 소인은 도리어 鬼가 된다 한 것이다.

亥子 북방의 水에 巳午 남방의 火가 행하면 水에 行運이 火에 이른 것으로 내가 剋하는 것은 財가 되어 소이 무역으로 이득을 얻는다.

혹 말하기를 壬癸의 위치는 감괘坎卦에 속하고, 丙丁의 위치는 이괘離卦에 속는데, 水가 火地에 귀귀歸하고, 運이 財가 되어서 그렇다고 하는데, 壬癸는 祿(祿命身의 祿)이 된다는 것을 알지 못하고, 巳午는 命이 된다는 것을 알지 못한 것으로 干支가 상입相入하여 그런 것을 아니다.

가령 壬癸가 丙丁을 얻으면 祿財일 뿐으로 무역으로 설명하는 것은 타당하지 않다. 담명자談命者는 모름지기 祿.命.身을 구분 할 줄 알아야 한다.

◉ 아침에 기뻤는데 저녁에 근심하는 것은 火가 왕성하여 염양(炎陽*)을 이룬 것이고, [蟾彩 : 火木의 성정]
아득히 멀게 보이는 것은 곧 水土가 그 원인이 되는 경우가 많다.
[蟾彩 : 水土의 성정]

註解 : 이 설명은 五行의 성性을 말 한 것이다. 화복이 느리고 빠른 것을 밝혔다. 火의 성性이 폭暴하면 손상이 심하고, 木이 침투하여 들어가면 연기가 날리고, 돌이 부딪치면 빛이 나타나니 아침에 기뻐하고 되돌아 와서는 근심하게 되고, 지금은 옳고 어제는 아니었고, 火는 땔감에 말미암아 두루 퍼지게 되고, 그 끝極을 알지 못한다.
水土는 物이 되고, 그 성질은 유화柔和하고, 화복의 실마리가 된다. 그는 더디게 하거나 늦춤의 의미가 있다. 무릇 지智와 신信이 된다.
火木의 성性은 빠른 것으로 쉽게 나타났다 쉽게 식혀진다. 水土의 성性은 더디고 쉽게 이루어지지 않고 쉽게 패敗하지 않는다.
** 염양炎陽 : 몹시 뜨겁게 내리쬐는 햇볕

◉ 金에 木이 아니면 그릇을 이룰 수 없고, 애락哀樂을 받아들이면 이름을 떨치기 어렵고, 木이 무성하고 꽃이 번성한 것 같고, 구름이 빽빽이 많은 형상인데 비는 오지 않는다.

註解 : 金에 木이 더해지면, 金을 득용得用하여야 木은 이룰 수 있다. 이것은 강剛으로써 유柔를 구제한 것이다.
木에 金이 더해지면, 곧 木이 金으로써 그릇을 이루니, 인자仁者에 반드시 용기가 있다.

114

만약 金은 있고, 木이 없으면 용기가 무례하여 어지럽게 되고, 木이 있는데 金이 적으면 庚辛이 이지러져 의義가 적다.

金은 서방의 그릇으로 主는 애애哀, 木은 동방의 物로 主는 낙樂이다.

낙樂이 음란한 者가 되지 않으려면 木이 金을 만나야 하고, 애애哀가 손상되지 않으려면 金이 木을 얻어야 한다.

무릇 이러한 것은 모두 대인大人의 命이다.

만약 水火가 귀중歸中에 나타나 金木의 간격이 쓰이면 애락哀樂으로 말미암게 되어 그 마음이 움직이지 않아 방외方外*에서 이름을 떨치기 어렵다.

곧 偏陰 偏陽인데, "木이 성성盛하여 꽃이 번성"한 것 같다 한 것은 偏陽의 복복伏을 일컫는 것이고, 구름은 많은데 비는 오지 않는 것은 偏陰에 대한 견해를 일컬은 것이다.

人命에 陰陽이 양정兩停하여야 格에 응한 命이 된다. 그래서 아래 글에 다시 설명하였다.

또 설명하면 金이 그릇을 이루자면 火가 자본이 되어 용융되어야 하고, 木이 공을 이루자면 金이 착삭削刻 하여야 한다.

그리고 악樂은 반드시 애애哀가 主가 되어야 하고, 익익益은 반드시 손損으로 말미암고 먼저가 된다.

"목성화번木盛花繁"은 빼어나지만 열매가 없는 것을 말한 것이고, "밀운불우密雲不雨"는 어두운데 밝아지기 어려운 것이다. 두 사이는 쉽게 추정할 수 없어 시시비비가 있다.

이러한 고로 旺은 制하지 않으면 안 되고, 衰는 生이 없으면 안 된다.

얻은 곳은 화和에 비교하고, 다시 순수하게 복귀되어야 한다.

** 방외方外 : 세속世俗 사람의 테 밖. 유가儒家에서 '도가道家'나 '불가佛家'를 일컫
는 말.

⊙ 높은 벼슬을 하는 것은 金火가 어찌 뛰어난 것이 아니겠는가? 위치가
열등하고 반열이 낮은 것은 陰陽이 일정하지 않기 때문이다.

註解 : 앞에서 水火를 논했는데 서로 구제하면 경사를 이루고, 다음은 金木
의 관官을 논하였다.

水는 貴에 오르는 것을 알아야 하고, 火는 貴가 내려지는 것을 알아야
한다.

木은 부드러움이 구제되어 강강剛하게 되어야하고, 金은 강강剛이 덜어져 유
柔가 더해져, 서로 사용되어야 경사롭다.

그 사이에는 오직 금강화강金剛火强이 있다는 것을 알지 않으면 안 된다.

金은 굳어 단단하게 이른 물物이 되었는데, 火가 성성盛하지 못하면 혁화革
化를 하지 못하고, 火가 폭폭暴한 物이 되었다면 金이 없으면 모두 사용하지
못하니 金火가 양정兩停한 곳이 되어야 주인주인鑄印의 象을 이룬다.

그래서 부부賦에 이르기를 초헌軺軒에 오르고 벼슬아치의 옷을 입는다
하여 이것은 군자의 그릇으로, 모름지기 金火가 양정兩停한 者에 해당
한다.

만약 火가 많고 金은 적고, 金은 많고 火가 경輕하면 모두 흉폭한 命이 된다.

金은 서방에서 왕旺하고 火는 남방에서 왕旺하게 되어 각 그 세력을 믿게 되어
각 스스로 형刑하여 형刑이 된다.

116

가령 이 같은 命은 비록 日時가 유용有用하다고 하더라도, 종내 열등하고 낮은 반열에 들어가게 될 뿐이다. 이는 陰陽이 배분되지 않아서 그러하다.

金은 陰이고 火는 陽으로 이미 陰陽이 양편(兩偏:두개의 조각)된 것이지만, 이것이 귀천의 높고 낮음이 일정하게 나타나는 것은 아니다. 金이 있는데 火는 없고, 火는 있는데 金은 없으면 흉한 무리가 되는 것을 또한 알아야 한다.

간혹 말하기를 人命 四柱에서 五行 중에 金火가 많은 者는 貴가 부족하고, 金이 강강剛하면 物이 순수하지 못하고, 火가 폭폭暴하면 生이 풍부해지지 못하게 되어 氣가 항구하지 못하다 하였다. 그래서 군자의 道는 깨끗하여야 한다.

庚人이 丙을 얻고, 辛人이 丁을 얻으면 순음純陰 순양純陽이 되어 剋 혹은 鬼가 된다. 이것은 陰陽이 일정하지 못한 것으로 비록 출신이 좋다고 하더라도 지위가 열등하고 반열이 낮게 되어 크게 되지 못한다. 이것도 또한 통한다.

◉ 소이 용龍이 읊고 범虎이 휘파람 불면 풍우風雨가 도와 아름다운 징조가 되고, 火의 세력이 장차 일어나자면 먼저 연기가 난 후에 불꽃이 있게 된다.

註解 : 위 글에서는 五行 相剋으로 그릇을 이루지 못하고, 貴하고 貴하지 못한 것을 설명한 것이다. 설명은 또 相剋 相生의 성성性들을 용龍.호虎.연

煙.염焰으로써 이유를 설명하였다.

만약 五行이 각 그 곳을 얻으면 용龍이 行하여 비를 내리고, 범이 휘파람을 불어 바람을 일으키는 것과 같다.

또 火가 旺하게 되기 전에 연기가 먼저 있고 난 후에 불꽃이 있고, 또 용龍이 울고 범이 휘파람 부는 두 글귀는 사람에 길한 年, 곧 歲.運도 길한 것을 비유한 것이다.

만약 초初에 흉하고 후後에 길한 者는 반드시 그렇지는 않다. 비유컨대 火가 처음 불탈 때 먼저 연기가 난 후에 불꽃이 있게 되는데, 무릇 연기가 火로 인해 나타나고 나서 火가 무성하게 되는 것이다. 연기는 氣가 있지만 아직 통하지 못한 의미가 된다.

어찌 火는 밝은 빛이 있게 되지만 안을 어둡다고 할 수 있지 않겠는가? 연기가 나타나고 뒤에 불꽃이 있게 되는 것은 마치 사람이 처음에는 흉하고 뒤에 길하게 되는 것과 같은 것이 아니겠는가!

서자평의 해석은 용이 읊고 범이 휘파람을 분다고 한 것은 戊辰, 甲寅으로써 매우 상세하게 설명하였는데, 그렇지 않다. 다만 寅과 辰이 만나 상득相得한 것이라는 것은 옳다.

먼저 연기가 난 후에 불꽃이 일어나는 것은 분명히 陰陽의 氣는 순차적인 차례가 있다는 것을 밝힌 것이고, 더불어 氣가 되고 또 끊어지지 않게 되는 것을 설명한 것이 결국 부賦의 뜻이 아니겠는가?

◉ 늘 흉한 中에 길이 있고, 길하기 전에 먼저 흉이 있고, 길한 中에 흉이 있고, 흉은 길의 조짐이 된다.

註解 : 원래 이 위 글의 설명은 길흉의 의복倚伏*을 말한 것이다.

가령 앞에 "종괴從魁(酉)에 창룡蒼龍(辰)"이 다다르면 財가 天으로부터 자연히 와 길하다고 논했다.

이것은 酉中의 辛이 辰 中의 乙木을 剋하니 財가 되고, 또 辰은 水의 향鄕이 되니 辛金의 官 火을 빼앗아 財는 잃지 않고 官은 잃게 되어 흉하다고 논한 것이다.

"태충太衝(卯)이 묘위昴胃(酉)"에 임하면 인원人元에 해害가 있어 흉하다. 木이 官 酉金을 사용하면 곧 官祿을 배반하지 않아 흉중凶中에 도리어 길이 있다.

부부賦의 의미는 運을 먼저 설명하였고, 다음에 五行을 주장하였다. 뒤에 다시 상세히 설명한다.

또 가령 火人이 水運으로 나아가면 七煞이 되어 흉하지만 水는 官이 되는 것이니 길하다.

水가 巳,午 運으로 나아가면 남방은 이득을 취한 재물이 되어 길한데 도리어 下에 戊,己 七煞이 있으면 흉하다고 한 것이다.

이와 같은 것은 극히 많으니 학습하는 사람은 변하고 통하는 것의 깊은 조예를 근본으로 취하는 것이 가장 중요하다.

담형曇瑩의 말은 길흉의 상인相因과 화복의 상인相因은 陰陽의 보편적인 이치가 된다 하였다.

일생은 본디 吉人이 길한 곳에서 흉하고, 凶人이 凶者에서 길한데 군자도 이러한 것에는 어쩔 도리가 없다. 또한 이 도리는 보편적인 일일 뿐이라 하였다.

흉한 가운데 길이 있으면 길이 흉중에 포용되어 있었던 것이고, 길한 가운데 흉이 있게 된 것은 흉한 내에 길이 감추어져 있기 때문이다.

또한 박잡駁雜한데 순수한 것이 있고, 화목하지만 전쟁이 있는 것과 같다. 그래서 말하기를 길중에 흉이 있고, 흉도 길한 징조가 있다 한 것이다.

** 의복倚伏 : 禍와 福은 서로 인연이 되어 일어나고 가라앉음.

◉ 흉운凶運 끝자락에 福을 맞게 되고, 대운이 쇠약한 곳에 들면 運 초기에 마땅히 재앙으로 논 하지만 좋은 運이 되기도 한다. 男은 맞아들이고 女는 보내고, 불행과 행복이 교대로 있고, 陰陽 二氣를 역순逆順에 의거하여 절제折除한다.

註解 : 이것은 화복길흉災福吉凶을 行運을 가지고 이를 연유로 하여 설명한 것이다.

"화순향말禍旬向末"은 가령 凶運이 되는데 10年 끝까지 가기 전에 吉運으로 교체가 되는 것을 말한 것이다.

당생當生한 年,月의 氣가 깊고, 혹 행년行年, 태세太歲가 부조扶助하고, 향록向祿하고 財가 임하면 교운交運을 기다리지 않아도 바뀌게 된다. 이 運의 말末에 이것이 있게 되면 흉이 변하여 상서로움을 맞는다.

"재입쇠향縡入衰鄕"은 人命에서 복지福地가 지나 교체되는 곳이 祿이 등져있고, 財가 絶한 運이 된다고 흉하다고 할 수 없다. 바뀌어 좋은 運이 되기도 한다는 말이다.

"남영녀송男迎女送"은 양남음녀는 運이 순행順行하여 一運이 10年이 되고 다시 전후 각 5年을 나누어 무릇 吉運이 절기節氣의 기운을 두텁게 얻었다면 남영男迎 者는 전 5年이 발복發福하고 여송女送 者는 후 5年이 발복한다는 말이다.

혹 말하기를 男은 대운에 처음 들어오는 年을 상세히 살펴 어떤 재복災福을 맞아들이게 되는데 그래서 영迎이라고 했고, 女는 대운이 장차 나가는 마지막 年을 상세히 살펴야 하는 것으로 어떤 재복을 보내는 것으로 그래서 송送이라 한다 하였다.

남영녀송男迎女送, 부태교거吾泰交居는 같은 뜻이다. 길을 맞고 흉은 보내고, 흉은 맞고 길은 보내는 것이 부태교거吾泰交居다.
음남양녀, 양남음녀는 역순逆順에 의거하여 절제折除한 것이 행운行運이다. 곧 앞의 절제折除는 3일이 1年이 된다. 신新 구舊을 보아 運上에서 어떤 길흉이 있는 가를 運의 근거로 헤아린다는 설명이다.
[蟾彩 : 절제折除란 것은, 運을 이어지는 근원은 月인데 日로는 30일이 된다. 1運은 10년이니 3日이 1年이 되는 것이다. 즉 10년이 30일에 속하니 절제 한다고 한다.]

담형曇瑩의 말은 이것은 行運을 논한 것으로 각 장생長生을 가리키고, 다음은 쇠지衰地를 설명한 것이라 하였다. 가령 金은 巳에서 生하고 戌에서

衰하는 것이니, 곧 戌에서 男이 순행順行으로 나아가면 사수휴폐死囚休廢로 진행하게 되고, 女는 역행逆行하니 제왕帝旺 임관臨官이 된다.

巳에서부터 男이 순행하면 申酉의 장소가 되고, 女는 역행하니 寅卯의 地가 되어 힘들게 된다. 그래서 이를 一旬(10년)에 禍가 이르게 된다고 한 것이라 하였다.

陰陽 二氣는 소운小運은 1年의 氣가 되고, 大運은 月의 氣가 되고, 日干은 運이 되고, 月支는 氣가 되고, 小運은 生日을 쫓아서 후교後交하고, 大運은 곧 氣를 논한 것으로 지나가면 두 번째 氣가 운행하여 내 命에 말미암게 되는 者로 그래서 陰陽 二氣를 운운한 것이다 하였다.

◉ 차지하는 것이 金木의 내면 그 방위 분야가 貴하고, 나타나는 것이 남북(火水) 사이 이면 왕래하는 것은 이롭지 않아 두렵다.

일순一旬에서 年中의 干을 탐문하고, 일세一歲의 月中에서 구하여 日을 탐문하여 三은 향하고 五는 피하여야 한다. 가리키는 방면에서 궁통窮通을 찾고, 길을 살피고 흉을 헤아리면 歲中에서 길흉이 나타난다.

註解 : 이 설명은 운행運行의 동서남북 즉 金.木.水.火에 의한 이롭고 불리한 것과 겸해서 歲中의 길흉을 설명한 것이다.

왕씨가 말하기를 木.火.金.水는 사방에 각각 위치한 전일專一한 氣로 각 분야가 그 해당 방향을 점유하여 가령 봄은 辛卯, 여름의 戊午, 가을의 癸酉, 겨울의 丙子로 사방 각 본연의 旺한 氣를 내포하여 서로 침범하지 못한다. 그래서 五行의 旺氣인 그 중간의 一辰을 취하여 백호살白虎煞이라한다 하였다.

가령 동방의 木이 가서 서방의 金을 만나고, 남방의 火가 북지北地 水를 만나면 이른바 煞이다.

사중四仲을 꺼리는데 도道를 잃어 것이니 물物이 금禁하게 되고, 군君이 되고 부父가 된다면 망亡하는 것은 불가하다.
가령 相剋으로 인하여 일정한 방향으로 향하게 되면 반드시 불리不利하고, 만약 五行이 쇠절衰絶하여 무기無氣하다면 상충相衝을 만나 왕래하면 도리어 서로 福이 되기도 하고, 가령 乙亥火가 癸巳水를 얻으면 火가 巳에 이르면 旺하게 되고, 水가 亥에 이르면 旺하게 되어 호환되어 旺하게 되니 왕래가 어찌 손상되겠는가?

壬寅金은 身이 강하지 않고, 庚申木은 일에 대해 군君이 난폭하지 않다. 오직 한 방면을 독점하면 어찌 조화가 이루어지겠는가? 무릇 祿,貴가 旺하면 자연히 형통하니 환난患難을 서로 구조를 얻고자 하는 연유가 있다.

"일순지내一旬之內, 어년중이문간於年中而問干"은 年의 干으로써 곧 甲이 의지하는 바의 까닭을 알아야 한다는 것인데 곧 이것은 동순同旬에 나타나 있다는 것이다.
"일세지의중一歲之中, 구월중이문일求月中而問日"은 一歲의 中에는 어긋나는 것이 있다는 것으로, 음남양녀의 命을 말하는 것이다.
"구어월이문일求於月而問日"은 절기節氣의 일수日數를 알아야 하다는 것으로, 몇 세에 정해진 대운이 교운交運되어 진행하는, 大運 법을 말한 것이다.
運의 진행은 三元 生氣로 향하는 것이 마땅하고, 오귀五鬼, 절絶은 피하여야 한다는 것이다.

"지진방면指陳方面, 음양궁통陰陽窮通"은 祿馬의 향배向背, 大運의 성쇠盛衰를 관찰하여 이것의 연유에서 길흉을 살펴야 하고, 살핀 것에서 고려한 것이 나타나지 않으면 歲中을 살펴 길흉을 서술하여야 한다는 것이다.

혹 생기生氣, 복덕福德, 천의天醫가 향삼向三이 되고, 절체絶體, 유혼遊魂, 오귀五鬼, 절명絶命은 본궁本宮이 피해야 하는 5가지다.

서자평의 설명은 점占은 지식讀이 목소리를 이겨야 하고, 당생當生의 歲月이 차지하는 바를 관찰하여야 한다 하였다.

가령 木에게 金은 官이 되는데, 陽命 男의 運에서 未가 나가고, 申이 들어오고, 陰命 男의 運은 亥가 나가고 戌이 들어오면 이것은 향녹向祿이 되고, 財가 임한 것이다. 또 金木이 만나는 분야는 가령 金에게 木은 財가 되는데, 陽命 男에게 運에서 丑이 나가고 寅이 들어오고, 陰命 男에게 運에서 巳가 나가고 辰이 들어오게 되면 이것도 향록向祿 임재臨財가 되고, 木火 방위 中에 다시 태세太歲 월령月令의 기후가 더해지게 되는 것과 같은 설명이라 하였다.

"표標"에 대한 근본을 설명하면 표준標準의 의의가 있다. 곧 이것이 命의 기본이 되는 것으로 남방은 명明으로 향하여 가야하고, 북방은 북을 향해 들어와야 하는 것이다. 이 말은 運氣가 출입하는 동정을 말한 것이다.

혹 길, 혹 흉이 박잡駁雜하게 되는 것은 불가하고, 혹 교운交運되는 年을 가볍게 여기는 것도 불가하다 하였다.

"일순지내一旬之內, 어년중문간於年中問干"은 月中에서 日을 구하는 것이

고, "일세지중一歲之中, 구월중문일求月中問日"은 年中에서 月을 구하는
것이라 하였다.

"향삼피오向三避五"는 歲中에서 吉하여 이로운 곳을 구하여야 한다는 것
이다. 무릇 좌작진퇴坐作進退*가 吉을 향하고 흉을 피하는 이러한 것이 아
주 중요하다고 하였다.

일순一旬은 10日이다. 年中에서 日이 나타나 있다. 무릇 한 달 가운데 있
는 一旬 내의 生日 天元을 배합하는 것을 설명한 것일 뿐이다. 곧 日中의
휴상休祥을 알아 生日을 主로 하여 정립하고, 다시 一歲 中의 月令을 취하
여 生剋을 배합하여야 한다는 설명이다.

곧 月中의 휴구休咎를 알아야 한다. 가령 人生이 득지得地하여야 하고, 太
歲는 존尊이 되고, 一歲의 中의 生月을 살펴 祿, 官印을 찬 것이 근원에 있
고 없고, 이러한 것을 月을 가지고 日에 묻는 것으로 곧 간명看命의 총법
을 설명한 것이다.

** 좌작진퇴坐作進退 : 앉거나 서거나 앞으로 나오거나 물러서거나.

◉ 壬癸는 가을에 生하여 겨울에 旺하고, 亥子도 같다. 甲乙은 여름에 死하고 봄에 영화가 있고 寅卯도 같은 경우이다.

註解 : 이 내용은 人命에 생왕生旺 사절死絶이 있다는 말이다.
行運이 마땅하고 마땅하지 않는 것이 있어, 즉 五行이 통하는 것을 지칭한
설명이다.
庚의 주체는 金의 무리가 되어 申에 거주하고, 水를 生하고, 水는 亥子도
속하고 겨울에 旺하고, 壬은 모인 水의 근원이 되어 亥에 거주하여 木을
生한다.

木은 寅卯이 속하고 봄에 旺하고 甲은 목군木群의 머리가 되는데 寅에 거주하여 火를 生한다.

火는 巳,午에 속하고 여름에 旺하고 戊는 중토衆土의 존尊으로 巳에 거주하고 金을 生한다. 金은 申,酉에 속하고 가을에 旺한다.

壬,癸,亥,子는 한 무리의 水가 된다. 水는 申에서 生하고 子에서 旺하다.

甲,乙,寅,卯는 한 무리의 木으로 卯에서 旺하고 午에서 死한다. 그래서 壬, 癸가 가을에 生하여 겨울에 旺하고, 甲,乙은 여름에 死하고, 봄에 영화가 있다고 했다.

⊙ 丙寅火 丁卯火는 가을에도 보존이 되고, 己巳木, 戊辰木은 건궁乾宮의 법도法度이고, 액厄을 벗어버린다.

註解 : 이것은 납음을 설명한 것이다.

丙寅, 丁卯는 노중화爐中火로 火가 旺하여 가을이 되어도 보존이 된다. 火가 가을에 이르면 일반적으로 死하게 되지만 정황이 다른 火에 속한다.

己巳, 戊辰은 대림大林 木으로 木이 왕성하다. 건궁乾宮의 법도에서 액厄을 벗게 된다. 일반적으로 木은 亥에 이르면 生하는데 정황이 이와는 구별되는 木이다.

또 丙寅火, 丁卯火을 火의 무리로 들어 火는 이미 金을 剋하는데 가을에 보지保持*한다는 것은 무엇인가? 요컨대 水는 가을에서 生하기 때문이다.

己巳, 戊辰 木를 종류를 들어 木은 이미 亥에서 生했는데 건궁乾宮에서 탈액脫厄한다는 것은 무엇인가? 말하면 亥는 건금乾金에 있기 때문에 그러한 것이다.

[蟾彩 : 24방위도에 보면 亥는 乾의 방위에 속한다.]

五行 휴왕休旺의 道는 명확하게 조화된 자연自然의 이치로 원명元命, 행운行運, 유년流年 모두 신중히 관찰하는 것이 마땅하다.

** 보지保持 : 간직하고 있음.

◉ 병病의 값은 病이 근심이 되고, 生을 만나 生을 얻고, 왕상旺相하면 한껏 높아지고, 휴수休囚가 되면 끊겨 없어진다. 권속眷屬을 논하면 사절死絶은 근심이 된다.

註解 : "치병우병値病憂病"은 휴수休囚 멸절滅絶을 설명한 것이고, "봉생득생逢生得生"은 旺相하여 쟁영崢嶸하는 의미로 설명했다.

"치병우병値病憂病"은 五行이 병病 中인데 귀鬼를 만난 것이고, 木이 辛巳金을 만나고, 火가 甲申水를 만나고, 土가 庚寅木을 만나고, 金이 乙亥火 만나는 이 같은 종류가 휴수休囚, 멸절滅絶이 된다.

"봉생득생逢生得生"은 五行이 생처生處에서 生을 만난 것으로 木이 癸亥水에 임하고, 火가 庚寅木을 얻고, 水가 壬申金의 값이 되고, 金이 丁巳土를 만나는 이와 같은 종류는 旺相하여 한껏 높아진다.

혹 당생當生의 값이 되어야 하고, 혹 歲,運에서 만나야 하고, 다시 시종始終을 살펴 마땅한 소식消息을 따라야 한다.

五行이 나를 生하는 者는 부모가 되고, 내가 生하는 者는 자손이 되고 나를 剋하는 者는 관귀官鬼가 되고, 내가 剋하는 者는 처재妻財가 되고, 견주는 者는 형제가 되는데, 空亡, 死絶의 地는 꺼리고, 休囚 쇠패衰敗의 곳에 거주하면 근심이 있다. 권속眷屬이 얻은 바를 따르게 된다는 설명이다.

이에서 전체적으로 납음오행을 논하면 삶生은 天地의 사이에 있게 되어 12支 內에서 맡게 된다. 장생長生, 목욕沐浴, 관대冠帶, 임관臨官, 제왕帝旺, 쇠衰, 병病, 사死, 묘墓, 절絕, 태胎, 양養의 내에 사길四吉이 있고, 사흉四凶이 있고 사평四平이 있다.

◉ 묘墓가 귀중鬼中에 존재하면 마음이 불안하고 의심스러움이 심하고, 족하足下에 상문喪門은 면전面前에서 초상을 본다.

註解 : "묘재귀중墓在鬼中"은 五行의 묘중墓中에서 귀鬼를 만난 것이다. 가령 金이 己丑火를 두려워하고, 木은 乙未金을 방비하여야 하고, 水는 丙辰土가 근심이 되고, 土는 戊辰木을 꺼리고, 火는 壬戌水를 꺼리고, 이와 같은 格이 歲.運을 行하게 되면 主는 위태로움이 심하다.

"족하림상足下臨喪"은 곧 命 앞의 二辰은 상문喪門이 되는데, 가령 辛亥金 人이 己丑火을 만나면, 원래 입묘入墓가 되고, 또 상문喪門이 되어 족하足下도 마찬가지로 禍가 있다.
"면전가견面前可見"은 흉이 빨리 있게 된다는 것이다. 만약 태세太歲의 모든 煞이 大.小運에 임하면 우환을 측정하기가 어려워 외복外服의 象을 방비하여야 한다.

◉ 陰에 의거하여 陽의 禍를 살피는데, 세성歲星(太歲)에서 고진孤辰이 범하지 말아야 하고, 陽이 세력을 믿고 자부하면 陰에게는 재해가 있는 것을 살펴야 하고, 天年(소운小運)에 과숙寡宿을 만나는 것을 꺼린다.

註解 : 寅卯辰 人은 巳가 고진살孤辰, 丑은 과숙살寡宿이다.

寅辰은 陽의 위치가 되고, 丑巳은 陰의 위치다. 그래서 말하기를 陰을 전거로 陽의 禍를 살펴야 한다는 것이다. 곧 歲星은 고진孤辰을 범하지 말아야 한다.

巳午未 人은 申이 고진孤辰이 되고, 辰은 과숙寡宿인데 未巳는 陰의 위치고, 申辰는 陽의 위치다.

그래서 陽에 의거하여 陰의 재해를 살펴, 곧 이것이 天年에 과숙寡宿이 되니 만나는 것은 꺼린다.

天年은 마치 소운小運과 같고 세성歲星은 마치 태세太歲와 같다. 陽은 고진孤辰이 重하고 陰은 과숙寡宿이 重하다는 말이다.

서자평의 설명은 陰은 陽이 상대고, 陽은 陰이 짝이 되어야 하는데 陽에 陰이 결코 없을 수 없고, 陰에 陽이 결코 없을 수 없어 陰에 기대어 陽을 살펴야 하는 것이고, 陽을 믿어 陰을 살피라 한 것이라고 하였다.

세성歲星은 太歲가 되고, 고진孤辰 上에 존재하는 것은 불가하다. 가령 寅卯辰 人이 太歲에서 巳를 만나면 寅人은 구교勾絞, 卯人은 상조喪弔, 辰人은 공신살控神煞이라고 하고, 또 요신살邀神煞이라고 한다.
主는 일의 진행이 막히고 풀리지 않고 억눌린다.

天年 또 太歲에 과숙寡宿이 있는 것은 불가한데 가령 寅卯辰 人이 太歲에서 丑을 만났다면 辰人은 구교勾絞, 卯人은 상조喪弔, 寅人은 일컬어 규신살窺神煞 또 박신살迫神煞이라고 하여 主人은 도둑질 했다고 핍박 모함당하고,

혹 삼원三元이 형전刑戰하고 歲,運이 불화하고 五行 祿馬를 해롭게 하는 年이면 더욱 심하다.

◉ 먼저 二氣를 논하고, 다음은 연생延生을 논하고, 부父의 병病은 자식의 祿으로 추정하고, 처의 재앙은 부년夫年으로 매긴다.

註解 : 五行에서 相生하는 것이 부자父子로 전수하는 氣가 된다. 청적靑赤(木火)등의 종류가 이것이다.

陰陽이 상제相制하는 것이 부처夫妻가 되는데, 교합交合의 辰이 되는 支干의 종류가 이것이다. [즉 乙庚合, 丙辛合 등.]

가령 金에 병병病 亥이 있으면 火를 두려워하지 않는 것은 급할 때 水가 구원하는데, 金이 水를 生하니 자식으로써 火를 剋하기 때문이다.

또 金에 재앙을 주는 자는 火로 또한 火의 휴왕休旺의 여하를 살펴야 한다. 이것이 구해救解 두 법으로 매우 자세하게 살펴야 한다.

서자평의 설명은 二氣는 陰陽이 되고, 연생延生은 命,運이 되고, 먼저 陰陽을 구별하고 다음 命,運을 구분한다 하였다.

부병父病 두 글자는 명확한 陰陽 진퇴의 象으로, 가령 庚辰人이 10(亥)月에 生했다면 亥는 庚金의 병지病地인데 이것이 부父의 병病이고, 庚은 壬을 生하니 자식이 되고, 壬의 祿은 亥가 되니 자식의 祿이 된다.

庚은 乙이 처가 되는데 大運이 巳가 되면 (乙)木은 巳가 병지病地가 되어 처에 재앙이 있다.

이것이 庚金이 다시 연년延年을 얻어 五行은 모두 여차如此한 무리를 갖추어지게 된다.

가령 壬癸日 生人이 庚辛이 부모가 되는데, 亥子 運으로 나아가면 金의 병病, 사지死地는 亥子로 主의 부모는 재앙이 있게 되거나 혹 부모가 상사喪事를 당하게 된다.

丙丁日 生人은 庚辛이 처가 되는데 寅卯 運으로 나아가면 金은 寅卯에서 絶하니 主의 처에 재앙이 있게 되어 상처喪妻한다.

또 丙寅火 人의 大運이 戊申土에 이르면 火는 비록 병지病地가 되지만 丙寅에게 戊申은 부부가 되고, 申은 土의 장생長生이 된다. 자식의 禄(丙寅의 납음 火)이 戊申의 납음 土의 장생이 되고, 土는 申 父를 이미 生하니 父가 자식의 禄의 음득蔭을 입어 비록 病이 되었지만 사망하지 않는다.

가령 丁卯火 人의 運이 甲午金에 이르면 火가 金을 剋하니 처가 된다. 金은 午가 패지敗地가 되어 처에 재앙이 있다고 할 수 있는데, 丁卯火는 午에서 旺하고 또 천록天禄(丁의 禄)을 만나 金火가 서로 얻는 바가 있고, 陰陽이 상합相合되어 비록 납음오행에서 처에 재앙이 있다고 하지만 무릇 年(流年)에서 旺하게 되면 흉하지 않다.

대개 부자父子는 천합天合이고 부처夫妻는 인합人合이다. 이것이 인간의 친 골육이 된다. 그래서 부자夫子의 命을 보아 흉, 악살을 만나면 부모처자가 손상되며, 父의 병이 반드시 심화되고 처에 재앙이 있다.

◉ 삼궁三宮이 원래 吉하면 禍가 지연되고, 시말始末 모두 흉하면 재앙이 갑작스럽고 신속하게 온다.

註解 : 삼궁三宮은 祿, 命, 身이다. 삼원三元이 長生의 궁에 임하고, 四柱도 이 궁에 함께 기거하고, 祿,馬,貴人을 만나고, 납음오행이 生旺하면 일컬어 원길元吉이라하고, 비록 行年, 歲運에서 흉신, 악살을 만나 禍가 있으려고 하지만 지연되고, 요절하지 않는다.

三元과 五行이 무기無氣한데 歲,運에서 흉신, 악살이 임하여 와 더해지면 시말始末 모두 흉하여 禍가 신속하게 발생되어 구원되지 못하게 된다.

서자평의 말은 앞은 陰陽의 시종始終을 논하였고, 이것은 人命의 길흉을 설명한 것이라 하였다.

가령 命의 天元, 人元, 支元과 관계없이 歲月 내외와 時中에 귀록貴祿이 있고, 主, 本의 근기根基가 휴패休敗에 거주 하지 않으면 三元의 원길元吉이 되고, 行年, 太歲, 運, 命이 어그러져 위태로운 값이 되지만 또한 禍가 지연 되는 것으로 추리한다 하였다.

만약 三元의 내외에 비록 祿馬, 貴氣가 있다고 하더라도, 팔자 中에 충衝, 형刑, 파해破害가 있으면 비록 貴가 있어도 貴하지 않아 종내 凶人의 命이 된다.

가령 길운을 만나면, 복으로 인하여 禍가 나타나는 것을 방비하게 되고, 흉운을 만나면 재앙이 갑자기 신속하게 오게 된다.

이 두 가지 해석은 모두 한 의미다.

◉ 택살宅煞, 묘살宅煞이 응하면 신음呻吟하여 대들보의 먼지가 떨어지고, 상조喪弔가 사람에 임하면 아름다운 음악이 변하여 장송가가 된다.

註解 : 命 전前의 五辰은 택宅이 되고, 命 후後의 五辰은 묘墓가 된다. 煞은 겁살劫煞, 재살災煞, 세살歲煞을 말한다.

命 앞의 二辰은 상문喪門이고, 命 뒤의 二辰은 조객弔客이다. 人은 人元이다.

예전에 아름다운 음악은 소리가 대들보를 휘감고, 아름다운 노래는 궁상宮商의 곡곡曲이 모여야 한다 하였다.

요즘은 신음 한탄으로 바뀌고 장송가로 변한 것은 곧 상조喪弔가 문門에 임하고, 택묘살宅墓煞이 응하여 그러하다.

또 太歲에 흉살이 아울러 임하고 大.小運에서 형충刑衝을 하게 되면 반드시 재앙이 있게 되니 마땅히 방비하여야 한다.

혹 택묘宅墓 이위二位를 축년逐年 태세太歲에서 만나고, 상문喪門, 조객弔客, 황번黃旛, 표미豹尾, 태음太陰, 대모大耗, 장군將軍 등 모든 악살이 입택入宅하게 되어, 하나가 있으면 主가 신음呻吟을 하게 되고, 둘이 있으면 主에 고통이 있고, 셋이 있으면 主가 분리하고, 넷은 主가 곡읍哭泣하게 되는데, 이것이 사성四聲이 입택入宅한 것이다.

혹 이르기를 집을 옮기고 집을 떠난다고 하는데 이 말은 유세流歲에서 흉살을 만난 것이다. 人命의 원原에 있으면 더욱 重하다.

◉ 干이 두 개로 겹치면 원수지간元首之間의 재앙을 막아야 하고, 支에 경輕한 3개가 꺾어지면 몸 내의 재앙을 근심하여야 하고, 하원下元 一氣는 주거의 왕래시기를 살펴야 한다.

註解 : 干이 두 개 겹친 것을 추리한다는 것은, 干은 天元으로 원수元首의 象이 되어 덕德과 貴를 만나면 吉하고, 煞과 鬼를 만나면 흉하다.
天元의 두 개가 剋을 받으면, 가령 甲子生이 庚午月을 얻고 庚午日이 되면 겹친 者라 하고, 庚 두 개가 甲을 剋하니 甲이 배겨나지 못하여 두頭, 목目, 흉胸, 배背에 생기는 재앙을 막아야 한다.

"지절삼경支折三輕" 은, 支는 마치 사람의 사지四支와 같은 것으로 主의 命에서 三合, 六合을 찬 者는 吉하고 사충四衝, 삼형三刑을 만난 者는 흉한 것을 말한다.
支辰이 三刑에 손상을 만난 것.
가령

    戊 丁 庚 辛
    申 巳 寅 酉
이러한 명조를 輕한 者라 하고, 刑이 本命(=年支)에 이르지 않았기 때문이다.

"복장고굉腹臟股肱내의 재앙" 은 三合이 손상을 만난 것으로 또한 통한다.
"하원下元 一氣" 는 납음이다. 五行이 주재하여 干支를 쫓아 변천하여 길흉이 이루어진다. 그 재화災禍가 원수元首의 사지四肢라고 하여도 발생하게 된다. 그래서 주거가 왕래하는 시기를 살펴야 한다 하였다.

무릇 간추양중干推兩重은 셋, 지절삼경支折三輕은 둘 이 되는 이러한 것은 干支의 경중을 구별 한 것 일 뿐이다.

혹 말하기를 이것은 十干을 논한 것으로 大運을 만났는데, 本年 上의 干이 도리어 太歲를 剋하는 간극干剋의 이름이 귀임두鬼臨頭로 두면頭面에 질병이 있게 되는 것이라고도 한다.

12支辰이 만약 身.命의 生.死.旺.五鬼가 되면 모름지기 사지四肢, 요각腰腳에 질병이 있다.
이것이 干에 비교한 경輕이 된다. 거듭 氣運을 설명한 것이다.

도은거가陶隱居歌에 이르기를 甲己는 5年, 乙庚은 4, 丙辛은 3歲, 丁壬은 2, 戊癸는 1歲에 따른다 하였다.

또 납음도 行運의 氣가 있는데, 상생相生, 복덕福德, 상극相剋, 凶이다.
납음오행이 모두 공순恭順하면 일이 뜻대로 되고, 金人이 金에 침범을 당하면 흉화凶禍가 있고, 木人이 木을 보면 경영하여 원하는 바가 이루어지고, 널리 모이고, 水人이 水의 장소가 되면 主는 동요된다.
運氣는 순,역順逆하여 회전하는 것인 것을 명심하여야 한다.
가령 癸酉金 남명男命이 3月에 生했는데, 3月이 丙辰월이 되니 丙辰土는 3歲(丙辛은 3歲)에 일어나고, 丁巳土는 2歲(丁壬은 二)인데 3과 2를 더하면 5가 되고 납음은 土이니 납음 土가 癸酉 납음 金을 生하니 5年에 刑剋이 없는 것으로 분별한다.
戊午火는 1年에 있고 己未火는 5年(甲己는 五年)에 있게 되는데 1과 5를 더하면 6이 되고 납음은 火이니 癸酉의 납음 金을 剋하여 6년에 흉하게 된다.

庚申木 4年은 天干 乙庚은 4이니 4年이 되고, 辛酉木은 天干 丙辛이 3이니 3+4=7이 되고, 납음은 木으로 12에서 18까지 7년간 경영하여 이루게 되는 것으로 칭한다. 남은 것은 이것을 모방하면 된다. [10에 木數 2를 더하여 12가 된다.]

순환 數가 一宮은 5年이 되고, 1年이 되고 함으로 거주去住에 기약된 시기가 있다는 것이다.

大運이 旺한 곳이 되면 설사 氣가 相制하다고 하여도 해롭지 않다.

** 주재主宰 : 어떤 일을 중심이 되어 맡아 처리함.

⊙ 어질고 어질지 않는 것은 戊己의 상벌傷伐을 고려하여야 하고. 시위侍衛가 있어야 침식寢食하게 된다. 곧 物에는 귀물鬼物이 있고, 人에는 귀인鬼人이 있는 바, 재앙을 만나면 시위侍衛가 제거하여야 복(寢食)이 된다.

註解 : 甲乙 木의 오상五常은 인仁이 된다. 요즘은 도리어 불인不仁이라고 말하는데, 그 까닭은 戊,己를 剋하여 흉하게 되기 때문이라 한다.

가령 甲이 戊를 보고, 乙이 己를 보면 편음偏陰, 편양偏陽으로 剋되고, 벌伐되고, 고孤되고, 배背되어 불인不仁하다.

만약 甲이 己을 보고, 乙이 戊를 보면 강유剛柔가 상승相乘되어 둘 다 얻는 바가 있어 인자仁하다고 할 수 있다.

부賦에서 甲乙 戊己의 예만 들었는데 다른 것도 이 예와 같이 추리하면 된다.

五行의 변화는 인간의 일들과 서로 통하는 것으로, "지어침식시위至於寢

食侍衛"도 모두 仁의 범위를 벗어나지 않는다.

五行에서 내我가 剋하는 것은 財가 되고, 나我를 剋하는 것은 귀鬼라고 한다. 비유하면 辛卯木 人이 丁酉火를 만나면 辛의 祿은 酉가 되고 丁은 辛의 鬼가 되는데 이것을 일컬어 녹두귀祿頭鬼라 한다.

"물유귀물物有鬼物"은 命支(年支)가 木에 속하고 酉支는 金에 속하면 金이 木을 剋하게 되어 人元이 剋을 받는다.

"인유귀인人有鬼人"은 격국 중에서 이 같은 者를 運에서 만나게 되면 재해가 있게 되는데 이를 제거하면 복이 된다.

혹 말하는데 군자는 새벽에 일어나고, 저녁에 휴식하여 항상 규칙을 잘 지켜 몸을 보호하여야 하고 잠과 식사가 고르지 않은데 많은 일을 하면 재해가 일어나게 된다 한다.
이것이 合中에 鬼를 만난 것과 길 내에 흉장藏凶된 것과 또 비록 어떤 인정人情이 있는 곳이 되어도 陰陽이 주재하게 되면 또한 그러하다.
침식寢食은 조화롭고 좋아야 한다는 것은 절대 필요하다.
시위侍衛는 좌우 가까이 있는 것으로 二者는 가볍게 여기는 것은 절대 불가하다.

"物中에는 귀물鬼物이 있고, 사람에는 鬼人이 있는" 것은 길흉의 변화가 가까운 것으로부터 멀리까지 심히 빠르게 된다는 것이다.

또 戊가 甲을 보면 인자하지 않은데, 歲.月.時 中에서 庚辛을 보면 인자仁

하다. 戊의 食은 庚으로 庚이 와서 甲을 제어하기 때문이다. 혹 己를 보면
인자하게 되는데, 己가 甲과 合하여 甲을 시위侍衛하기 때문이다.

戊가 甲木을 만나면 불인不仁하고, 재앙이 있게 되는데, 庚,己가 침식시위
寢食侍衛하여, 즉 제거하여야 복이 된다.

** 시위侍衛 : 임금을 모시어 호위(護衛)함.

◉ 취취就한 것 중에 특히 나형裸形 협살俠煞은 혼백이 지옥에 떨어지고, 범범犯한 곳은 손상되어 혼이 대령岱嶺에 의탁된다.

註解 : 취중就中은 원래 위 글의 귀물鬼物 귀인鬼人의 설명이다.

취해 진 것이 극히 重한 者를 만난 것인데, 五行의 목욕지沐浴地를 일컬어
나형裸形이라고 한다.

가령 본음本音의 목욕沐浴을 大運에서 만난 者는 재앙이 있다.

水土 人은 酉運이 되고, 木人은 子運이 되고, 火人은 卯運이 되고, 金人은 午
運이 이에 속한다.

귀곡자鬼谷子가 말하기를 협살俠煞은 원진元辰과 칠살七煞이라 하였다.

가령 사람의 運이 목욕沐浴이 되고 더불어 太歲와 아우르게 된 者는 재앙
이 있게 된다 하였다.

혹은 당생當生, 歲, 時의 원원原에 犯하는 神이 있으면 혼이 대령岱嶺에 되돌
아가고, 백백魄이 지옥으로 가게 되는데, 이렇게 흉하게 이르게 되는 것을
말한다.

혹 이르기를 협살俠煞이 七煞과 손잡는 것으로, 나형裸形이 煞을 보면 더
욱 불길하게 된다. 午는 辛의 煞, 酉는 乙의 煞, 子는 丁의 煞, 卯는 己의 煞
이 되는 것을 말한다.

가령   時 日

　　　乙 辛

　　　未 巳

이것이 나형裸形 협살俠煞이 된다. (巳午未)

다른 것도 이에 준한다.

혹은 甲子金 人이 戊午火 歲를 만나면 金의 나형裸形은 午가 되고, 戊午火가 더해지면 旺火가 되고, 겸해서 자형自刑이 되고, 반음反吟 재살災煞이 되어 甲子의 命이 깨어진다. 이와 같은 것이 犯한 곳에 상해가 있다.

◉ **오고 가는 출입에 흉한 곳이 저촉하여 범犯하고, 가취嫁娶를 수영修營하여 로등路登하는 것에 황黃과 흑黑이 있다. (장가들고 시집가는 것을 닦아 경영하여 오르는 길도 황黃과 흑黑이 있다.)**

註解 : "행래출입 行來出入" 은 동작動作이 일어나 시행되는 것이고, 가취수영嫁娶修營은 동작動作이 일어나 시행되는 中의 대자大者가 된다.

길흉은 뉘우침이 인색한 움직임이 일어난다. 그러니 군자는 근신하여야 하지 않겠는가?

낙록자가 이미 三命과 五行을 말하였고, 또 출입하는 장소를 기술하였다.

마땅히 사마四魔, 오귀五鬼, 육해六害, 칠상七傷, 팔난八難, 구액九厄은 흉한 방향으로 피하여야 하고, 일덕一德, 이생二生은 吉한 곳인데 축년逐年 太歲의 신살을 취하여 봐야 한다.

황도黃道로 나아가면 길이 되고, 흑도黑道는 흉이 된다.

혹 이르기를 이것은 인간의 운기運氣로 논한 것으로, 운원運元으로부터 와서 출입하는 길흉의 地로 五行이 相剋, 相生을 만난 것이라 한다.

"가취嫁娶 수영修營"의 이치는 五行에서 내가 剋하는 것은 처가 되고, 처인 五行이 生旺의 地가 되면 아내를 맞게 되고, 아내를 맞게 되면 도움이된다.
나를 剋하는 것은 부夫가 되는데, 夫인 五行의 生旺의 地가 되면 남편을 얻게 되고, 남편을 얻게 되면 복이 되는 부부에서 나온 말로 가취嫁娶가 이루어지는 뜻이 있다.
수영修營은 五行에 비록 올바른 성性에 있다고 하지만 둘 사이에는 항상변화가 있으니 군자가 덕을 닦아 삶을 운영하는데 때를 기다려야 함을 말한 것일 뿐이다.

"노등황흑路登黃黑"은 運元인 월건月建 上을 지칭한 것으로 흑도黑道는 10年을 행하고, 순행하여 만滿 上에 이르면 버리고 황도黃道로 행한다. 가령 運이 황도黃道에 도달하면 모두 이롭고 運이 흑도黑道에 이르면 범사凡事가 막힌다.
보통 사람들은 행위를 수양하는데 진퇴의 향배向背는 陰陽이 근본이 되지않을 수가 없어 體와 운기運氣 길흉이 모두 이 陰陽을 피할 수 없다.

◉ 재앙과 복은 세년歲年의 위치에 존재하고, 발각發覺은 日時의 격양擊揚으로 말미암고, 五神의 相剋, 三生이 命을 정하게 되고, 매 貴人, 食祿을 보고, 祿馬의 장소가 아닌 것이 없고, 근원이 복음伏吟으로 탁하게 되고, 좋지 않은 궁宮의 地는 한탄하고, 원망한다.

註解 : 무릇 歲中의 아름다운 징조에 대한 설명은 오로지 日時와 太歲의 生.剋.刑.衝을 보아 설명하여야 한다.

生日은 처가 되고 生時는 자식이 되고, 日時와 太歲가 화합하면 재물이 유용有用하게 되고, 모두 깨어지지 않는 者가 된다.

사물에 의거하여 설명하여야 하는데, 가령 太歲와 日時가 相刑, 혹 六合, 三合 中에 원진元辰, 七煞이 있는 者는 흉하다. 또 종류들을 살펴 아래 글에 설명한다.

간혹 말하는 세년歲年은 태세太歲 행년行年을 가리킨 것이다.

무릇 人命이 유년流年 세군歲君을 만나 흉하면 재앙 되고, 길하면 복이 된다 하였다. 모두 五行 中에서 말미암은 것으로 日時의 격양激揚이 세위歲位에 향응響應*한 것이다.

五神은 五行을 말하는 것이다. 三生은 삼원三元을 말하는 것이다.

무릇 人命은 근기根基를 궁구하고 三元이 머무르는 궁宮을 등용하고, 五行이 배치된 상황을 사용한다.

이 같은 법으로써 日時의 녹祿, 마馬, 五行에서 먼저 구한다.

혹 본명本命이 旺한 곳이 되어 상생相生하거나, 혹 당생當生이 멸절滅絶의 地가 되어 교극駁剋한 이러한 형상이 運에서 그 어떤 범위가 들어오면 길흉의 징조가 있다.

무릇 五行의 조화가 멸절滅絶, 空亡을 만났는데, 다시 運의 범위에서 刑沖을 만나고, 악성惡星과 아울러 교류하게 되면, 主는 근심은 많고 즐거움은 적고, 반드시 요절되고 한탄하여 원망하고 신음하니 그래서 헐궁歇宮의 地라고 한다.

혹 추창惆悵을 煞의 이름이라고 하고, 子人이 亥를 보고, 卯人이 寅을 보고, 午人이 巳를 보고, 酉人이 申을 본 것이라고 하고, 五神은 절체絶體, 유혼遊魂, 오귀五鬼, 절명絶命, 본궁本宮을 가리키는 것이고, 三生은 생기生氣, 천의天醫, 복덕福德이 된다고 한다.

이것은 위의 출입, 가취嫁娶, 수영修營의 법을 일컫는 것으로 三命의 설명은 아니다.

용도는 太歲 五行의 위치로 재복災福을 보고, 또 길일吉日, 길시吉時를 택할 때 사용한다. 이 설 또한 통한다.

** 향응響應 : 소리에 따라서 마주쳐 그 소리와 같이 울림

◉ **광횡狂橫은 구교勾絞에서 일어나고, 화패禍敗는 원망元亡에서 일어나고, 택묘宅墓가 같은 위치가 되면 즐거움 적고 근심은 많고, 만리회환萬里回還은 삼귀三歸의 地가 된다.**

註解 : 실살은 天地 五行의 정기精氣*로 각 길흉의 主가 되는 바, 담명談命者는 먼저 五行의 휴왕休旺과 格局을 추리하고, 그러한 연후에 신살을 참고하여 그 일들의 종류를 관찰하여야 한다.

陽命은 앞의 三辰이 구勾가 되고, 뒤의 三辰은 교絞가 되고, 陰命은 앞의 三辰은 교絞가 되고 뒤의 三辰은 구勾가 된다. 運에서 들어오게 되면 광횡狂橫의 재앙이 초래된다.

원진元辰과 망신亡神 二煞의 이름이 다시 당생當生의 흉살 값이 되고, 歲運에서 星을 刑하게 되면 관사官事에 많이 엮어지고, 까닭 없이 행하는 일들이 얽매이고, 택묘宅墓가 구교勾絞, 원망元亡과 동처同處가 되면 더욱 흉하다.

비유하면 癸亥水 生이 앞의 다섯 번째 辰인 戊辰을 보면 水의 묘墓가 되고, 유년流年, 세歲, 운運이 이 煞을 차고 들어오면 즉 동처同處 이니 택묘동처

142

宅墓同處라 한다.

삼귀三歸는 辰.戌.丑.未로 이것을 삼구三丘라 하고, 또 오묘五墓라고도 하여 만물이 귀근歸根하여 복명復命하여 반본환원反本還元한다.

무릇 이 네 개 辰은 되돌아 선회하는 象으로 응한다. 혹 삼원三元 五行이 귀숙歸宿하는 地로 삼귀三歸가 된다.

가령 甲子金 人이 亥年을 얻으면 목록木祿이 일귀一歸하고, 申月을 얻으면 水(子)命이 이귀二歸하고, 巳運은 身 金이 삼귀三歸가 되는 것을 지칭한 것으로 삼원三元, 본본, 음음의 장생長生의 위치를 말한 것이다.

비록 몸이 만리장도萬里長途에 오른 객客이 된다 하여도 장차 되돌아오게 되는 이치를 설명한 것이다.

서자평의 설명은 구교勾絞는 원명元命, 日, 時, 二運 上에 존재하는 것은 좋지 않은데, 다시 원진元辰, 七煞과 아울러 있게 되면 더욱 흉하다 하였다.

택묘宅墓는 가령 戊子生이 辛未 太歲를 만난 것이다. 또 모름지기 未子가 日上, 日時에 있고, 혹 大運과 동궁同宮이 된 者는 重하게 되고, 主의 음인 陰人 소구小口 가택家宅에 불리하다 하였다.

이것은 大運을 설명한 것으로 12辰의 사이에 있는 순역順逆 회환回環이 삼원三元, 본록本祿, 본재本財가 종숙終宿의 地에 존재하는 이것을 만난 者는 편안하고 넉넉한 복을 누린다.

** 精氣 : 만물의 생성하는 원기. 생명의 원천이 되는 원기. 정력. 정신과 기력. 사물의 순수한 기운.

◉ 四煞은 부父에 사용되고, 오귀五鬼는 남男(양자)이 많이 나오고, 육해 六害의 무리가 命에 있으면 七傷의 일事이 있게 된다.

註解 : 이것은 오직 골육骨肉을 논한 것이다.
四煞은 겁살劫煞, 재살災煞, 천살天煞, 지살地煞을 설명한 것이다. 혹 辰.戌.丑.未 四陰 煞이 된다.

오귀五鬼는 子人이 辰을 본 것, 丑이 卯를 본 것, 寅이 寅을 본 것, 卯가 丑을 본 것, 辰이 子를 본 것, 巳가 亥를 본 것, 午가 戌을 본 것, 未가 酉를 본 것, 申이 申을 본 것, 酉가 未를 본 것, 戌이 午를 본 것, 亥가 巳를 본 것이다.
삼원三元이 年에 손상을 받으면 양자養子는 곧 오귀五鬼로 남자이고, 도리어 制가 剋을 받아 화순和順하지 않다.
육해六害는 子가 未를 천穿하는 례로, 12支가 불순不順하다.
命에 六害가 한 개 혹은 두 개로 겹쳐있고, 혹 흉살이 아울러 또다시 衝하는 이와 같은 사람은 命에 七傷이 있는 일이 발생한다.
칠상七傷은 육친六親 및 본신本身에 해害가 있고, 四煞은 오직 사겁四劫을 지칭하고, 五行은 사맹四孟에서 生하는데 生 者는 만물의 부父가 된다.
五行에서 나를 剋하는 者는 鬼가 되고, 사람이 만나는 生.敗.旺.死.絶 이것은 오변五變이 된다.
비유컨대 甲申은 납음이 水이고, 申은 水의 生支가 되고, 申은 木人(亥卯未)의 劫煞이고, 부父가 된다. 庚申木 生은 자식이 되고, 甲은 庚의 父가 된다. 甲 父가 申에 이르면 絶이 되고, 庚은 鬼가 된다. 丁亥가 더 해지만 甲申과는 申亥 육해六害가 되어 命에 七傷의 일이 있게 된다.
七傷은 또 신살의 이름이다. 부賦의 앞 글에 설명하였고, 사살四煞, 오귀五鬼, 육해六害, 칠상七傷인 것을 알 수가 있다.

⊙ 권속眷屬의 정情은 水火와 같다. 목욕沐浴의 장소에서 서로 만나니 골육이 중도에서 분리되고, 과숙孤宿은 격각隔角에서 더욱 싫다.

註解 : 이것은 위 글의 설명과 적합하다. 목욕살沐浴煞은 長生에서 제 二位에 있는 子.午.卯.酉가 된다.

고진孤辰, 과숙寡宿은 이미 앞에서 논하였고, 격각隔角은 寅.申.巳.亥가 된다. 人命에 있어서 목욕沐浴을 만나 相剋되고, 또 고진孤辰, 과숙寡宿이 격각隔角의 위치에 임한 것으로, 가령 卯日 丑時, 丑日 卯時가 그 례가 되고, 丑者는 북방의 氣가 되고 卯者는 동방의 神이 되어 뜻이 같지 않다. 권속眷屬의 정情은 水火와 같다는 것은 곧 서로 화합되지 않는다 말로 분리가 심하게 된다는 것이다.

⊙ 모름지기 신살神煞은 명확하여야 하는데, 경중을 견주어 헤아려야 하고, 身을 煞이 剋하면 오히려 輕하고, 煞이 身을 剋하면 더욱 重하다.

註解 : 五行이 맡은 者는 命이다. 命을 논함은 필히 먼저 五行으로써 四柱의 격국을 논하고, 다음으로 신살로 길흉을 논하여 화복의 경중을 견주어 헤아릴 따름이다.

먼저 五行을 논하여 근기根基의 후박厚薄을 보고, 격국의 고하高下를 분별하여야 한다. 이 二者를 서로 참고하면 거의 착오가 없다.

신살은 위 글의 구교勾絞, 원망元亡, 고진孤辰, 과숙寡宿, 격각隔角, 목욕沐浴, 택묘宅墓, 상조喪弔, 복음伏吟, 반음反吟, 삼귀三歸, 사살四煞, 오귀五鬼, 육해六害, 칠상七傷 등이다.

祿馬, 財官, 印綬, 食神은 五行 生剋의 정확한 이치로 신살의 이름이라고 할 수 없다.

身은 세간歲干이라 말하고, 혹은 歲 干支에서 나온 납음이라고도 한다.

길흉 신살은 日時 사이에서 얻고, 혹 歲,運 內에서 만난다. 다만 煞이 身을 尅하면 重하고, 身이 煞을 尅하면 輕하다. 다시 五行, 四柱, 격국의 상황 소식消息을 자세히 살펴야 한다.

◉ 순환循環하여 팔괘八卦에 이르는 것은, 하도와 낙서의 유문遺文에 기인하고, 간략하게 정해진 것은 하나의 실마리가 되고, 궁구하여 만서萬緖를 이루어 펼쳐야 한다.

註解 : 낙록자의 三命 五行의 설명은 구궁九宮 팔괘를 벗어나지 않는다. 순환의 이치를 미루어 생각하여 끝까지 규명해 내는 것에는 허다한 도리가 있지 않겠는가? 이는 억설이 아니고, 하도와 낙서의 유문에서 기인한다.

처음 나타난 하나의 실마리는 역易이 있는 태극太極이다.

끝에 만서萬緖가 이루어진 것은 64괘 384효로 변통되어 길흉이 회린悔吝 *하는 만서일 따름이 아닐 뿐으로 일단一端 만서를 학자가 잘 다스려 궁구하여야 한다.

간혹 말하기를 "약지정위일단略之定爲一端" 은 즉 근원의 一氣로 선천先天이라 하였고, "구지번성만서究之翻成萬緖" 는 부賦에서 五行 삼원三元을 설명한 바는 운기運氣, 행년行年, 녹마祿馬, 귀貴, 덕德 모든 길흉 신살이 이것이라 하였다.

** 회린悔吝 : 흉한 데로부터 길한 데로 가는 것은 곧 회悔니, 회悔란 마음속에 깨달음이 있어 반드시 고치려하고, 길한 데에서 흉한 데로 향하는 것은 곧 인吝이니, 인吝이란 마음속에 부끄러워하는 바가 있어 하려고 하지 않는 것이다.

⊙ 만약 반안攀鞍이 祿을 만나서 印을 차면 헌軒에 오르고, 馬가 열등하고 財가 미미한 것을 만나면 유流하여도 되돌리지 못한다.

註解 : 수數는 1에서 시작하여 9에서 끝나는 것으로 9者는 다한 것이다. 구궁究窮은 數의 끝으로 곧 9에서 극極되고, 9者는 9陽 태과太過로 궁극窮極*하여 생화生化의 수數가 된다.

사람의 귀천貴賤 성패成敗의 이치는 이 數에 말미암을 뿐이다.

예를 들면

　　庚 丁 壬 癸
　　子 亥 戌 酉
　　土 土 水 金

좌坐에 천록天祿, 月.日.時 中에 납음은 水土가 되고, 三陽이 生旺한 성수成數를 얻었고, 陰(酉)生으로 命의 3개의 즉 祿(子), 馬(亥), 반안攀鞍(戌)으로 되어 있어 이 命은 반드시 貴하다. 그래서 말하기를 약치若值라고 운운云云한 것이다.

가령

　　丁 己 丁 乙
　　亥 卯 亥 酉
　　土 土 土 水

亥月로 비록 水 馬를 탔지만, 丁亥 土가 身 水를 剋하니 鬼가 되었고, 卯日이 비록 天祿이 되었지만 水土가 卯에서 같이 死하고, 身(水)이 鬼(土)를 만났고, 本命과 충파衝破(卯酉)를 만나 이른바 祿,馬(卯,亥)가 도리어 鬼가 되어 재앙이 된다.

祿馬는 이미 잃어버렸고, 반드시 身의 바탕은 財로 자資가 된다. 水는 火가 財인데 火는 亥에서 절絶되니 年.月.時 셋 다 財가 死絶한 地가 된다. 이것이 (납음)五行의 궁수窮數다. 비록 祿.馬가 있고 身財가 있다고 하더라도 귀물鬼物이 빼앗아 가는 바 힘이 없는 것으로 여긴다.

설사 運을 얻는다고 하더라도 數로 인하여 종내 빈한하게 되고 떠돌아다니고 돌아오지 못하게 되니 馬가 열등한 것으로 운운한 것이다.

간혹 말하기를 마馬 전前의 一辰은 반안攀鞍이 되고, 마馬 후後의 一辰은 편책鞭策이 되는데, 반안攀鞍이 위치에 있고, 더불어 天元과 합한 者를 사람이 얻게 되면 貴하게 된다 하였다.

모름지기 길장吉將이 가림加臨하기를 요하고, 歲,運에서 身의 자資가 들어오고, 旺相의 궁에 다시 임하면 복으로 설명할 수 있다.

역마가 작아 열등하고 命의 財가 休囚가 되면 고된 일로 도탄에 빠지게 되고, 종내 아무것도 이루지 못하는데 이것이 四柱에 임하면 主는 표령飄零* 하게 된다.

** 궁극窮極 : 극도에 달하여 어찌 할 수 없음. 구경究竟, 어떤 일이나 생각 따위를 추진하여 최후에 도달하는 막다른 고비. 맨 끝

** 표령飄零 : 나뭇잎 같은 것이 흩날려 떨어짐. 처지가 딱하게 되어 안착하지 못하고 이리저리 떠돌아다님.

◉ 점占을 다스리면 조정에 절하는 시기를 찾을 수 있는데, 甲午 生은 48세가 이에 적합하고, 문서로 인하여 구설이 있게 된다. 己亥 生은 32에서 근신하여야 한다.

선악은 서로 얽매여 요동하여 옮겨 다니고, 살煞이 끼여夾 언덕이 유지되면 친인親姻에 울음을 보내게 된다. [협살지구夾煞持丘, 친인곡송親姻哭送]

註解 : 이것인 행년行年, 大.小運의 수數를 말미암아 논한 것이다.

수數에는 홀과 짝(음양)의 변통이 있는데, 길흉은 이로부터 生한다.

甲午金 生 人의 32세 小運이 丁酉火이면 金家가 旺한 곳인데, 乙丑金 太歲는 본음本音의 정고正庫가 되고, [丑은 납음 金의 고庫. 乙丑년은 32세], 또 역마(申)가 입택入宅 {申에서 앞으로 5번째 辰인 丑} 하고, 天乙(丑)이 가림加臨하여 점제망배占除望拜의 기쁨이 된다.

[蟾彩 : 甲午金년 생의 48세는 辛巳金 년, 소운은 癸丑木 소운으로 32세와 동일한 형상이다. 즉 납음 金을 辛巳金 년에서 도우니 旺하고, 소운 癸丑의 丑은 金의 올바른 고庫가 되고, 또 甲의 천을귀인이 되고, 역마(申)가 입택入宅 {申에서 앞으로 5번째 辰인 丑} 한다.]

己亥木 生人이 32세 소운이 丁酉火이면 조객弔客이 되고, 太歲가 庚午土면 死가 {납음 木이 午에서 死} 된다. 이는 또 육액六厄(午)의 宮이 되어 三元이 수극受剋을 받아서 구설, 문서에 근심이 있다.

또 歲.運의 궁宮이 교체되면 모름지기 의미를 만나게 된다. 길흉이 동반하니 화복이 교공交攻하여 변화하는 원인이 있지 않을 수 없다. 그래서 "선악은 서로 얽매여 요동하여 옮겨 다니고"는 곧 길흉의 회민悔吝이 生하여 움직이게 된다는 것이다.

辰.戌.丑.未를 四煞이라 하고, 또 삼구三坵의 地는 각 五行의 오묘五墓가
된다.

가령 己巳木 本命이 乙未日 生이 되면 본가本家 삼구三坵가 된다. 또 羊刃으
로 더 해지면 협살지구夾煞持坵라하여 위의危疑 者는 심하고, 가고 오는
출입이 있다.

"지협살지구止夾煞持坵"는 한절一節의 문장이고, 또한 陰陽, 지리地理, 삼
원三元, 구궁九宮의 이 모든 것은 법식이 되고, 유년流年 太歲를 사용하면,
재복災福이 결정되고, 三命의 이치를 모두 겸하여야 한다.
이곳에 다 기술하기는 부족하다.

**◉ 겸해서 조집操執을 상세히 살피고, 병지秉持를 관찰하고, 골상骨狀의
후박厚薄을 논하고, 심원心源에서 자藉로 그릇이 이루어지고, 木氣가 성
盛하면 인仁이 창성하고, 庚辛이 이지러지면 의義가 적다.**

註解 : 이 설명은 비록 五行이 사용되어 命이 정해지지만 귀貴.천賤.재
災.복福이 나타나는 것이 보통 사람과 다른 특별한 뛰어난 것이 있다는 것
도 고려하여야 하는데, 마치 빙서冰鼠 화구 火龜와 같은 것으로 아주 드물
게 있는 命이 되어 바탕을 헤아리기 어렵다.
곧 삼원三元 五行만으로 다 추리 한다는 것은 부족하니, 모름지기 조집操
執, 병지秉持, 골상骨狀, 심원心源을 겸해서 상세히 살피면 그 까닭이 보이
고, 이 말미암은 바를 관찰하고, 편안한 바를 살피고, 심술心術의 행위를
억제하여, 두 개를 얻고, 상모덕행相貌德行을 서로 참고하면 그 사람됨이
어찌 숨겨지리오. 어찌...

이것은 낙록자의 사람의 관상을 보는 법으로 오유吾儒의 논리에 합당하다.

공자의 마의상법麻衣相法에 마음속에 相이 없으면 형상은 마음 따라 변하고, 형상은 있으나 마음 두질 않으면 모습도 마음도 고요하다 하였는데 또한 이 같은 의미다.

甲乙木은 主는 인仁, 丙丁火의 主는 예禮, 戊己土의 主는 신信, 庚辛金의 主는 의義, 壬癸水의 主는 지智가 되니 木이 왕성하면 자애仁가 많고, 金이 이지러지면 의리義가 적게 된다. 남은 것은 모두 상사象事로 그릇을 알고, 점사占事로 오는 것을 알고, 五行으로 오상五常에 배열하여 인간의 기량器量을 정한다.

[蟾彩 : 관상, 골상, 풍모, 외모 등도 같이 보아야 한다는 말이다.]

⊙ 악惡에 빛이 더해지면 기쁨이 있어 큰 그릇에 비교되고, 복성福星이 임하게 되면 도리어 禍가 일어나니 흉인凶人의 표본이 된다.

註解 : 몸을 수양하면 그 덕德이 진실하다.

그래서 충효忠孝 인의仁義를 말하여 덕德의 도리를 따르게 되면 비록 모든 煞이 임하여도 권력이 되고, 부귀를 총애하면 그것으로부터 허물이 있다.

그래서 오만 무례하면 덕을 거슬리게 되고, 선이 선의 보상을 잃게 되어 악을 스스로 초래하여 재앙을 만들게 된다. 이것을 낙록자는 깊이 경계하였다.

의擬, 표表 두 글자가 가장 의의가 있고, 악요惡曜는 마땅히 禍가 더해지지만 도리어 기쁨이 있고, 큰 그릇이 아니면 군자라 할 수 없을 것이다.

무릇 도량과 식견이 원대한 사람은 충효 인의하고, 몸을 삼가고 예의를 지키는데 어찌 禍를 범하게 되겠는가! 그래서 의기擬其라고 하였다.

복성福星이 임하면 마땅히 좋은데, 도리어 禍가 되는 것은 곧 소인은 命을 믿고 망령된 일과 행동들을 하여 불충, 불효, 불인, 불의, 패역, 무례하니, 어찌 禍를 피할 수 있겠는가! 그래서 이표以表라고 하였다.

논어에 말하기를 흉할 사람은 길을 흉하게 생각하고, 길할 사람의 흉을 길하게 생각한다 하였다. 이것을 두고 한 말이다.

이상이 위 글에 대한 그 뜻을 해석한 것으로 조집操執, 병지秉持, 골상骨狀, 심원心源의 이 말은 군자, 소인에 대한 견해가 된다.

◉ **정해진 곳에서 움직임을 구하고, 剋이 미진未盡하면 옮겨지기 어렵고, 편안하지만 위태로움을 찾아야하고, 흉한 가운데 복길卜吉*이 있다.**

註解 : 이것은 락록자의 교훈과 같은 것인데 길은 추구하고 흉한 일은 피하는 道를 말한 것이다.

天命은 덕이 존재하고 또 마땅히 나를 剋하고 저것을 剋하는 것을 논한다.

내가 저것을 剋하면 권력이 되고, 저것이 나를 剋하면 귀鬼가 된다.

剋하면 재물이 있고 剋하지 않으면 재물이 없어, 이른바 정해진 곳에서 움직임이 필요하고, 剋이 미진하면 실천하기 어렵다.

行年, 歲, 運의 五行이 本命을 剋하여 오면 官인데 움직여 실천하기 어려워

가만히 지켜 기다려야 한다.

또 선비의 공명을 물으면 衝하지 않고 剋하지 않으면 발월發越이 어렵고, 평안할 때도 위태로움이 있는 지 관찰하여야하고, 흉한 中에도 길이 있다고 한다.

군자이면 象과 문장을 관찰하고, 그 말씀을 음미하고, 그 행동에서 나타나는 행위를 관찰하여 그 귀중하고 진귀한 것을 차지하게 되면 자연히 하늘이 보우하게 되어 공명이 있게 되니 길도 불리하게 되지 않게 된다.

또 길흉, 화복이 일어나는 것은 성인聖人이 아니면 누가 변고나 어떤 일이 아직 일어나기 전을 살필 수 있겠는가?

이에 길은 추구하고, 흉은 피하여야 한다.

평안한데 두려운 생각이 있게 되더라도 바라건대 허물은 없어야 할 것이다.

** 미맹未萌 : 아직 초목의 싹이 트지 않음. 변고나 어떤 일이 아직 일어나기 전.

◉ **貴할 때 천賤을 망각하고, 재앙은 분에 넘치는 것에서 나타나고, 미혹되면 돌이킬 수 없고, 禍가 따르고 번뇌가 일어난다.**

註解 : 군자는 天命에서 나타나니 감히 하늘에게 복을 구하려 하지 않고, 소인은 천명天命에 오만하여 자기의 올바른 복을 알지 못한다.

貴하면 천賤한 것이 어떻다는 것을 알지 못하여 미혹에 빠져 돌이키지 못하고, 평안하게 거주하면 위태로움이 있다는 것을 알지 못하고, 제멋대로 정하여 구하게 되니 자연히 사치스럽게 되고 현혹되어 재앙이 있게 된다.

망신亡身, 패가敗家되어 후회가 있게 되는 것을 알지 못하고, 또 애석한 것도 깊이 생각하지 않고, 사치의 궁극窮極은 어지러울 정도로 화려하다는 것도 알지 못하여 탐황주색耽荒酒色에 미혹되어 빠지게 된다.
이 두 글귀가 진격眞格을 설명한 것이다.

◉ 평상이 끊기어 구舊로 바뀌고, 변한 곳은 싹이 되고, 선善은 福이 되고, 음淫은 禍가 되고, 길흉은 조짐이 다르다.

註解 : 동정動靜은 이로움과 해로움이 되는 매우 중요한 부분이고, 지혜는 곧 화복의 문호門戶가 되고, 술術은 신중하게 여기지 않으면 안 되고, 기(機:징조)를 자세하게 살피지 않으면 안 된다.

소인은 天命을 깨닫지 못하여 상도常道*를 지키지 않고, 변덕이 심하다. 禍와 음淫으로 말미암아 이것이 시작된다.

군자는 때를 얻게 되면 움직이고 때를 잃으면 수성守成하고, 體는 天이 行하는 道로 경거망동은 두려워하여야 한다.

곧 福은 이 같은 선에 말미암아 나타나게 된다.

易에 이르기를 길흉, 회린悔吝은 움직인 者에서 일어난다고 하였고, 또 이르기를 길흉은 득실의 象이라 하였다.

적선積善하는 집안은 반드시 경사가 남겨지고, 선을 쌓지 않는 집안에서는 반드시 재앙을 남긴다. 또 이르기를 진퇴, 존망의 道를 아는 者가 오직 성인聖人이라 하였다. 이것이 낙록자 서책 끝에 있는 큰 계율이 아니겠는가!

** 常道상도 : 변하지 않는 떳떳한 도리, 항상 지켜야 할 도리.

◉ 공명公明, 계주季主에 이르러 오히려 변화된 기록의 글이 없고, 경순景純 중서仲舒도 형形의 묘妙를 싣지 않았다.

註解 : 관공명管公明, 사마계주司馬季主, 곽경순郭景純, 동중서董仲舒는 네 현자賢者다.

天人의 오묘한 원原 성명性命의 이치를 탐구하여 陰陽의 상수象數에 달하게 되어 미래의 길흉을 아는데, 그 변식辨識의 글이 없고, 形의 묘를 싣지 않았고, 조화의 심은深隱만 실어 도량度量이 쉽지 않다.

낙록자는 성씨를 말하지 않아 어떤 시대의 사람인가 알 수가 없다. 부賦 中에 말한 것을 보면 난야蘭野로부터 스스로 나타났다 하였고, 또 곽경순郭景純에 이르게 되었다 칭하였다. 육조六朝시대 사람으로 보인다. 양소명梁昭明의 근처인데 소명昭明이 거주한 곳이 난릉蘭陵의 들野이다. 혹 주령왕周靈王의 태자 자진子晉이라고도 하는데 날조된 것이다.

◉ 예전의 성인聖人을 상세히 살폈고, 전현前賢을 거울로 삼았다. 혹 지사指事*는 지혜를 동원하여 서술하였고, 혹은 약문約文*으로, 또는 아주 중요한 이치로 많이 전했고 혹은 적게 남겼다. 이 지사指事*와 약문約文* 두 의미를 세밀하게 논하기는 매우 어려웠지만, 금세의 사람들이 그 득실得失을 자세히 참고 할 수 있도록 부족한 것을 보충하여 함께 엮어 자취를 남겼으니, 그 규범이 마음의 거울이 되어 청대淸臺에 영원히 걸어놓고 탐구하여 천에 하나라고 얻기를 바란다.

註解 : 무릇 五行을 논하는 것은 道를 떠나지 못하고, 세상일과 떼놓지 못

155

하는 者고, 인간과 사물과도 떼놓을 수 없는 者다.

또 약문約文, 절리切理, 지사指事, 진모陳謀, 중에서 신살을 교참交參하고, 길흉은 體에 번갈아 드는데, 이것을 五行에 통하는 道를 알아야 할 것이다.

物의 의미를 궁구하기 어려운데, 그 사이에 유포하여 있는 것들을 어찌 적게 보완하였겠는가?

락록은 그의 글 끝에서 이것을 담론하였다. 이 설명이 부賦를 작성한 이유가 된다.

예전의 성인聖人의 유문遺文을 상세히 살펴 전인前賢의 득실을 거울삼아 풍부한 글과 간략한 말, 뛰어난 道와 깊은 뜻으로 오만을 감추고 자애를 보여, 이를 五行 三命으로 이끌어 가르치고 있다.

후학자後學者는 이를 쫓아 발명하여 귀먹은 者를 밝게 하고, 보는 것을 잃은 者는 보이게 하고, 오랜 세월 무궁하게 하나의 성性으로 통일하여 항상 존재하게 그 시말始末을 관찰하면 神과 통하여 합변合變하게 될 것이다.

자유자재로 논하여 모두 타술他術에 빠져 들어가지 않게 계율을 깨우쳐야 한다 말하여, 道에 이르는 합당한 것들을 많이 말씀하고 있다.

그러하니 락록자가 어찌 완벽한 능력을 갖춘 사람이 아닐 수 있겠고, 또 고결한 유파의 존숭한 분이 아닐 수 있겠는가!

** 약문約文 : 긴 글을 줄여서 간략하게 한 글

** 지사指事 : 육서의 하나. 사물의 추상적인 개념을 본떠 만든 글자. 上·下·一·二 ·三·凹·凸 따위

通玄子撰集 통현자찬집

珞琭子낙록자 賦註부주

⊙ 金이 寅,午,戌을 만나면 吉하고, 丙,戊,己,午는 경사스러운 덕德이 있어 좋고, 甲,乙,寅,卯은 財神이 되고, 壬,癸 윤하潤下는 상극傷剋(傷官)이 된다.

註解 : 庚은 丁이 官, 辛은 丙이 官으로 丙丁은 좋은 것이니 寅,午,戌은 기쁨이 있고, 巳,午,未 火旺의 地는 이로운 것이 되는데 祿을 향하고 官이 임한 辛巳, 庚午는 貴가 된다.

가령 庚申,辛酉, 庚午,辛未. 庚寅,辛卯, 庚子,辛丑, 庚辰,辛巳, 庚戌,辛亥 이것이 命의 12궁이 된다.

금가金家는 火가 官이 되고, 木은 財가 되는데, 火가 申,酉,亥,子,丑에 도달하면 무기無氣하게 되고, 木이 申,酉,戌,子,丑에서는 氣가 쇠약하게 되어 財命이 무기無氣하여 빈천한 命이 된다.

만약 生月日時에 旺相한 午,巳,寅 位의 地를 좌하면 貴命이 되고 만약 火를 만나지 못하면 貴命이 되지 못한다.

壬,癸,亥,子 水를 본 者는 祿,官을 등져 복을 이루지 못하고, 寅,午,戌이 완전하면 官神이 局을 이루게 된다. 天元에 戊癸가 온전하게 있으면 화화

157

化火하여 官局이 된다. 地支에 巳,午가 완전하면 암관국暗官局이 되고 다시 木神을 만나 보조를 얻으면 함께 상국上局이 된다.

柱에 壬,癸,亥,申,子,辰 水가 있는데 戊,己를 만나서 水를 剋하게 되면 구원이 되어 또 印이 되니 貴하게 된다.

甲,乙,寅,卯,亥는 財가 되고 未는 財庫가 되는데 刑의 해로움이 없고, 財庫가 튼실하면 재물이 일어나게 되는 것으로 판단한다.

祿을 등지고, 官,印 귀지貴地를 만나지 못하고, 木이 旺함을 만나면 장사하는 사람으로 재물이 일어나는 命이 된다.

⊙ **壬,癸는 사계四季(辰戌丑未)와 巳,午가 영화가 되고, 戊,己는 官의 영광이 있고, 丙,丁은 財, 甲,乙 곡직曲直은 모두 흉지凶地가 되고, 庚,辛은 印으로 용린龍鱗이 부착된다.**

註解 : 壬癸는 진수眞水인데 戊,己,辰,戌,丑,未,巳,午의 곳이 길하다.

무릇 壬은 巳가 官이 되고, 癸는 戊가 官이 되고, 巳,午는 官祿의 地가 되며, 四位의 土는 모두 자왕自旺하게 되는 곳을 지나게 되는데 4,5月 상순, 6月 중하순 및 3月 하순은 官을 生하여 유기有氣하게 되어 이에 경사를 이룬다.

水에게 土는 官의 위치인데 만약 甲,乙,亥,卯,未,寅 木을 만나면 官을 깨게 된다. 극해剋害가 가벼운 者는 벼슬이 낮고, 극해剋害가 重한 者는 벼슬을 하지 못하고, 庚辛 金神이 旺相하여 구조하면 도리어 主는 貴하게 된다.

⊙ **火는 辰,申,亥,子의 궁宮을 기뻐하고, 壬癸 官은 旺土를 보면 고궁고궁孤窮하고, 戊,己는 퇴신退神하고, 甲,乙은 나아가고, 金財가 있으면 복**

158

록이 영화롭고 현달하고 흥륭하게 된다.

註解 : 火가 壬癸를 보면 무릇 丙의 官은 癸가 되고, 丁은 壬이 官이 된다. 참된 기제旣濟의 道가 된 조화가 이루어진 것이다.

亥子를 보면 正官의 위치로 丁亥, 丙子는 貴神이 되고, 辰,申,亥,子는 貴하게 되고, 土를 만나면 六害가 되는데 구원이 없으면 가난하게 되고, 다시 甲乙이 旺相하면 구원이 되고, 庚辛 巳酉丑은 財祿이 있는 命이 된다.

⊙ **土가 寅,卯,未,亥의 局이 되면 甲乙은 官의 영광이 있게 되고, 金은 福祿을 깨어버리고, 庚辛이 福祿을 등지게 하니 丙丁이 있으면 좋고, 壬癸辰은 福을 길게 누리게 한다.**

註解 : 戊己가 亥卯未의 곳이 되면 貴가 되고, 戊는 乙을 찾고 己는 甲을 찾게 되면 貴한 命이 되고 만나면 官祿이 旺하게 된다.

庚,辛,巳,酉,丑,辛,戌을 만나면 祿이 깨어져 貴하지 않고 巳月, 酉月은 더욱 좋지 않고 丙丁을 얻게 되면 구원된다.

또 戊가 丙을보고, 己가 丁未를 보면 구원이 되지 못하는데 편음偏陰, 편양 偏陽하기 때문이다.

만약 戊가 丁을 보고, 己가 丙을 보면 구원하는 神이 되고 혹 7月, 8月이 되어 火가 사수死囚되어 무기無氣하면 구원을 하지 못한다.

亥子辰은 財庫로 主는 발재發財하고, 적은 木 한 개의 官은 좋게 된다.

丙丁이 염상炎上 화국火局이 되면 좋지 않은데, 巳,酉,丑,申,辛,庚이 있으면 좋고, 壬,癸,亥,子도 좋게 되는데 印을 구조하기 때문이다. 또 戊,己,辰,戌, 丑,未의 財가 된다.

◉ 현달賢達한 사람은 명명하기 때문이고. 우매愚昧한 사람은 미혹迷惑한 것이 더욱 번성하기 때문이다.

註解 : 무릇 논명論命은 먼저 天干을 밝히고 다음에 地支를 논하고, 아울러 납음을 논하고, 구궁九宮 삼원三元이 되고, 天地人 삼재三才를 구분하고, 五行 四柱를 논하고, 一陰一陽은 道라고 일컫고, 편음偏陰, 편양偏陽은 질병이라 한다.

◉ 戊己에 甲乙 木格이 머무르고 生旺하고 제왕帝王이 임하면 벼슬이 貴하게 된다.

註解 : 戊,己가 支干에 旺相한 木氣를 만나면, 혹은 己亥, 癸亥를 보면, 참된 官星의 長生으로 主의 貴가 극품에 이르게 된다. 生月이 다시 旺하게 하고 刑衝이 없으면 부귀가 쌍전雙全한데 경중은 가려야 한다.

◉ 壬癸에 戊己土가 旺한 곳이 있으면 큰 재목인 上格으로 나누는데 상세히 살펴야 한다.

註解 : 壬癸가 戊,己,辰,戌,丑,未 土를 보고 巳,午 月生은 土가 旺相하게 된 것으로 貴하게 된다.

◉ 庚,辛이 동지冬至를 지나면 一陽이 生하여 丙丁에 氣가 생기게 되어 복이 수풀과 같다.

註解 : 庚辛 生人이 동지冬至 후가 되면 一陽이 生하여 火에 따뜻한 氣運이 있게 되고, 木은 점차 旺하게 이르게 되어 丙丁의 火를 生하여 官祿이 된다.

◉ 丙子가 여름에 生하면 一陰이 자라는 때이니 亥,子,壬,癸는 偏官이 된다.

註解 : 이것은 명확한 水火의 공功으로 기제既濟의 象이 된다.
가령 하기夏氣는 얕아 일찍 발달하는데 하지는 一陰이 자라나서 水가 점차 旺하게 되니 官祿이 生旺하게 된다.

◉ 六甲 生人이 寅月이 되면 건록建祿으로 부유하지 않는 것은 아니나, 그 차별을 구분하여야 한다.

註解 : 六甲生 人에 正月은 丙寅으로 生月에 祿을 찬 것으로, 妻가 剋되고 자식이 끊기고 빈천한 命이 된다.
甲은 己가 妻가 되고, 辛은 官星으로 자식이 되는데 모두 寅에서 절絶하게 되어, 일컬어 金은 절絶, 土는 수囚의 地라고 한다. 祿,馬,妻,子 모두 끊기게 되어 貴氣가 되지 못한다.
만약 丙寅을 사용하면 食神에 氣가 있게 되어, 모름지기 甲人이 庚,申을 보고, 乙人이 辛,酉,戌을 보면 도리어 七煞과 귀鬼가 旺한 地가 되는데, 寅을 얻으면 火의 生地로 旺하게 되어 鬼를 강복降伏시켜 官을 化하여 貴하게 된다.

◉ 乙人에 辛이 많고 酉月 生은 鬼가 旺하고, 身이 衰하여 질병이 침투한다.

註解 : 乙人이 辛을 보면 간두干頭의 鬼가 되고, 이름은 七煞이다. 乙人이 酉를 보면 身이 백호白虎에 거주하고, 무기無氣한 地가 되고, 또 七煞로 身을 剋하니 어찌 질환이 없겠는가! 甲人이 庚을 본 것도 마찬가지다. 만약 질병이 없지 않으면 수명이 짧다.

◉ **사관詞館 학당學堂의 主는 벼슬하는 이름이다. 만약 官貴가 없으면 헛된 이름이다.**

註解 : 命에 사관詞館 학당을 만나면, 사관詞館은 官祿의 장생지長生 地가 되고, 학당은 本主의 長生 地가 된다.
官貴가 있으면 벼슬을 하는 이름으로 貴하게 되는 命이 되고, 官貴가 없으면 허명虛名한 사람이 된다.
전문前文에 印이 있는 것은, 甲이 癸,亥,子를 본 것이 이것이다.

◉ **괴성魁星이 官를 만나면 이는 신동神童이 貴를 품어 안은 것 같다.**

註解 : 괴성魁星은 곧 甲辰 旬中의 癸丑까지 10일이 된다.
만약 本命에서 官星의 위치로 만나면 관귀官貴 학당으로 곧 아이 때 급제하는 신동이 된다. 비유컨대 癸丑 人이 戊申을 본 것으로 甲辰 旬 중에 있는 것이다.

◉ **임관臨官을 만난 사람은 흠경欽敬하고, 천마天馬 財庫는 貴命이 된다.**

註解 : 命이 임관臨官을 만나면 人에 기쁨이 많고 천마天馬는 처재妻財를

논한 것인데, 가령 甲이 己를 보면 妻,財가 되고 辰은 財庫가 되어 발재發財가 있는 命으로 본다. 만약 妻가 旺相하게 임하고 두 運 혹 太歲에서 다시 만나면 主는 혼인하게 된다.

가령 甲午人에 己土는 妻,馬가 된다. 運이 申酉戌에 이르면, 午는 人元으로 西方은 火가 死絕한 地가 되고, 己土의 자패自敗가 된다. 그래서 金이 旺하면 土는 財祿이 되는 人元, 財 모두 무기無氣하게 된다.

또 丙午 生의 運이 서방이 이르면 丙은 癸가 官인데, 癸水는 서방이 패敗가되어 癸水 官이 쇠약하게 된다.

丙은 辛이 馬, 財가 된다. 酉戌에는 辛金이 있고, 金은 丙의 財로 旺한 辛은馬로 酉에 도달하면 마馬가 세워지게 된다.

本은 衝을 두려워하니 衝이 되지 않고 감추어져 있어야 발재發財하는 命으로 단정한다.

⊙ 命이 貴地를 범하면 형통하게 되고, 命은 衰한데 旺을 만나면 福을 맞아들이지 못한다.

註解 : 命이 貴地를 坐하고, 향록向祿 향재向財 運으로 나아가면 영화가 나타난다.

元命에 官貴가 旺相하면 運이 비록 흉하다고 하더라도 반드시 재앙이 있게되는 것은 아니다.

가령 壬,癸 生人이 巳,午,未 運으로 행하면 발發하게 되고, 북인北人이 남방運으로 나아가면 무역으로 이득을 획득하고, 命이 休囚를 만나고, 官貴가없으면 運行이 貴地로 나아가도 경사를 이루지 못한다.

命이 旺하고 원原에 命의 官星이 있고, 運에서 배록背祿 되고, 太歲에서 충해衝害하고, 官이 있는데 官이 휴休가 되고, 主本은 장생長生 運이 되면 파면되어 실직을 하게 된다.

또 生地 休囚도 마찬가지다. 가령 甲乙 人이 亥를 보면 官의 병지病地로 休囚가 된다. 이 生地를 상봉하면 官星이 병病, 절絶이 되어 主는 벼슬에서 물러나게 된다.

만약 二運과 太歲에 아울러 상조喪弔 구묘丘墓 협살夾煞이 임하게 되면 主는 곡성哭聲이 있게 되고, 나형裸形 협살夾煞이 되면 主에 울음소리가 나게 된다.

◉ 팔고八孤 오묘五墓는 승도僧道가 되고, 조상이 깨어지고 방랑하는 고독한 사람이 된다.

註解 : 가령 甲子 순旬중에 戌亥는 공망이 되고, 육허六虛가 되고, 亥戌은 건乾에 속하고, 戌이 남행南行으로 삼위三位는 未가 되고, 未가 동행으로 三位는 辰이 되고, 辰이 북행으로 三位는 丑이 되고, 丑이 서행으로 三位는 戌이 되는데, 辰,戌,丑,未 四位는 고과孤寡 오묘五墓로 조상이 깨어지고 고독하게 되고 방랑하는 사람이 되는 구류九流의 命이 된다.

三元을 剋害하면 혼자되는 命으로 剋害가 만약 輕하고 命에 입사入舍하면 가령 진고신眞孤神을 만나면 처를 극하고, 자식에 해로운 命이 된다.
통현자通玄子 해석은 낙록의 진본이 아니고, 서자평과 마찬가지로 스스로 찬집撰集한 것이다.

明通賦 명통부

동해東解 서자평徐子平 찬찬撰

역수易水 만육오萬育吾 해解

◉ 태극의 판별은 天地이고, 一氣를 나누면 陰陽이 되어 五行이 유출되어 만물이 화생化生하니 인간이 命을 받게 되어 빈부귀천이 말미암게 되어 술사는 징조를 알아 길흉 화복을 정할 수 있다.

註解 : 이것은 본서 원조화지시此原造化之始에 설명하였다.

◉ 무릇 간명看命은 日干이 主가 되고 三元을 실마리로 하여 八字 干支를 배합하여야 한다.

註解 : 天은 사계절이 있어 만물에 조화가 일어나게 되고, 집에는 네 기둥 四柱가 있어 각 규모가 세우지게 되고, 命에는 四柱가 있어 정해진 영고榮枯를 풀어 밝힌다.

논자論者는 오로지 日辰의 天干으로서 명원命元의 主로 삼고, 支는 지원地元의 록祿을 主로 하고, 支 내에 소장 者인 인원人元은 수壽가 된다. 八字 즉 四柱는 天干과 地支가 공히 8개의 글자가 된다.

계선편에 이르기를 四柱를 배정하고 삼재三才는 다음으로 나누어 오로지 日干의 天元으로 八字 干支를 배합하여야 한다 하였다.

◉ 運을 논하면 月支가 주체가 되고, 사시四時로 나누어 五行의 소식消息으로 끌어 일으킨다.

註解 : 大運은 月支에서 일으키니 月이 제강提綱이 되어 月支의 절기, 심천을 살피는데 사계절의 어떤 절節을 얻었는가를 보아야 한다. 가령 춘목春木, 하화夏火, 추금秋金, 동수冬水, 계토季土의 초기初氣 중기中氣의 소장消長이 같지 않으니 行하는 곳의 運이 순順인가 역逆인가 旺한가, 衰한가, 살펴 팔자를 돕는 가, 설설泄하는 가, 剋하는 가, 生하는 가를 보아야 한다. 기본이 이와 같다.

먼저 日干을 설명하고 다음에 月支를 설명하고 그 요구되거나 필요한 바를 들추어내 사람에게 알려주면 된다.

◉ 官이 旺하면 성공成功의 근거가 되고, 입격入格되어 局을 이루면 貴하게 되고, 官,印,財,食은 吉하고, 평정平定*되면 마침내 아름답게 되고, 살煞, 상傷, 효梟, 패敗는 凶한데 전용轉用되면 복이 된다.

註解 : 五行의 임관臨官 제왕帝旺이 四柱에 있어 본궁本宮의 성공成功의 地가 되어 격국에 들면 貴하게 되고, 격국이 깨어지게 되면 천천賤하게 된다.

가령 官,印,財,食은 원래 길신으로 상傷, 극剋, 충衝, 형刑, 파破, 패敗가 되지 않고 마땅히 평정平定* 되면 마침내 훌륭하게 된다. 곧 입격入格이 된 것이다.

煞,傷,梟,敗는 원래 흉살인데 만약 제복制伏 되거나 거류去留 혹은 합화合化한다면 이것이 전용轉用이라고 하고 복이 된다. 또한 입격入格이 된 것이다.

관하觀下의 취용取用하는 모든 격국에 그 희기喜忌가 자연히 나타나게 된다. 사길四吉 사흉四凶이 격국에서 가장 중요한 者가 되어 으뜸이라 말한다.

부부賦에 이르기를 日主는 건왕健旺한 것이 가장 좋고 用神은 손상되면 안된다 하였다.

** 평정平定 : 난리를 평온하게 진정시킴.

◉ 辰,戌,丑,未에는 완전하게 갖추어져 장축藏蓄되어 있고, 巳,亥,寅,申에는 장생長生이 안주하고, 子,午는 서로 거슬려 성패成敗가 있고, 卯酉는 곧 출입이 서로 어긋 매겨진다.

註解 : 이것은 12支에 十干이 포장包藏되어 있는 것을 설명한 것으로 각 생사성패生死成敗, 출입교호出入交互가 있다.

독보에 이르기를 辰,戌,丑,未는 사고四庫의 국국, 寅,申,巳,亥는 사생四生의 국국, 子,午,卯,酉는 사패四敗의 국국이라고 하였다.

희기편에 이르기를 財,官,印綬가 사계四季 中에 완비하여 장축되어 있고, 官星, 財氣, 長生은 寅,申,巳,亥에 참되게 거주하고, 혹 子,午는 天地의 기주基柱가 되고, 卯酉는 日月의 문호門戶가 된다. 각 그 地를 지칭하는 것으로 각 그 이치가 있다. 하였다.

◉ 支干에는 보이지 않는 형형形形이 있어 없는 中에 취함이 있고, 절기節氣에 남아 있는 수數가 있어 섞인 곳을 구별하여 취하여야 한다.

註解 : 이것은 조화의 묘를 종합하여 설명한 것으로 支干에 보이지 않는

형形, 절기節氣에 남아있는 수數, 12支中에 포장包藏된 人元, 무중無中에서 취하고, 혼처混處를 구별하여 구한다.

가령 요사공협遙巳拱夾 등격等格은 地支에 들어있는 天干을 취하는 것이다.

없는 중에서 취하지 않으면 안 되는 것이 무엇인가 하면 가령 자초子初의 삼각三刻은 壬水로 구분하고, 丑初의 삼각三刻은 癸水로 구분하고, 인초寅初 삼각三刻은 간토艮土로 구분하는 이것이 절기로 한 글자가 감추어져 있어 각 主된 곳이 있으니 혼처混處를 구별하지 않으면 어찌하겠는가!

부부賦에 이르기를 무합無合 유합有合은 후학後學은 알기가 어려워 1/3을 얻기 어려운데 전현前賢이 실지 않았다 하였다.

계선편에 이르기를 보이는 것과 보이지 않은 形은 때가 없으면 존재하지 않는다고 한 것이 이것이다.

◉ **선악善惡이 서로 교류하는데 악惡이 변하여 선善하게 되면 도리어 좋고, 길흉이 혼잡混雜한데 吉에 흉이 더해져 해롭게 되는 것이 두렵다.**

註解 : 이것은 下에 단독으로 간명법看命法을 설명하였다.

위 글은 분별하여 하는데, 가령 甲日이 丙丁 배록背祿을 보면 악惡, 흉이 되고, 戊己 財星을 보면 선善, 길吉이 된다. 丙丁이 木을 화化하여 財를 돕게 되는 이것이 악이 변하여 선하게 된 것이다.

乙木이 財星을 剋害하는 것을 두려워하는데, 이것을 길을 해롭게 하여 흉에 더해지게 된 것이란 것이다.

아래 글을 보면 財印 교차交差는 官煞이 화化 시키기 때문에 기쁜 것이다. 관살혼잡官煞混雜이 되면 印綬로 化하면 좋고, 印이 없으면 財馬로 자화資

化하면 좋고, 財印이 없으면 羊刃이 화합하면 좋다. 혹 食神 傷官으로 制하면 된다. 가령 煞을 制하는데 印이 食神 傷官을 破하면 煞을 制하지 못하고, 印으로 化한다면 財를 보면 깨어진다. 化하는데, 흉이 되는 종류는 모두 이에 해당한다.

◉ 조원朝元이 득국得局하면 부부하지 않으면 귀귀貴하게 되고, 원원垣을 범범犯하여 파국破局되면 요절하지 않으면 빈빈貧하게 된다.

註解 : 局은 三合과 사유四維가 올바른 局의 궁이다. 가령 亥卯未는 木局, 辰,戌,丑,未는 土局인 이러한 종류를 말하는 것이다.
甲,乙이 亥卯未를 보면 본국이 되고, 丙,丁이 亥,卯,未를 보면 印局이 되고, 戊,己가 亥,卯,未를 보면 官局이 되고, 庚,辛이 亥,卯,未를 보면 財局이 되고, 壬癸가 亥,卯,未를 보면 傷局이 된다.

원원元은 곧 정사政事를 돌보는 울타리의 본원本元으로, 가령 子宮은 癸의 정사를 돌보는 곳이 되고, 丑,未는 己土가 정사를 돌보는 울타리의 종류가 된다. 무릇 중요한 울타리를 얻게 되어 命元으로 사용되면 수壽가 되고, 官,印으로 사용되면 貴가 되고, 財로 사용되면 富가 되고, 배록背祿이 財를 生하면 부익富益하게 된다. 오직 그 하나를 얻고 衝,刑,尅으로 깨어지지 않는 者는 공명 부귀하게 되고, 이와 같지 않아 곧 울타리를 犯하면 가령 子가 貴가 되는데 丑未가 尅破하는 것은 좋지 않아 꺼리고, 午가 충파衝破하고 卯가 형파刑破하는 류類, 一子 二午는 하나 반은 깨어지고 복의 반은 얻고, 파국破局은 가령 申子辰은 寅午戌이 충파衝破하는 것을 꺼려 크게 흉하게 된다.

만약 허성虛星을 사용하여 비천마록격飛天祿馬格을 이루게 되면 도리어 貴하게 된다. 남은 것은 이와 같이 추리한다.

⦿ 득실得失은 균겸均兼하고, 진퇴進退는 거듭 인하게 된다.

註解 : 득조得朝하고 범파犯破하는 이러한 조화는 得득이 있고 실失이 있고, 진進이 있고 퇴退가 있고, 이것을 얻으면 저것은 잃고, 강한 것은 나아가고 약한 것은 물러나고 중간은 평평하여 고르게 되고, 이로 인해서 되풀이 되니 변화를 측정하기 어려워 상세히 분별하여 살피지 않으면 구분할 수 없다.

가령 甲은 寅이 조원朝垣으로 申이 衝破하는 것은 꺼리게 되는데 만약 二寅이 一申, 二甲이 一庚이 충파衝破하면 해롭지 않은데 甲에 힘이 있어 그렇다.

또 寅이 申에 衝을 받으면 亥가 구원하게 되는데, 亥가 견성堅盛하게 하여 복이 완전하게 된다.

亥가 戊에 剋되고 己에 衝하면 敗하게 된다. 만약 亥가 많으면 두렵지 않고 또 강하면 진進하게 된다.

진퇴가 서로 인하여 한번은 이루고, 한번은 패하고 하는 것은 다만 歲,運에서 어떤 변邊을 도와 일어나 福이 되고 禍가 되고 한다는 것을 알아야 한다.

⦿ 神煞의 얽맴은 경중輕重을 비교하여 헤아려야 합니다.

註解 : 신살은 무릇 財,官,印,食,傷,煞,刃,敗로 이것이 모두인데 두 사물의

170

사이에 희기喜忌가 같지 않고 애중愛憎이 서로 같지 않다. 가령 下에서 논한 모든 格이 이것이다.

모름지기 경중을 비교하여 헤아려야 한다. 어떤 者가 당시當時로 重하게 되어 사용되고, 어떤 者가 실령失令하여 輕하게 되어 사용하지 못하는 가 교량較量하여 중자重者는 머무르고, 경자輕者는 제거되어야 한다.

이것과 위 두 문귀의 전체적인 이치를 락녹자의 부부賦와 상세히 비교해 보면, 락녹자의 부부賦에 神煞을 명확히 설명하였는데, 경중교량輕重較量에 대해서 身이 煞을 剋하면 오히려 輕하고, 煞이 身을 剋하면 더욱 重하다 하여 모든 길흉신살吉凶神煞에 대해 가리켰다.

그런데 서자평은 오직 官,印,祿,馬,貴,賤으로 해석하였다.

가령

```
辛  乙  丙  甲
巳  卯  寅  申
甲癸壬辛庚己戊丁
戌酉申未午巳辰卯
```

乙에게 庚은 官이 되고, 辛은 煞이 되는데, 庚官은 申에 있고, 寅을 충거衝去하고 丙이 辛 煞과 합하여 가고 乙木이 生旺하여 貴하게 된 것이라 하였다.

```
丁  癸  丁  甲
巳  丑  卯  寅
乙甲癸壬辛庚己戊
亥戌酉申未午巳辰
```

이것은 身을 煞이 剋하고, 身은 약하고, 財는 旺하여 財,官을 맡기 불가능하여 요절하게 되었다.

가령

　　己 丁 辛 乙
　　酉 巳 巳 丑

身旺하고 財도 旺하여 財를 맡을 수 있어 소이 富하게 되었다.

가령

　　甲 乙 辛 甲
　　申 卯 未 子

乙日에게 庚은 官이 되고, 辛은 煞이 되고 庚은 申의 內에 있고, 6月生으로
官旺하고 煞은 衰하였고 正官이 득위得位하였고 七煞은 실소失所하였다.
또 身旺하여 鬼가 변하여 官이 되어 貴하게 되었다.

　　甲 乙 庚 辛
　　申 巳 寅 丑

官은 衰하고 煞은 왕성하다.
乙木은 무력하여 官이 변하여 煞이 되어서 一生 유달리 술을 좋아하다 죽
었다.
乙酉 運의 제 5年 丙申년 8月 19日에 사망하였다.

◉ 내에 잡기雜氣가 있고, 財官이 서로 겸겸兼하고, 偏正 두 개의 印이 있
고, 祿馬가 동궁同宮하면 이름이 내외內外 삼기三奇가 된다.

註解 : 이것이 올바른 신살 상반相絆을 가리킨 것이다.
곧 팔자 中에 財,官이 있고, 偏正 2개 印이 있고, 혹은 동궁同宮이 되고, 혹

172

다른 위치가 되고, 혹 포장되어 있고, 혹 투출透出하고, 이렇게 되면 길흉을 논하기 어려워 경중교량輕重較量을 사용하게 되는 것이다. 그래서 내유內有 삼기三奇라고 하였다.

가歌에 이르기를 寅,午,戌,酉 이것이 삼기三奇가 된다 하였다.

토끼(卯), 뱀(巳)은 원숭이(申)를 따라 하기 불가하고, 巳酉丑 中에 子을 만나면 묘하다. 말(午), 원숭이(申)가 돼지(戌)를 보면 아름답게 번쩍이는 빛으로 좋고, 辰巳子가 만나면 곧 기이한 곳이 되고, 午亥가 寅을 보면 貴가 더디고, 돼지(戌)에 토끼(卯), 말(午)이 뒤따라오면 마땅히 기쁘고, 寅酉가 巳를 보면 서로 마땅하여 좋고, 돼지(戌)에 어린 말(午)과 뱀(巳)이 따르면 느리다.

또 이르기를 신록神祿이 마기馬騎를 취하여 비래飛來하고, 자資가 財官의 두 직분에 서로 마땅하게 되고, 旺中에 다시 本元의 도움을 얻으면 上格으로 영화가 제일 뛰어나게 된다 하였다.

가령

　癸 壬 丁 己
　卯 午 卯 丑,

壬에게 己는 官이 되고 丁은 財가 되는데 丁己가 午에 귀록歸祿하는 이 같은 格으로 그래서 主는 크게 貴하게 되었다.

⦿ **진관眞官을 時에서 만나고 命이 强하면 일찍 높은 벼슬을 하게 된다.**

註解 : 이것은 월령月令 正官 格이다.
이하의 격국을 살펴보아라.

丙己甲戊

寅丑寅申　진사가 되었다.

◉ 어진 말이 月에 乘乘하고, 시時에 이르게 되면 늘그막까지 높은 직職으로 이어지게 된다.

註解 : 이 말은 월령月令 正財格을 말한 것이다.

財官 二格이 성립되면, 官은 마땅히 貴를 취하게 되고 財는 마땅히 富로 취하여야 하는데 요즘은 모두 貴로 설명한다.

이것은 日干이 月內 支干의 財를 취하여 사용하는 것으로 月을 衝剋하지 않으면 福이 正官과 마찬가지가 된다.

시詩에 이르기를 日干은 月支를 취하는 것이 좋은데, 財는 金과 玉을 집안에 쌓게 되고 다시 天干에 財를 보면 貴하게 되고, 금백金帛이 하늘로부터 온다고 하였다.

◉ 月의 印이 日에 부합하고, 財氣가 없으면 황제가 조서로 초빙한다.

註解 : 이것은 월령月令 正印格을 말하는 것이다.

희기편에 이르기를 印綬 月生이 日干의 天財가 없으면 印綬의 이름이라 하였다. 또 이르기를 印綬가 月,歲,時에 있으면 財星을 보는 것을 꺼리고 運에서 財가 들어오면 퇴신退身, 피직避職하게 된다 하였다.

印綬는 財를 두려워하여 모름지기 歲,時 天干에 財가 없어야 한다. 또 月에서 印을 완전하게 얻기 어려우면, 가령 甲日 亥月에 癸가 투출하면 偏이 변하여 正이 되어 완전하게 된 것이다. 主는 은총을 입어 貴하게 되고, 또 조부의 재물을 얻는다.

그러나 또한 먼저 만나면 치욕을 면하기 어렵고, 혹 偏生(偏印)도 천賤이 貴에 이르게 되고, 빈이 부에 이르고, 비녀婢女가 정처正妻가 되고, 하급 관리가 벼슬을 하고, 병졸이 장군이 되고, 모두 偏印이 월령月令에 있기 때문이다.

偏正이 함께 있으면 재앙이 얇고, 혹은 부모에 거듭 절하고, 혹은 승속僧俗이 상접相雜하고, 혹 양자가 되고, 혹 偏生인데 올바르게 길러지고, 혹 정생正生인에 편양偏養하게 되고, 또 比肩을 꺼리고, 쟁총분은爭寵分恩하고, 陽刃이 많고, 혹 合하여 제거하고, 혹 印이 미미하면 만났지만 만나지 않은 것과 같고 비록 천거 되지만 군중에서 발췌되지는 못한다.

부賦에 이르기를 印을 旺한 官이 生하면 반드시 균형鈞衡의 임무를 받는다 하였다.

◉ 日祿이 時에 있으면 官星이 없어도 청운득로靑雲得路라 부른다.

註解 : 이것은 일록귀시격日祿歸時格을 말한 것이다.

대체로 보아서 印綬가 제일 좋고, 傷官,食神 運, 財運도 發한다. 官은 陽刃에 刑衝되는 것을 꺼린다.

이상의 진관眞官, 진재眞財, 진인眞印, 진록眞祿의 모든 10干은 天地, 陰陽,正氣, 生剋의 이치를 이루고 오직 月에서 구하여야 하고, 깨어지지 않아야 한다.

경문經文에 준하면 파괴된 者는 경중에 따라서 논하여야 한다 하였다.

時에서 얻으면 발복이 비교적 늦고, 그러나 모두 스스로 있는 힘을 다하고, 창업하여 자손에게 물려주게 된다.

귀록歸祿 一格은 오직 時上에서 본 것이 좋고 만약 月支에서 중견重見하면 건록建祿이 富하지 않게 된다.

月에서 단독으로 보면 時上에선 財食이 좋고 官을 보는 것은 별격別格으로 논한다.

◉ 월령月令 七煞은 煞과 身이 모두 강강强하여야 마땅히 조년에 재상宰相에 오른다.

註解 : 이것은 月令 七煞格을 말한 것이다.

대개 月令에 煞이 있으면 身과 煞이 다 강강强하여야 主는 크게 貴하게 된다.

만약 身은 강강强하고, 煞은 얕으면 모름지기 財로 生하여야 하고, 煞이 강하고 身이 약하면 모름지기 印의 도움이 있어야 한다.

혹 陽刃이 合하여도 貴命이 되고, 만약 印이 合하는데 제制하는 성星이 서로 공격하면 身弱하여 반드시 요절하거나 그렇지 않으면 잔질이 있게 된다.

가령

乙 己 乙 癸　　甲 壬 丁 癸　　丙 庚 乙 壬
丑 巳 卯 卯　　辰 寅 巳 卯　　子 寅 巳 寅

모두 身强하고 煞旺한데 制가 되어 크게 貴하게 된 명조다.

희기편에 이르기를 月支에 偏官을 만나면 歲,時 中에서 마땅히 제복制伏하여야 한다 하였다.

이른바 부賦에서도 한편을 도움 받을 수 있다.

◉ 時上 偏財에 財,命이 아울러 旺하면 모름지기 백옥공경白屋公卿이 된다.

註解 : 이것은 時上 偏財格이다. 다만 일위一位가 길하게 된다. 合을 보면 福이 되지 않고, 比肩인 형제를 보면 쟁탈爭奪하여 꺼리고, 형충극파刑衝剋破도 꺼린다.

가령

壬 戊 戊 丙

子 子 戌 戌

戊는 癸가 正財가 되는데 子와 壬이 있고 偏財가 투로透露되어 있다.

또 가령

丙 壬 戊 丁

午 申 申 亥

비록 年에 丁火가 있지만 합제合制하여 기쁘고, 또 陰火는 陽火의 권력을 빼앗을 수 있어 貴하게 되었다.

희기편에 이르기를 時上의 偏財는 다른 궁에서 보는 것을 꺼린다 하였다. 소이 부賦의 미비한 의미를 보충하여 주는 내용이다.

◉ 건록建祿, 좌록坐祿, 귀록歸祿이 財,官,印綬를 만나면 부귀하고 오래 산다.

註解 : 建祿은 月에 있는 것이고, 좌록坐祿은 日에 있는 것이고, 귀록歸祿은

時에 있는 것으로 이것을 삼록격三祿格이라 한다.

본신本身이 건왕健旺하여 한 개의 財를 만나면 富하게 되고, 한 개의 官을 만나게 되면 貴하게 되고, 한 개의 印을 만나게 되면 빼어나고, 이로 인해 干이 旺하면 또 主는 수명이 길고 편안하게 복록을 누린다. 만약 三者가 겸하여 있어도 뛰어나게 된다.

가령
   辛 壬 己 丁
   亥 午 酉 亥

이것은 日祿이 時에 있는 것인데 午中에 官星이 있고 또 酉月은 印이 되어 格에 합당하게 되었다.

◉ 月刃, 日刃 및 時刃이 官,煞있고 또 영신榮神(印綬)이 있으면 공명이 세상을 덮게 된다.

註解 : 이것은 세 刃格으로 官煞, 印綬가 서로 제화制化하여야 한다.

영신榮神은 印綬의 다른 이름으로, 官煞은 있는데 印이 없고 煞이 있고 官이 없으면 모두 印으로 化煞하는 것을 갖추면 더욱 아름답게 된다.

다만 두려운 것은 기반羈絆 되는 것이다.

가령 官이 있으면 傷官을 보는 것은 좋지 않고, 印은 財를 보는 것은 옳지 않고, 煞은 食傷이 누르는 것은 옳지 않다.

혹 제거制去되거나 합거合去 되거나 하면 모두 올바른 格을 이루지 못하게 된다.

가령

　乙 戊 壬 壬

　卯 午 子 申

日刃이 印綬에 제복制伏되어 있는 것으로 格을 이루지 못하였다.

　丁 戊 癸 丙

　巳 午 巳 戌

日刃이 印綬로 변화되어 貴하게 된 것이다. (化格)

◉ 月令에서 七煞이 홀로 있는데 身이 강건하면 위엄이나 무력을 떨치게 된다.

註解 : 희기편에 이르기를 만약 時에서 七煞을 만난다고 반드시 흉하게 되는 것은 아니고, 月이 강한 干을 制하면 煞이 도리어 권인權印이 된다 하였다. 즉 이 풀이가 그 뜻이다.

한 가지 설명하면 時上의 偏官이 月氣에 통하고 主가 旺하면 위엄이나 무력을 떨치게 되는데, 이것과 크게 어긋나지 않는 것이다.

◉ 운원運元에서 삼재三才를 생발生發하고 命이 강강强强하면 표변豹變*하게 된다.

註解 : 운원運元은 월령月令이 되고, 삼재三才는 祿,命,身이다. 이것은 日干 배록背祿 즉 傷食格으로 財星을 만나면 좋다.

가령 甲日이 巳,午月을 만나고, 간두干頭에 戊가 투출하고, 丑,戌,未가 日時

에 있고 日主가 건왕健旺하고 동방 運으로 행하게 되면 필연 재록이 대발하게 되고, 자수성가하게 된다. 한 가지 설명하면 月中 정록正祿이 재원財元을 만나고 身强하면 표변豹變*하게 되는데 이것과 크게 차이가 없다.

** 표변豹變 : 표범의 무늬가 가을이 되면 뚜렷하고 아름다워진다는 뜻으로, 허물을 고쳐 말과 행동이 뚜렷이 전과 달리 착해지는 일

⊙ 年에 正祿, 正印, 正財가 있는데 깨어지지 않으면 반드시 조상의 음덕을 입고, 자손에 또한 전한다.

註解 : 곁들여 무파無破, 유파有破를 가지고 논하지 않고 年은 조종祖宗이 되기 때문에 운운云云한 것이다.

⊙ 日坐에 진관眞官, 진귀眞貴, 진인眞印은 성공을 하는데, 복신福神이라 부르고, 세상을 다스린다.

註解 : 중重하게 존재하면 이루어지게 된다. 이루어지는 것은 깨어지지 않아야 한다. 진眞은 곧 정의가 되고, 만약 偏이 관여하게 되면 임시로 빌린 것이 되어 올바른 참된 것이 아니다.

가령 庚午日, 辛巳日, 丁亥日, 丙子日은 참된 官이다.
丁亥日, 癸卯日, 癸巳日, 丁酉日은 진귀眞貴(天乙貴人)가 된다.
甲子, 乙亥 時日은 진인眞印이 되고, 柱中에서 깨지 않고 돕게 되면 복이 있다.

◉ 月內에 偏財가 있고, 패敗가 없고, 煞이 없으면 부유한 사람이 된다.

註解 : 이것은 월령 偏財格인데 시상時上 偏財와 대동大同하여 比劫이 相剋
하고 七煞이 설기泄氣하는 것을 두려워한다.

◉ 日下의 정마正馬에 도움이 있고, 生이 있으면 이름을 天下에 떨친다.

註解 : 곧 甲午, 戊子 등의 日로, 甲戌, 乙丑 등의 日은 偏이 된다.
일좌日坐의 진귀격眞貴格과 같이 논하고, 다른 支에서 財가 돕고, 다른 支
에서 食傷이 生하면 귀격貴格이 된다.

◉ 身이 약한데 坐에 煞이 있으면 身旺한 運行에서 발재發財 발복發福한다.

註解 : 좌살坐煞은 곧 甲申, 乙酉 등의 日이 되고, 柱中에 土가 없으면 身이
청정淸淨하고, 寅,卯 運으로 나아가면 財祿이 대발大發하게 된다.
이 格은 印綬가 좋고, 正官,食神을 꺼리는데 犯하면 身이 청정하지 않게 되
어 하등下等한 命이 된다.

◉ 독주임관獨主臨官인데 運이 主의 貴地가 되면 승진하고 봉封이 올라간다.

註解 : 독주임관獨主臨官은 丁巳, 癸亥 등의 日이다.
또 貴人을 만나 官星을 衝하게 되면 貴하게 된다.
歲,運에서 巳亥 만나고 아울러 重한 者는 봉직封職이 배가 되고, 혹 日에서
官星을 만나고 行運에서 다시 官地를 만나는 것도 같은데 또한 통한다.

⊙ **食神이 生旺하고, 印綬와 刑衝하지 않으면 모母에 食이 있고, 자식에 祿이 있다.**

註解 : 이것은 食神格으로 貴했고 수명도 길었다.
가령

　　甲 壬 丁 戊
　　辰 辰 巳 辰

　　丙 甲 丙 丁
　　寅 午 午 未

食神이 변화되어 局을 벗어났다. 丁은 傷, 辛은 官인데 비래飛來하여 얻지
못하니 빈요貧夭하게 되었다.

⊙ **主,本의 임관臨官이 되고, 官星이 없고, 煞은 敗가 되면 아우가 취하여 형의 반열을 엄습한다.**

註解 : 丁巳, 癸亥日에 寅戌 月의 종류인데, 官煞, 比肩, 형제가 없고, 本,身이 자왕自旺하면 반드시 고장高長한 반班에 들게 되고, 집안이 일어나고, 업도 세워진다.
어떠한 者인가 하면 丁의 祿은 午에 있고, 癸의 祿은 子에 있는데 癸亥는 水가 올바르게 旺한 곳이 되고, 丁巳는 火가 임관臨官한 地가 된다. 이에 丙의 祿이 되어 이 格을 얻은 者가 된다.
丁,癸는 丙.壬의 아우로 일컫는데 巳,亥는 丙,壬의 祿位가 되어 그래서 말하기를 아우가 형의 반열을 취한다고 한 것이다.

반드시 형으로 인하여 쓸모가 있게 되는데, 형이 높아지면 같은 반열이 된다.

또 丙午, 壬子도 그러하고 순수하면 더욱 귀하게 되고 박잡駁雜한 者는 格에 들지 못한다.

만약 형제 比肩이 있어 干支가 박잡駁雜하면 형성兄星이 전실塡實하게 되어 하급이 되고, 혹 官星이 전실塡實되면 형제 比肩이 싸워 어긋나게 되어 身에 사용할 것이 없게 되어 흉한 것으로 판단한다.

만약 官星이 부실하고 天干에 홀로 나타나 있으면 비록 星이 분리되어 祿이 쪼개어진다고 하여도 다시 이룰 수 있다.

◉ **도식倒食이 본궁本宮에 임하고, 官이 旺하면 대신侍臣의 祿을 탐내는 명名이다.**

註解 : 가령 庚子가 戊子를 보고, 偏印이 歲,月에 있으면 나의 본궁本宮 上에 있는 것으로 도식倒食이라고 한다.

나의 군君은 부父인데, 偏印이 좌坐한 곳이 되고 더불어 日干과 같은 궁이 되고, 官旺의 地에 臨하면 곧 나의 命에 영향을 받아 나의 복기福氣를 生하여 대신侍臣을 탐내는 祿으로 임금의 총애를 받게 된다.

가령
　　丙 庚 戊 庚
　　子 子 子 子
이것이 이러한 格이 된다.

183

◉ 원명元命이 태胎로 生하여 財星이 없으면 어릴 때 승은承恩으로 총애를 받는다.

註解 : 이것은 庚寅, 辛卯, 甲申, 乙酉등 日로 모두 本, 主의 天元의 자좌自坐가 절지絕地가 된다. 태생胎生의 궁으로 포태격胞胎格이다.
그 生이 심히 미소하여 印綬를 기뻐하여 財가 훼剋하는 것을 두려워한다.
主는 소년에 황제의 은덕을 받는 것인데 대개 印格과 같이 논한다.

가령
　　甲 乙 乙 乙
　　申 酉 酉 酉
이것이 이 格이다.
희기편에 이르기를 五行의 絕한 곳이 곧 태원胎元으로 生日에서 만나면 이름이 수기受氣라고 한 것이 이것이다.

◉ 歲,月에 正官, 七煞이 혼잡한 사람은 하천下賤하지만, 時日이 강하여 전제專制하면 직무가 重하고 권력이 높다.
月時에 七煞, 正官이 잡란雜亂하면 병病이 침범하지만 歲,運에서 충개衝開, 합거合去하면 官이 청청하고 이름을 떨치는데 과過하게 제어하는 것은 좋지 않고, 가장 꺼리는 것은 심하게 싸우는 것이다.

註解 : 희기편에 이르기를 사주의 순살純煞을 制하면 일품의 존귀함이 있다 하였다. 거의 한개의 正官을 보아야 한다.
官煞이 혼잡되면 도리어 천천하게 되고, 거관유살去官留煞이 있고, 또 거살류관去煞留官이 있다.

184

또 설명하면 사주에 煞旺하고 運에서 순순純하고, 身旺하면 官이 청귀淸貴하다.

또 설명하면 月令에서 비록 建祿을 만나도 煞을 만나는 것은 흉하게 되어 절대 꺼리고, 官星,七煞이 교차한다면 煞을 合하여 가면 貴하게 된 다는 것이 이것이다.

이 두 格은 각 주체가 되는 바가 있다. 歲,月의 正官은 官이 主가 되고 煞이 혼잡 되는 것은 싫어하고, 月時에 七煞이 있는 것은 煞이 主가 되어 官과 혼란이 되는 것은 싫어하여 時日에서 오직 강하게 전제專制하여야 한다. 歲,運에서 충개衝開 합거合去한다는 것과 이 글이 서로 같은 의미가 있다. 七煞이 없는데 과하게 제어하고, 크게 싸움이 있으면 거류하기 어려우니 마땅히 상세히 살펴야 한다.

가령

　　壬己甲壬

　　申卯辰子

月干에 正官이 있고 日下 卯는 七煞이 된다. 申중의 庚金이 卯中의 乙木과 合되어 煞이 貴가 되었다.

또 가령 장시랑의 팔자는 乙日에 庚은 正官이 되는데 申중의 庚金이 있다. 七月 生으로 庚은 旺하고 辛은 衰하고, 六月은 丁火가 旺하여 거살류관去煞留官이 되어 貴하게 되었다.

또 가령

　　丁甲丙丙

　　卯寅申午

비록 丙丁이 강하지만 月令의 煞에 대적하지 못하고, 또 官이 旺한 運으로 나아가지만 身旺하여 鬼가 변화여 官이 되어 貴하게 되었다.

◉ 天元이 무기無氣하면 도리어 中下가 흥륭興隆하여야 한다.

註解 : 이것은 印綬格으로 가령 甲乙이 겨울에 生하여 天元이 무기無氣한데 地支에 亥子가 있어 水가 木을 生하게 되면 흥륭한 무리가 된다.

또 가령 丁亥,丁丑 등 日은 丁火가 무기無氣하다. 또 壬癸가 剋한다. 亥子를 얻은 이러한 무리에 도리어 甲木이 나타나 生할 수 있어 地支가 흥륭興隆하게 되고, 土가 와서 剋하면 좋다.

財를 丑中에서 얻게 되는데, 財 또한 이로운 종류가 된다.

고인古人이 중하中下를 논한 것은 日,時의 支를 설명한 것이다.

가령 日干이 月令에서 氣를 받지 못해 무기無氣 하다면 좌지坐支, 時에서 득지得地하게 되면 성실成實한 命이 된다는 것이다. 만약 무기無氣한데 日時도 쇠패衰敗한 곳이 된다면 종래 언건偃蹇하게 된다.

희기편이 이르기를 무릇 天元이 태약太弱하고 내에 약한 곳이 다시 生이 있다고 한 것이 이러한 것을 두고 말한 것이다.

◉ 年本의 偏官은 모름지기 시종始終 극해剋害를 꺼리게 된다.

註解 : 이것은 세덕격歲德格으로 甲日이 庚申 太歲를 만난 것이다.

年上에 偏官이 있으면 일명 원신元神, 일명 고진孤辰으로 煞이 가장 중重한 것이 되어 종신 제거하기가 불과하다.

그래서 主는 시종 극해剋害하고, 극해剋害는 오직 조부祖父 육친을 지칭하는 것은 아니고 本身도 그 중에 존재한다.

가령

　壬辛丁丁
　巳未巳

한 개의 壬이 두 개의 丁을 제어하여 좋게 되었다.

　丁己丙乙
　卯卯子卯

丁丙이 세 개의 乙을 화거化去하여 좋아 主가 貴하게 되었다. 다만 종내 극해剋害를 면하기 어려웠다.

혹 이르기를 七煞에 뿌리가 뛰어나면 시종 剋害를 절대 꺼리게 된다 하였다. 이 또한 통한다.

◉ 陽刃은 偏官을 극히 좋아하여 화란禍亂을 삭평削平한다.

註解 : 이것은 陽刃格으로 대개 陽刃은 財를 꺼린다., 刃은 財를 깨고, 財는 煞을 生하고, 煞은 身을 剋한다. 이에 刑衝, 三合, 六合으로 煞을 제복制伏하면 좋고, 煞을 制하면 흉이 끊어진다.

◉ 金神은 오직 제복制伏이 마땅하고, 정중함이 떨어진 간사한 영웅이 된다.

註解 : 이것은 금신격金神格으로 대개 金神은 과하게 제어하여도 두렵지 않고, 오직 制가 깨어지고, 制가 어긋난 것을 꺼린다.

歲,運도 동등하다. 甲己日은 이 三時를 얻은 것인데, 오직 甲日이 얻은 것이 올바른 것이다.

◉ 양덕陽德, 음귀陰貴가 旺하면 영현榮顯하고, 약약弱하면 이름을 보호하여야 한다.

註解 : 양덕陽德은 天月 이덕二德과 일덕日德이 되고, 陰貴는 天乙貴神으로 일귀격日貴格이다.
약약弱한 것이 비록 좋지 않다고 하더라도 강강强 또한 근신하여야 한다.

◉ 천강天罡 지괴地魁가 쇠쇠衰하면 빈한貧寒하고, 강강强하면 세상을 등진다.

註解 : 즉 괴강격魁罡格인데 강강强하면 좋고, 쇠쇠衰하면 나쁘다. 財官은 꺼리고, 아울러 살펴야 한다.

◉ 官庫, 財庫가 衝하여 열리게 되면 입신출세하고, 막혀 닫히게 되면 궁핍하다.

註解 : 이것은 잡기재관격雜氣財官格으로 가령 甲이 丑을 보면 官庫가 되고, 辰을 보면 財庫가 되고, 未를 보면 本庫가 되고, 戌은 食庫가 되고, 官은 上이 되고, 財는 다음이 되고, 本庫는 또 다음이 된다.
만약 庫가 年月의 中에 있게 되면 관사管事가 썩 빠른데 소년에 발하기는 어렵다.
만약 日下 및 時 中에 있으면 비록 늦게 발발發하는데 부귀에 조화가 있어 잃지 않게 된다.
衝,刑,破,害이 되어 잠겨진 局이 열리게 되어야 하고, 닫혀 막히게 되는 성星이 되면 두렵다.

가령 丁에 辰은 관고官庫가 된다. 戊가 지나치거나 혹은 戊辰이 억압하면
폐새閉塞 된다. 이러한 것은 丁의 官이 되지 못하고 柱에 甲戌이 있거나
歲,遇에 이곳이 되면 길하게 된다.

◉ **傷官, 正官은 傷官이 다하게 되면, 장차 높은 권력을 장악하게 되고,
반잔半殘하면 반드시 어려움을 만나 절뚝거리게 된다.**

註解 : 이것은 傷官格으로 반잔半殘은 손상이 다되지 않은 것이다.
희기편에 이르기를 四柱 傷官은 運에서 官鄕이 들어오면 깨어진다고 하였다.

◉ **日月에서 官祿이 도충倒衝하는데 무전無塡 무반無絆하면 녹마祿馬
가 비래飛來한다.**

註解 : 이것은 비천마록격飛天祿馬格을 설명한 것이다.

◉ **天地 煞神의 제합制合이 과過하지 않고, 틀어지지 않으면 명리가 홀
연히 나타난다.**

註解 : 天地에 살신을 制合한다는 것은 天干 地支에서 食神이 制煞하는
것, 혹은 陽刃이 合煞하는 것으로 다만 制合이 태과太過한 것은 마땅하지
않다.
가령 一煞에 두 개의 食, 두 개의 陽刃은 과하여 잃게 되는 것이다. 身煞이
동등하게 머물러 이루게 되어야 하는 것으로 制合이 과하지 않게 되어야
한다.

煞은 흉신이 되는 것이니 主에 홀연히 나타나게 되는 것이다.

희기편에 이르기를 偏官도 제복制伏이 태과太過하면 가난한 선비가 된다고 하였다. 制하는 것도 과하면 좋지 않다는 말이다.

⊙ 오직 官印이 상회相會하는 것이 가장 마땅하여 정사政事의 덕德이 더욱 증가 되어 봉封해진다.

註解 : 이것은 官印格으로 가령 甲日이 辛을 얻으면 官이 되고, 癸는 印이된다. 즉 地支에 酉,子가 있는 것이다.

身에게 官印은 一剋 一生으로 陰陽이 배합되어 스스로 相生되지 않겠는가!
그래서 主는 재상이 되어 왕을 보좌하는 재주가 있다.

장수는 지혜가 많고 재상은 어진 정치를 하여야 한다.

本,身과 官印이 상등相等하면 貴함이 극품이 되고 그렇지 않으면 역량의 고저에 따라서 경중이 있다.

⊙ 馬가 동거하면 극히 기쁘고 어떤 관직에도 부합한 재능이 있다.

註解 : 이것은 財官格으로 가령 甲日이 己丑, 己酉를 보고 壬午, 癸巳 등 月이 이에 해당한다. 이것이 祿馬가 동거하는 것이고, 더불어 官印 上에 모두 모인 것으로 삼기격三奇格이 된다.

모름지기 本身의 힘이 강하기를 요하고, 혹 時에서 氣를 만나면 이 格으로 칭하는 것이 옳다. 祿,身의 강약이 같지 않으면 格이 낮은 것으로 논하고 身弱은 수명이 길지 않다.

◉ 印綬가 煞을 만나면 발發하고, 合을 만나면 어두워지고, 財를 만나면 재앙이 있고, 合을 財가 깨면 발發하게 된다.

註解 : 이것은 印綬를 전체적으로 논한 것인데, 煞을 만난 희기喜忌로 印이 煞의 生에 힘을 입으면 공명이 현달顯達하게 되는 것을 말한 것이다.

만약 偏財를 만나 합거合去하고, 正財를 만나 剋去하게 되면 主는 재앙이 있고, 柱中에 日干이 건왕健旺하고 혹 比肩이 있어 財를 合去하면 印煞이 쌍으로 거둘 수 있어 主는 발달하게 되고, 다만 청청淸淸하지는 않게 된다.

시詩에 이르기를 甲己에 금국金局이 더해지면 丙火는 보통이 되거나, 홀연히 옳게 되고, 運行에 火가 旺하고 身을 生하는 地가 되면 어찌 공명이 화려하지 않겠는가! 하였다

◉ 건록建祿이 官을 만나면 貴하고, 財를 만나면 부富하게 되고, 印을 만나면 빼어나고, 敗財가 印을 만나면 깨어져 吉하지 않게 된다.

註解 : 건록建祿은 곧 身旺한 것으로 官을 사용하고, 印을 사용하고, 財를 사용하거나, 모두 吉하게 된다.

敗財, 陽刃, 比肩이 있으면 身이 크게 旺하게 되어 나의 財를 겁탈하게 되고, 나의 官을 나누어 가고, 나의 印을 빼앗아 간다.

건록建祿은 印과 財가 더욱 좋아서 敗財를 보면 印이 깨어지는데, 곧 편고 偏枯하여 조화를 이루지 못하게 되는 것이고, 財印이 갖추어져 혼잡하면 부유하지도 않고 뛰어나지도 않는 아무것도 이루지 못하는 命이 된다.

◉ 官煞이 양정兩停하면 좋은 者는 존재하고, 증자憎者는 버려야한다.

무武는 정正은 제거하고 偏이 머무르게 할 수 있어 官이 변하여 煞이 되고, 문文은 偏이 제거되고 正이 머무르게 할 수 있어 煞이 변하여 官이 되게 한다.

運에서 身旺하게 되면 반드시 봉封이 더해지고, 財印이 교차交差하면 진進하고자 하고, 퇴退는 꺼린다.

貴는 의義를 보고 이利는 잊어야하는데 印은 취하고 財는 버린 것이다.

부富는 이利는 보고 의義는 잊어야 하는데 財를 취하고 印은 버려야 한다.

歲,遇에서 命을 강強하게 하면 벼슬로 나아간다.

註解 : 官煞을 아울러 사용하는 것은 불가하고, 財印은 교류交留하기 어렵기 때문에 기쁜 者는 존재하여야 하고 증오스러운 者는 버려야 한다.

혹 煞은 제거되고, 官은 머무르고, 혹 官은 제거되고, 煞은 머무르게 됨에 의해서 진퇴가 꺼리는 것이 되고, 좋게 되고 하는 것이다.

혹 印는 취하고 財는 버리고, 혹 財는 취하고 印은 버리는 것이 있게 되어야 한다. 각 힘이 있는 것이 중자重者로 사용을 하게 되는 것이다.

문무, 부귀를 그 종류를 추리하여 설명하는데 꼭 그러한 것은 아니고 사격四格 모두 身旺하고 命이 강한 것이 중요하다.

歲,運에서 생부生扶하면 뛰어나게 되는 것으로 논한다.

身旺하여야 財의 旺한 힘이 머무르고, 官,煞이 와서 얻고, 또 財가 변하여 印을 돕게 되면 복이 더욱 두텁게 된다.

身弱하면 官,煞이 와서 변화하지 않고, 官煞을 이기지 못한다. 財印이 교차, 身이 制되어 보호하지 못하고 의지할 곳이 없게 되어 반드시 빈천하게 된다.

◉ 十干 배록背祿은 풍부한 財를 보는 것이 좋고, 比肩이 馬를 쫓으면 敗하게 되고, 官煞이 함께 있다면 오히려 煞은 제거 되고, 官은 머무르고 印이 돕고 身이 강强하게 되면 입신출세 한다.

註解 : 이것은 傷官格을 말한 것이다.

희기편에 이르기를 十干 배록背祿은 歲,時에서 財星을 보는 것이 좋다. 運에서 比肩이 들어오면 이름이 배록축마背祿逐馬인데 이것을 두고 한 말이다.

◉ 五行 食神은 왕성한 馬에 오르는 것을 허용한다. 正印과 梟神은 화禍를 生하고, 官煞이 일래一來하면 이르는 것이 그릇되어 어진 것을 등지고 덕德이 패하게 된다. 梟神과 印이 旺하면 파패破敗되어 신身이 상傷한다.

註解 : 이 말은 食神格이다. 이것은 위 글의 배록축마背祿逐馬로 인한 것인데, 궁극에는 장차 官煞이 오히려 복이 된다. 그래서 이 장章의 말은 財로 인하여 富가 된다고 한 것이다.

官煞은 印을 도우니 도리어 禍가 되어 크게 깨어지게 된다.

글의 뜻이 서로 같은데 상세히 살피지 않으면 안 된다.

무릇 食神은 財를 기뻐하고 梟를 두려워한다. 官煞이 印을 生하여 梟가 더욱 旺하게 된다. 傷은 印을 보는 것이 좋고, 食은 印을 보는 것이 좋지 않다. 그래서 아울러 설명한 것이다.

⊙ 戊日 午月은 刃으로 보지 말라, 時,歲에 火가 많으면 印綬로 바뀌게 된다.

註解 : 이것은 陽刃과 印이 동궁同宮한 것이다.

火가 많으면 印이 旺한 것이다. 그래서 약이 바뀌어 강을 쫓게 되니 刃이 도와 身을 강하게 되는 것이다. 또 印의 도움을 얻으면 문文의 이치가 높게 되고, 악은 숨고 선은 나타나게 된다. 만약 己가 투출해 있으면 刃이 있는 것으로 단정하다.

印,刃이 함께 있으면 사람이 잔인한 성격이 되고, 運이 좋으면 성공하고 運이 물러가고 刃이 와서 財를 衝하면 흉이 일어나는데, 正官이 制하게 되면 뛰어나게 된다.

가령

　　戊 戊 戊 癸
　　午 午 午 亥

이 명조가 이것에 딱 들어맞는 것으로 논한다.

⊙ 丙日 丑時는 배록背祿이 되는 것이 아니다. 支干에 金旺하면 도리어 재물이 일어난다.

註解 : 時는 당시當時로 月令을 말하는 것이다.

丙日 生이 丑月을 만나면 丑中의 己土 傷官이니 배록背祿으로 主는 빈貧하다. 干支에 庚辛金의 氣가 왕성旺盛한데 土가 金을 生하면 도리어 財가 단절되지만 모름지기 丙日이 건강하고 寅午戌 火局으로 旺하게 되면 財를 맡을 수 있게 된다.

194

時支에 丑이 있고 支中에 巳酉 合하고 庚辛이 투출하고, 丙火가 生旺한 者는 또한 이 格에 합당하다.

가령 丙日 本身이 자왕自旺하고 한 개의 丑月을 보고 庚,辛이 투로透露하지 않고, 또 巳酉丑 국국이 없으면 온전한 배록背祿이 된다.

◉ 관좌官坐에 刃이 있으면 종내 刑을 당하고, 貴가 三刑에 눌려지면 모름지기 관직을 맡게 된다.

註解 : 가령 甲日이 辛卯月, 丁卯 時가 되고 官이 득령得令하지 못했으면, 도리어 卯에 당하고, 또 丁火가 傷剋하고, 또 歲,運에서 보게 되면 형벌을 만나는 것이 정해진다.

만약 官煞(金)의 제복制伏(卯)을 얻어 마땅하게 되면 비록 貴로 논하지만 刃年을 만나면 종내 흉하게 된다. 이것은 陽刃(卯)이 조화를 깨기 때문이다.

"貴가 三刑에 눌려지면(귀압삼형貴壓三刑)"은 命中에 三刑을 범犯한 것으로 흉하게 되지만 한 개의 바른 天乙貴人을 얻어 生旺하고 得時했다면 도리어 主는 전典, 형刑, 정정政을 장악하여 홀로 다스리게 되고, 貴人이 生旺하지 않은 者도 정사政事에 종사하게 된다. 이것이 올바르게 판단한 것으로 貴神은 가장 길한 煞이 된다.

◉ 덕德이 七煞을 덮으면 반드시 안선安禪*의 선비가 되고, 꽃花은 육합六合에서 영접되니 어찌 음탕淫蕩한 사람이 아니겠는가?

註解 : 덕德은 천월덕天月德으로 자선慈善의 神이고, 七煞은 고진살孤辰煞이다.

"덕德을 七煞이 덮으면(덕개칠살德蓋七煞)"은 主人에 도덕道德이 있는 것이다. 도덕道德으로 부귀를 生한다.

화花는 도화살桃花煞을 말하는 것으로 음탕한 煞이다.

六合은 다정살多情煞로 도화살이 六合이 되면 主는 색色을 좋아하고 유흥을 즐기는 사람으로 큰 선비는 되지 못한다.

또 戊子 生 人이 癸丑을 보면 支干이 교합交合하는데, 곤랑도화滾浪桃花가 되고, 四柱에 子,午,卯,酉는 편야도화遍野桃花로 主가 男이면 중매 없이 장가가고 女는 중매 없이 시집가게 된다.

** 안선安禪 : 좌선(坐禪)하면 마음과 몸이 아울러 편함.

◉ **고과孤寡가 쌍전雙全*하고 官印을 차면, 주지住持*를 마음에 품고, 없으면 도道를 행하게 된다.**

註解 : 고진孤辰, 과숙寡宿, 二煞을 쌍으로 만나 중첩된 것은 두려워하고, 오직 한 개만 있는 것은 논하지 않는다.

官印을 차서 그 上에 존재하면 비록 승도僧道지만 貴하게 되고, 만약 官印이 上에 없다면 승도僧道일 뿐이다.

가령

　　丙 庚 戊 甲　　　　丁 庚 戊 甲

　　子 辰 辰 戌　　　　丑 辰 辰 戌

청고淸高하고 수명이 길게 된 命이다.

** 주지住持 : 안주하여 법을 보존한다는 뜻으로, 한 절을 책임(지고 맡아보는 승려僧侶

** 쌍전雙全 : 두 쪽이나 또는 두 가지 일이 모두 온전함.

⊙ 공요控邀 격각隔角이 生旺하면 반드시 양아들이 되고, 絶되면 종내 홀아비, 홀어미로 살아간다.

註解 : 공신控神 요신邀神은 고과살孤寡煞을 말한다.

가령 寅卯辰 人에서 辰人이 巳를 보면 공신살控神煞, 또는 요신살邀神煞이라 하고, 寅人이 丑을 보면 규신살窺神煞 또 추신살追神煞이라고 한다.

남은 것은 이와 같고 다시 歲,運에서 만나면 불화하고 三元과 형전刑戰하면 더욱 흉하다.

⊙ 탄담呑啗이 완전히 배치되면 집안 시람들이 흩어지고, 공망을 치우쳐보면 친속親屬과 헤어지거나 상상傷하게 된다.

註解 : 탄담呑啗, 공망空亡, 二煞은 극해剋害하고 고과孤寡한 辰이다.

모름지기 완전하게 배열되고 치우쳐 있게 되면 상황이 같게 되는 것으로 단정한다.

만약 食이 탄담呑啗을 만나고 財.食.貴.祿 등의 格이 공망을 보면 더욱 불길不吉하다.

⊙ 財印이 같이 손상되면 반드시 上下가 없는 것으로 단정하고, 官煞이 같이 제거되면 젊어서 부모를 잃는다.

註解 : 이 이절二節은 오직 골육을 논한 것이다.

◉ 순모純耗와 순인純刃이 교류하면 어긋나고, 소,양牛羊은 끊는 무리이고, 순음純陰 순양純陽이 밀어내어 刢하고, 돼지와 개는 같은 무리로 본다.

註解 : 대모大耗, 양인羊刃은 신살 중에서 가장 악한 者이다. 고음孤陰, 고양孤陽은 곧 干支에 조화造化가 되어 있지 않은 者이다. 모인耗刃이 모여 四柱 上에 이르게 되어 교류하면 主는 천천하게 된다.

소丑와 양未는 끊는 무리이다.

天干이 모두 하나로 치우치고 地支에 충형파해衝刑破害가 되면 반드시 성격이 올바르지 않은 사람이다.

개戌와 돼지亥는 끊지 못하는 무리이다.

만약 역마驛馬, 육해六害, 화개華蓋, 겁살劫煞, 망신亡神, 年月, 등 煞이 편음偏陰 편양偏陽을 보면 더욱 흉하다.

가령

庚 甲 庚 甲

午 子 午 子

甲은 辛이 官이 되고, 庚은 煞로 투출하였고, 득령得令이 되지 않았다.

甲에게 己는 財가 되는데 午月로 祿이 발발發發하였는데, 子,午 衝으로 財를 이루지 못하고 불인不仁 불의不義한 것으로 본다.

또 가령

甲 甲 甲 甲

子 午 戌 午

三甲은 보았고 官을 사용하여야 하는데 官이 나타나지 않았다.

財,印이 같이 衝하고 아울러 의탁할 곳이 없다. 탐욕을 끝이 없이 부리는 것으로 여기게 된다.

육친六親을 불인不認하고 정이 없고 예의가 없는 사람이다.

◉ 쇠衰한데 무리의 효梟를 만나면 食을 공업(장인)에 의지하고, 절絕했는데 많은 食을 만나면 백정, 상업에 종사하게 된다.

註解 : 梟와 食은 상반相反되는 것이다. 그래서 아울러 설명한 것이다.
身이 쇠절衰絕할 때의 하나이다. 衰한데 梟를 만나면 偏印으로 삼기 어렵고, 絕했는데 食을 만나면 수성壽星으로 삼기 어려워 모두 불길하다.
"기식장공寄食長工"은 梟로 인하여 포식飽食을 얻기 어렵고, 백정이나 상업을 하고, 食으로 말미암아 배는 부르지만 천賤하다.

◉ 순관純官, 순살純煞, 순마純馬, 순재純財로 되었는데 身旺하고 잡雜하지 않으면 벼슬이 극품極品이 된다.

註解 : 무릇 命이 순수하여 잡雜하지 않으면 上이 되고 편고偏枯하여 혼란하면 下가 된다.
가령 甲日에 辛은 官이 되는데, 柱中에 오직 酉辛 字가 있으면 순관純官이라고 하고, 庚은 煞이 되는데 柱中에 오직 申庚 字가 있으면 순살純煞이라고 한다.
正財는 馬로써 柱中에 오직 丑,未,己 자字가 되고, 偏財는 재물로써 柱中에 다만 辰,戌,戊 字가 이에 해당하여 순마純馬, 순재純財라고 하고 身旺하면 부귀격富貴格이 된다.

建祿을 格에서 얻으면 出身이 부유한 가정이 되고 日下는 다음이고 時下는 또 다음이다.

건록建祿이 正官을 만나면 제일이고, 正財는 다음이고, 다만 煞은 수명이 길지 않다.

가령 陽刃 月은 순살純煞이 제일이고, 財格은 곧 횡사橫事를 막아야 한다.

가령

乙 己 乙 癸
丑 巳 卯 卯
金 木 水 金

癸 壬 辛 庚 己 戊 丁 丙
亥 戌 酉 申 未 午 巳 辰

이 命은 순살純煞로 아주 선하고 또한 貴가 극품이 되었다.

또 가령

乙 己 丁 甲
亥 巳 卯 戌
火 木 火 火

乙 甲 癸 壬 辛 庚 己 戊
亥 戌 酉 申 未 午 巳 辰

관살혼잡官煞混雜이 되었다. 甲己 합화合化하여 貴하게 되었는데, 혼잡이 과하여 수명이 길지 않다.

◉ 전인全印, 전충全衝, 전제全制, 전식全食은 命이 강강하고 깨어지지 않으면 祿을 천종千鐘 만큼 받게 된다.

註解 : 전인全印은 가령 甲日에 子,癸,壬,亥을 본 것인데 正,偏이 박잡駁雜하게 되지 않아야한다.

전충全衝은 地支에 순해純亥와 순사純巳, 순자純子, 순오純午의 종류가 된다. 祿馬가 충출衝出하는 것은 寅申, 巳亥, 子午, 卯酉, 辰戌, 丑未이다.

이것은 모두 전제全制가 되는데, 가령 甲日이 丁을 보거나 혹 午를 보면 官星이 상진傷盡되고, 허공虛空에서 생출生出하여 土가 오면 財(己)가 된다.

전식全食은 가령 甲에 丙인데, 柱中에 순인純寅의 류類는 모름지기 日主가 生旺하게 되고, 올바른 庫와 임관臨官이 月,日,時에 임한 者는 모두 貴人이다.

가령

辛丙乙己

卯寅亥未

이것은 박잡剝雜한 전인全印인데 또 辛 財가 剋刑한다. 運行에서 身旺하게 되면 貴가 나타나고, 身이 衰한 곳으로 행하면 형함刑陷하게 된다.

가령

己辛己辛

亥亥亥亥

四柱가 순해純亥로, 巳 中의 丙戊가 충출衝出(巳亥 衝)하는데 전충全衝으로 貴하다.

◉ 日干이 태왕太旺하여 의지할 곳이 없으면, 스님이 되지 않으면 도道가 되고, 天元이 이약羸弱한데 도움이 없으면 기技가 되지 않으면 무巫가 된다.

註解 : 이 말은 크게 身이 강하고 크게 身弱한 것을 말한 것으로 모두 불길하다.

太過하면 財官이 死絶된다. 소이 主가 고독하게 되고, 불급不及하면 財官을 맡기 어려워 소이 主는 예술에 능하다.

조화를 보면 중화가 貴가 되는 것이다.

만약 의지가 있고 보조가 있으면 이렇게 논하는 것은 불가하다.

희기편에 이르기를 柱中에 官星이 태왕太旺하면 천원天元이 영약贏弱한 이름이 되고, 日干이 매우 旺하면 의지할 곳이 없어 승僧이 되지 않으면 道가 된다 하였다.

◉ 身弱하면 生이 있어야 반드시 발發하고, 財馬는 꺼리는데 손상되기 때문이다.

註解 : 이것은 身弱하여 印을 사용하는 것인데, 財는 印을 손상시켜 꺼린다. 財를 탐하여 印을 깨는 탐재괴인貪財壞印이란 말로 財印의 경중을 구분하여야 한다.

희기편에 이르기를 日干이 무기無氣하다면 時에 陽刃을 만나도 흉이 되지 않는다 하였다.

陽刃은 소이 劫財인데 柱 中에 財가 많고 身弱하다면 陽刃을 꺼리지 않는다. 모름지기 아울러 논하여야 한다.

◉ 食神이 효효梟를 만나면 요절하고, 財星이 구조하면 기쁘게 된다.

註解 : 이것은 食神이 梟를 두려워하는 것으로, 財가 梟을 制하여 用神을 구조하여야 한다.

모름지기 財,梟의 경중을 구별하여야 한다.

印은 곧 財를 꺼리고, 食은 財를 필요하게 되는 것으로 뜻은 각 마땅한 곳에 있다.

◉ 甲子日이 子時를 만났고, 庚,辛,申,酉,丑,午가 없으면 녹마비래祿馬飛來라고 한다.

註解 : 이것은 자요사격子遙巳格이다. 희기편의 글과 그 뜻이 같다.

◉ 庚申 時가 戊日을 만나고, 甲,丙,卯,寅,午,丁이 없으면, 명왈名日 食神이 명왕明旺하다고 한다.

註解 : 이것은 전식합록격專食合祿格이다.

희기편에 이르기를 庚申 時가 戊日을 만나면, 食神 干旺한 곳이라 하고, 月에서 甲,丙,卯,寅이 범犯하면 이것을 만났지만 만나지 않은 것과 같다 하였다.

◉ 庚子, 壬子가 午祿을 衝하면 丙丁은 절대 꺼린다.

註解 : 이것은 정충녹마격正衝祿馬格이다.

◉ 辛丑, 癸丑이 巳 官과 合한 다면, 모름지기 子,巳를 싫어한다.

註解 : 이것은 축요사격丑遙巳格이다.

희기편에 이르기를 辛,癸 日이 丑地을 만나면 官星은 기쁘지 않고, 歲時에서 子,巳 두 궁을 만나게 되면 허명虛名 허리虛利하다고 하였다.

◉ 丙午, 丁巳의 기준은 刑衝을 가장 꺼린다.

註解 : 이것은 도충녹마격倒衝祿馬格이다.

◉ 壬子, 癸亥도 같은 예例인데, 또한 전실塡實을 막아야 한다.

註解 : 이상은 정충正衝 도충倒衝 요합遙合과 그 뜻의 견해가 서로 통通한
다. 丙丁과 巳를 들어 전실塡實 꺼린다는 것이고, 子를 들어 刑衝을 꺼린다
는 것이다.
가령

　癸 丙 庚 丙　　　戊 丙 壬 庚
　巳 午 寅 子　　　戌 午 午 寅
이 두 命은 寅午戌이 완전하여 좋다.

가령

　乙 丁 癸 辛　　　乙 丁 丁 癸
　巳 巳 巳 酉　　　巳 巳 巳 卯
이 두 命은 巳가 많은 것을 좋은데, 유합有合 무합無合을 논할 필요 없다. 모
두 길하다. 오직 辰에 묶여 머무르는 것을 싫어한다. 곧 衝하지 못하게 되기
때문이다. 오직 巳酉丑이 완전하게 되면 좋고, 이것이 정충격正衝格이다.
희기편에 이르기를 만약 傷官이 月에 세워지면, 가령 흉한 곳이 반드시 흉
하게 되는 것이 아니다. 내에 정도록비正倒祿飛가 있기 때문으로, 官星을
꺼리고 또 기반羈絆은 싫다고 하였다.

⊙ 六辛 日에 午가 없는데 戊子 時를 얻고, 辛이 丙 官과 合하면 貴하게 된다.

註解 : 이것은 육음조양격六陰朝陽格이다.
가령

　戊 辛 辛 戊　　　戊 辛 辛 戊　　　戊 辛 庚 乙
　子 丑 酉 辰　　　子 酉 酉 辰　　　子 酉 辰 丑

이것이 이 格이 된다.

희기편에 이르기를 六辛 日時가 戊子를 만나면 午位는 싫고, 運이 西方으로 나아가면 좋다고 하였다.

⊙ 六癸 日에 干土가 없고, 甲寅時를 얻어 寅이 巳를 刑하는 格은 더욱 뛰어나다.

註解 : 이것은 형합격刑合格이다. 이 格은 主의 성기性氣가 강강剛하고, 사물을 분별하는 슬기가 있다.
가령

　甲 癸 甲 乙
　寅 酉 申 未

申을 싫고, 庚은 甲木을 손상시키고, 寅申 대충對衝, 그래서 비록 貴하더라도 사물을 분별하는 슬기가 감해지고, 이득은 두텁게 되고 이름은 낮게 된다.

희기편에 이르기를 六癸 日時가 寅 위位를 만나면 歲, 月의 己,戊 두 곳을 두려워한다 하였다.

◉ 癸日에 丙火, 戊,己가 없고, 庚申 時가 되면 이미 財官과 합한 것이다.

註解 : 이것은 전인합록격專印合祿格으로, 더불어 전식專食과 같이 본다.

◉ 壬에 子,午,卯,酉 正氣가 있고, 柱에 土祿 사계四季가 겸한다.

註解 : 壬日이 主가 되고, 官煞이 없는데, 도리어 子,午,卯,酉 사정四正을 얻으면 官祿인 辰,戌,丑,未와 합출合出하게 된다.
사정四正이 모두 모여 있을 필요는 없고, 다만 네 글자를 얻어 온전하게 얻는다면 뛰어나다.

◉ 癸日도 위와 같은데 밝은 土가 범범犯하지 말아야 하고, 얻은 者는 이로움과 해로움이 같이 교차하고, 官은 높은데 身에 병病이 있다. 만난 者는 刑과 은혜가 확실하고, 직업은 중重한데 집안은 가난하다.

註解 : 癸日이 主가 되고, 도리어 土祿을 싫어한다. 子,午,卯,酉를 보면 좋다. 壬日도 길흉이 같다.

◉ 甲 곡직曲直, 丙 염상炎上은 官은 높은데, 처를 극剋하고 부유하지 못하고, 戊에 종혁從革, 庚의 윤하潤下는 직職은 높은데 자식은 적고 가난하다.

註解 : 甲이 亥卯未를 보면 곡직曲直이라 하고, 丙이 寅午戌을 보면 염상炎上이라고 하고, 戊가 巳酉丑을 보면 종혁從革이라고 하고, 庚이 申子辰을 보면 윤하潤下라고 한다.

甲丙이 木火 국국을 보면 태왕太旺하다. 三合이 官局으로 나타나면 主는 官이 높게 되고, 陽刃, 劫財가 있으면 처를 剋하고. 戊,庚이 金水 局을 보면 곧 氣를 빼앗긴다.

三合이 되어 뜻이 官局으로 나타나게 되면 主는 직무가 重하게 된다.

그러나 柱中 원원에 官煞이 없으면 자식이 적고, 이 같은 네 格은 모두 편중된 무리로 소이 복록福祿이 완전하지 못하다.

◉ 身이 휴수休囚의 地를 범하고, 아울러 官貴가 衝하면 어찌 탄식하지 (何嗟) 하겠는가!

註解 : 辛亥日에 이미 官煞이 없고, 身도 旺하지 않은데 어찌 한탄하지 않겠는가! 그러나 亥가 뛰어남이 있는 것을 알지 못하면 안 된다. 衝하여 巳 중에 官印 나타나 貴하게 된다. 그래서 하차何嗟라고 한 것이다.

◉ 자전自專하고 官旺한 支가 되면 자식과 함께 祿을 구하여 오히려 貴하게 된다.

註解 : 이것은 丁巳, 癸亥, 丙午, 壬子등 日로 자좌自坐에 임관臨官, 제왕帝旺의 궁궁인데, 支神이 官祿의 궁에 대하여 衝하면 뛰어나게 된다. 위 글과 더불어 같은 뜻이다.

⦿ 陰木이 홀로 子時를 만나면 官星이 물에 빠지게 되는데, 을진서과乙
鎭鼠棄가 가장 貴하다.

註解 : 이것은 육을서귀격六乙鼠貴格이다.
희기편의 글에도 같은 말이 있다.

가령

　丙 乙 戊 甲

　子 亥 辰 寅

四柱에 다른 格이 섞이지 않았고 丙子도 동요가 없어 안연安然하여 貴하게
되었다.
經에 이르기를 用神은 동요하면 안 된다는 것이 이것이다.

가령

　丙 乙 癸 甲

　子 亥 酉 寅

월령月令의 偏官은 身을 傷하게 하고, 日下에 印이 旺하여 의록衣祿은 잃지
않는다.

가령

　丙 乙 甲 辛

　子 午 亥 亥

이 命은 貴가 午에 파破 당하고, 亥가 自刑을 하고, 本身은 死地에 있고, 또
自刑을 보았다. 둘 다 의지할 곳이 없어 主는 빈천하였다.

208

◉ 陽水가 辰位를 겹쳐 만나고, 衝剋이 없으면 임기룡배壬騎龍背으로 비상非常하게 된다.

註解 : 이것은 임기룡배격壬騎龍背格이다.
희기편에도 글이 있는데

가령
　　壬 壬 甲 壬
　　寅 辰 辰 辰
壬에 巳는 偏官이 되고, 丁은 正財가 되고 辰이 많다.
衝하면 戌 中의 官이 庫에서 나타난다. 午中의 財官과는 허합虛合이 된다.
寅午戌이 三合으로 火局이 되어 壬日이 얻으면 貴하게 된다.

가령
　　壬 壬 壬 壬
　　寅 辰 寅 寅
壬日이 丙火의 장생長生인 寅을 보아서 이미 財가 있다. 또 寅이 많아 午戌
財官과 합기合起되어 이름이 높게 되었다.

◉ 庚日이 완전한 윤하潤下를 만나면 壬,癸,巳,午의 곳을 꺼리고, 時에
子申를 만나면 복이 반감된다.

註解 : 이것은 정란의격井欄義格으로 희기편에도 같은 내용이 있다.

◉ 合官, 合財는 공경公卿을 일으키고, 휴수休囚, 극해剋害는 욕됨을 막아야 한다.

註解 : 합관合官은 가령 乙日이 庚을 본 것 들이고, 합재合財는 甲日이 己를 본 것들이다. 곧 十干 변화의 道이다. 부賦에 이르기를 화化의 진자眞者는 높은 벼슬을 하고, 化의 가자假者는 고아, 양자가 된다 하였다.

乙庚 화금化金이 地에서 水를 보면 休囚가 되고, 火地는 剋害가 된다.

무릇 대합帶合은 혹 오직 旺하여야 하고, 자신을 취하는 것은 옳지 않게 여긴다.

혹 合中에 충파衝破를 보면, 혹 한변一邊에 파극破剋은 모두 합을 이루지 못한다.

혹 화化가 휴休, 수囚, 사死, 절絶의 地가 되면 합이 어긋나게 되어 반드시 함체陷滯하여 불리하게 된다. 이것은 가화假化가 된다.

가령 己가 甲을 보았는데 己未를 얻어 득지得地한다. 己의 旺庫가 된다.

丙이 辛을 보았는데, 辛卯를 본다면 실지失地가 되고 丙火는 卯에서 패敗가 된다.

戊와 癸가 합하는데, 戊午를 보면 득지得地한 것이다. 戊癸가 화화化火하게 된다. 午는 火旺한 地가 되어서 그러한 것이다.

또 癸水가 먼저 득지得地한 곳에 합합을 얻었는데 戊가 실지失地하고 時를 얻지 못하면 수명에 손상된다.

무릇 化하면 貴가 旺하게 되고, 身弱하면 뛰어나지 못하여 설령 貴하다고 하더라도 잃게 된다.

또 丙과 辛이 합하는데, 辛未를 보면 陽火가 未로 인해 氣가 약하게 되어 요절하는 경우가 많고, 혹 색정으로 인하여 傷하게 된다.

柱에 壬이 丙을 剋하고, 혹 壬이 申上(壬申)에서 자생自生하고, 인궁寅宮과 대충 對衝한다면 火의 生地가 되어 수명이 끊어지는 것을 의심하지 않아도 된다.

또 合을 탐하여 官을 망각하는 것이 있다. 가령 丁日이 二,三의 壬을 보면 丁은 하나이고 壬은 무리가 되어 一人이 무리를 이길 수 없어 곧 더러운 것과 合하는 선비가 되어 설 자리가 없게 되니 어찌 성공하게 되겠는가! 丁이 힘을 적게 얻으면 반길半吉하다.

또 가령 甲과 己가 合하고 甲木이 氣가 통할 궁이 없고 己土가 정의正義의 위치가 되면 비록 合하더라도 그 올바른 것은 잃게 된다. 또한 위의 논한 것과 같다. 만약 甲己 둘 다 모두 득위得位하게 되면 貴가 극히 높게 된다. 경經에 이르기를 甲己는 木이 土에서 왕성하여 인의仁義가 발양發揚하여 명군明君을 돕는다 하였다.

丙辛 合이 丙이 旺하고 辛에 生이 있으면 진영을 지키는 위엄이 있는 권력의 직무를 갖게 된다.

乙庚이 金局에 들고 겸해서 木이 자왕自旺하면 문무文武가 쌍전雙全하다.

戊癸가 旺한 火를 얻고 다시 水가 홀로 旺하면 예의와 율법 지혜 용기를 함께 갖추고, 丁壬은 수화기제水火旣濟로 고기와 물이 같이 화합한 것과 같다.

陰陽 干支가 相合하면 임금과 신하가 경사롭게 모인 것이고, 봉황의 소리가 산등성이에 울리고 반드시 땅 끝까지 무력을 떨친다고 한 것이 이것이다.

가령

　　辛　　己　　戊　　甲
　　未　　巳　　辰　　辰
　　土　　木　　木　　火
　丙乙甲癸壬辛庚己
　子亥戌酉辛未午巳

己日이 甲을 얻으면 正官인데 三月에 통기通氣하여 未上에 이끌리고 겸해서 正印이 되어 主는 극히 貴하게 되었다.

가령

　　戊　　癸　　庚　　戊
　　午　　亥　　申　　申
　　火　　水　　木　　土
　戊丁丙乙甲癸壬辛
　辰卯寅丑子亥戌酉

癸가 七月 生으로 印이 旺하고, 천덕天德의 地가 되고, 戊 官과 합하고, 午時로 火旺의 地가 되고 또 戊土 官의 자본이 되어 官印이 같이 旺하여 主는 크게 貴하게 되었다.

⊙ 공귀공록拱貴拱祿은 장상將相이 된다. 꺼리는 것은 刑衝과 전실塡實인데 흉하다.

註解 : 이것은 공귀공록격拱貴拱祿格으로 희기편에도 같은 글이 있다.

가령

　　甲甲丙丁

　　子寅午巳

공축拱丑하여 貴하게 되었다. [子丑寅]

　　丁丁丁壬

　　未巳未子

年支 子가 午를 충출衝出하여 크게 貴하게 되었다.(未午巳)

　　戊戊庚癸

　　午辰申卯

巳祿과 공拱하였다. [辰巳午]

가령

　　甲甲辛辛

　　子寅丑丑

丑이 메꾸어 實하게 되었다. 辛을 正官으로 논한다.

　　戊戊戊己

　　午寅辰未

官煞이 많다. 寅이 申을 衝한다. 衝으로 열려 곧 공拱을 이루지 못한다.

　　己己戊壬

　　巳未申辰

이것이 옳은 格으로 크게 貴하게 되었다. [辰巳午未申]

⊙ 官印이 天地에 암합暗合하면 貴하게 되는 것을 알아야 하고, 복덕福德이 支中에 감추어져 있으면 덕德이 더욱 모이게 된다.

註解 : 官印이 암합暗合하고, 食神이 正官과 암합暗合하고, 偏財가 正印과 암합暗合하는 것인데,
가령 甲은 辛이 官이 되는데, 丙이 왕성하면 辛未 官과 암합暗合할 수 있고, 癸는 印이 되는데, 戊가 旺하면 癸丑 印과 암합暗合할 수 있고, 다시 地支에 子가 丑과 合하고, 午가 未와 合하는 곳이 복덕福德이 은장隱藏한 것이 된다. 즉 福이 복성귀福星貴에 가깝게 되고, 덕은 천월덕天月德에 가깝게 된다.

혹 복덕福德은 빼어난 기운을 지칭하고, 혹 天乙貴人을 지칭하기도 한다. 支中에 장藏되어 있으면 더욱 뛰어난다. 가령 甲,戊,庚이 丑未를 보지 않고, 다만 己을 얻은 것이 곧 이것이다. 己를 보고 다시 丑未을 만나면 더욱 뛰어난다.

柱에 卯乙이 깨지 않고 다시 사계四季 月에 生하여 己土가 득령得令하게 되면 主는 貴人을 본 것이 기쁘다. 앞길이 존현尊顯하고 처가 예절이 있고, 처재妻財를 얻게 된다.

또 설명하면 甲人이 丑을 보면, 좌坐의 陽刃이 좋고, 天乙의 마땅한 직무가 된다. 未를 보면 야생夜生은 득력得力이 되어 福이 완전하고, 반대는 이반 밖에 되지 않는다.

논하면 사주에 甲,戊,庚을 완전하게 차고, 乙丑을 얻으면 貴가 모이게 된다. 다시 복력福力이 증가하고, 혹 一庚 一甲이 있는데 支神에서 3,4위의

丑,未를 보면 貴가 모인 것이 되어 복력福力이 더 증가한다.

만약 本,主와 貴人이 함께 生旺하게 되고, 다만 한 자字가 사라져야 그 복이 온전하게 되고, 三合 六合은 좋고, 休囚 공파空破는 두렵다.

시詩에 이르기를 貴人이 제좌帝座에 생생을 보면 이루어지고, 官이 旺한 곳이 되면 일찍 이름을 이루고, 만약 休囚와 파제破制를 만나면 허명虛名에 입신출세도 멀다고 하였다.

◉ 五行 정귀正貴는 刑,衝,尅,害하는 神을 두려워하고, 四柱 길신吉神은 官이 旺한 生의 地를 좋아한다.

註解 : 五行 정귀正貴는 곧 정기관성正氣官星으로, 가령 甲이 酉月에 태어난 것이 그 예이다. 가장 두려운 것은 酉와 刑되는 것과 卯와 衝되는 것이다. 丁이 尅하고 戌은 害가 되어 貴氣가 손상된다.

혹 貴가 천을귀신天乙貴神이 되는 것이 있는데, 가령 甲이 丑을 보면 天乙貴神이 되고, 또 丑中에 辛이 있어 甲의 正官이 되는 종류가 이에 속한다. 柱에 卯乙은 丑 貴를 극괴尅壞시키고, 巳酉 三合은 기뻐하는데 乙木이 丑을 尅衝하지 못하기 때문이다. 혹 子丑 合이 있으면 좋다.

木의 尅함에 장애가 발생되는 것이 있는데, 가령 乙卯가 子卯 相刑되면 丑未를 尅하지 못하고, 또 天乙貴가 된다.

四柱 吉神은 곧 官,印,財,食으로, 뛰어난데 貴, 福, 덕德, 등의 성星은 모두 이것이다.

다만 官,印,財,食 중의 1개 星을 얻어 장생長生 제왕帝旺이 임하고, 임관臨

官, 정고正庫, 三合, 六合의 위치가 되면 부귀하지 않은 것은 아니다.

시詩에 이르기를 人命의 生時에서 하나의 강함을 얻고, 日時에 혹 祿馬가 임하고, 모름지기 전후前後에 부조扶助하는 合이 있으면 반드시 재물이 풍부하고 입신출세한다 하였다.

희기편에 이르기를 五行 정귀正貴는 刑,衝,破,害의 궁宮을 꺼리고, 四柱 干支의 三合, 六合의 地는 좋아한다 하였다.

또 이르기를 地支 天干에 合이 많으면 合을 탐하여 官을 잊게 된다 하였으니 두 개의 뜻을 같이 논하여야 한다.

◉ 목욕沐浴이 煞을 만나면 백魄이 풍도酆都에 가고, 원元을 범犯하고 다시 손상되면 혼魂이 악부岳府로 되돌아간다.

註解 : 이것은 위 글의 刑,衝,剋,害의 근거를 말한 것이다. 나형裸形이 煞을 만나는 것을 두려워한다. 生되면 미약하고, 剋되면 重하고, 명원命元을 犯하면 불길하여 歲,運에서 다시 만나면 반드시 죽게 되는 것을 의심하지 말아야한다.

가령 元에 官煞이 犯하여 짝을 제거하면 청청淸淸하지 않고, 柱에 食神이 없어 해결하지 못하고 歲,運에서 다시 만나면 사망하게 된다.

만약 원元의 印이 깨어지고 유년流年에 다시 犯하게 되면 사망한다.

무릇 用神에 손상이 있는 者는 모두 이와 같고 이 네 글귀는 낙록자의 본문本文과 같다.

◉ 煞이 두려운데 煞을 만나면 요절하고, 우관憂關, 락관落關은 곧 사망하게 된다.

註解 : 이것은 위 글에 의거하여 거듭 밝힌 것이다. 柱中 원原의 관살關煞을 두려워하는데, 가령 甲에 庚申은 煞로 歲運에서 다시 보고, 柱에서 구조하여 해결하지 못하면 요절하게 된다.

年의 煞은 더욱 重한데 印이 있으면 화化하고, 食이 있으면 制하고, 刃이 있으면 合하여 身旺하게 되어 대적하게 되지만 만약 煞이 旺한 運이 되면 요절한다.

또 가령 甲日이 辰을 보면 양수陽數의 극極이 되어 또한 철사관鐵蛇關된다. 壬이 丑을 보고, 庚이 戌을 보고, 丙이 未를 보면 나타나는데 모두 양관陽關으로 중重하다.

乙이 辰을 보고 癸가 丑을 보고, 辛이 戌를 보고, 丁이 未를 보면 나타나는데 음관陰關으로 이는 다소 약하다.

四柱에서 犯하고 유년流年에 다시 犯하고, 運行이 休囚가 되면 主는 사망하게 되고, 혹 신살귀적神煞鬼賊을 입으면 관살關煞의 이름으로 더욱 심하게 되고, 七煞이 양관陽關이라는 말은 옳지 않다.

상세한 것은 앞에 논한 수요壽夭 및 소아小兒편의 관살關煞에서 설명하였다.

⊙ 관살關煞과 인합引合하면 身이 손상되고, 中下가 멸절滅絶하면 비명 횡사한다.

註解 : 관살關煞이 끌어 합하면, 가령 丙火가 이미 약한데 또 辛未를 보면 丙辛 이미 합이고, 丙은 辛의 官이 되고, 未의 位는 丙에 양관陽關이 犯한 것 되고, 다시 壬이 와서 剋하게 되면 사망한다. 혹 辛亥는 煞地가 되어 더욱 긴박하여 뜻밖의 재앙을 당하는 허물이 있게 된다.

일명一命 壬申 年에 사망하였다.
　乙 辛 丁 丙
　未 酉 酉 戌

中下 멸절滅絶은 가령 壬戌 日은 좌坐에 財가 되고, 또 좌가 煞이 된다. 日支에 있을 수 있는데, 이는 곧 수명이다. 만약 壬辰 運이 되면 壬癸 水는 辰에 모인다. 戌中의 火土가 파극剋破되어 다른 곳에서 구원이 없게 되면 요절하게 된다.

이 이름은 命元을 도충倒衝하는 것으로 土旺하고 水旺하여 土身이 자연히 붕괴하니 어찌 구할 겨를이 있게 되겠는가! 水旺하면 火가 멸滅한다. 그래서 말하여 中下의 절멸絶滅이라한다.

中下者는 곧 地元, 人元으로 中下를 나누어야 하고, 이에 준하여 추리하면 된다.

⊙ **傷官이 官을 보면 온갖 재앙이 일어나고, 마馬를 쫓고, 馬를 만나면 여러 가지 많은 노고勞苦가 있게 된다.**

註解 : 이것은 오직 犯한 곳을 꺼리는데 불길하다.
傷官이 官을 보면 오직 財星이 있어야 비참하게 손상되는 것을 풀 수 있다. 官의 분노의 재앙이 바뀌어 상서롭게 된다.
"축마봉마逐馬逢馬"는 다만 官煞이 刃을 制하여 겁탈을 막아야 비록 고단하지만 財는 얻을 수 있다.
만약 比肩이 많고 타他는 강하고 나는 약하다면 비록 감해진 財이지만 얻게 되는데, 균평均平을 얻지 못하면 3,4분의 1 밖에 얻지 못한다.

⊙ **財가 羊刃을 만나면 손상을 당하고, 印이 처재妻財를 보면 깨어지지 않는다.**

註解 : 이것은 위 글의 뜻과 같은 것이다.
무릇 命에서 羊刃을 최고 꺼리는데 財格은 깨어지고, 印格은 빼앗기고, 官格은 충노衝怒하게 된다. 오직 七煞이 制하면 좋다.
陰刃은 힘이 미약하면 해롭지 않다.

印이 妻財를 보면 財를 탐하여 印이 깨어지게 된다. 歲,運에서 또 보면 主는 財가 깨어지고 妻에 손상이 있고, 혹 妻에 송사가 있다.
만약 원原에 財星이 없거나 혹 財星에 힘이 약하거나, 歲,運에서 매우 약하게 보았어도 다만 官煞을 生하여 羊刃을 制하면 이름을 이루게 된다.

◉ 食神이 梟를 만났는데 財가 없으면 요절하고, 身弱한데 財가 있고, 또 重한데 正印을 만나면 흉하고, 食神이 煞을 制하는데 印을 만나 衝하면 형벌을 당하고, 命이 강강強한데 官이 없어도 하나의 七煞을 만나면 더욱 뛰어나게 된다.

註解 : 희기편에 이르기를 柱中에 七煞이 온전하게 드러났는데, 身弱하면 극히 가난하여 몸 둘 곳이 없다 한 것이 이 뜻이다.

◉ 三刑이 衝을 대對하면 횡화橫禍가 발생하고, 羊刃이 合을 대對하면 재앙에 이르지 않고, 목욕沐浴에 生이 따르면 가객家客이 없고, 휴수休囚가 煞을 보면 묻히지 못하는 사람이 된다.

註解 : 목욕沐浴, 휴수休囚는 모두 身이 衰하게 되는데, 종생從生하면 범람하고 煞을 보면 손상이 된다.

◉ 月下의 劫財는 主에 재물이 없고, 煞이 기쁘면 印이 없어야 얻을 수 있다.

註解 : 煞은 刃을 制하고, 印은 煞을 변화시키고, 化하면 刃을 制하지 못한다. 그래서 煞이 기쁘면 印이 없어야 한다.

◉ 암중暗中의 印이 깨어지면 친親의 인印이 깨어지고, 官이 기쁘면 食이 없어야 벼슬이 올라간다.

註解 : 財는 印을 깨고, 官은 印을 生하는데, 食이 있으면 官을 깨고 財를 生

220

하여 印이 더욱 손상을 받게 되어 官이 기쁘다면 食은 제거되어야 한다.

◉ 관살혼잡官煞混雜은 천천賤하여 근심이 있고, 형제가 크게 많으면 분산
分散하고, 印이 기쁜데 制가 없으면 글에 능하고, 制가 기쁜데 印이 없으
면 무武에 능하고, 制와 印을 모두 갖추게 되면 자갈땅이 되어 이루기 어
렵다.

註解 : 印은 煞을 化할 수 있고, 食은 煞을 制할 수 있고, 化는 있고 制가 없
고, 制가 있고, 化가 없고, 制,化가 크게 많으면 煞에 氣가 없어져 도리어
길하지 않다.
羊刃은 煞의 制에 의지하고, 혹 印綬가 化한다. 가령 戊日 午月의 종류는 제
화제화制化가 함께 사용되어 모두 이루게 된다.

◉ 祿馬가 뒤에서 쫓으면(祿馬背逐) 굶주리고 헐벗어 배고프고 춥다.
財印이 상파相破하면 주머니를 동여맨다.
官이 기쁜데 煞을 묶으면 권력이 된다.
煞을 좋아하는데 官을 차면 貴하게 된다.
官煞을 홀로 보면 보잘것없이 매우 자질구레하여 뜻대로 되지 못한다.

註解 : 祿,馬가 뒤에서 쫓게 되고, 財印이 상파相破하는데, 모름지기 官煞을
중첩하게 보면 比劫을 制할 수 있고, 官煞을 財가 生하고 다시 官煞이 印綬
를 生하여 곧 財를 化게 되는 것이다. 그런데 단견單見하면 힘이 박약薄弱
하니 어찌 뜻을 이룰 수 있겠는가?

◉ 梟印이 상잡相雜하면 총애가 욕되고, 財馬가 크게 많으면 氣를 도둑질 당하게 된다. 身旺하면 좋아 복이 되고, 運에서 약하게 하는 것은 꺼리는데 재앙이 일어난다.

註解 : 偏,正 2개의 印이 상잡相雜하고, 偏,正 2개의 財가 함께 있고, 만약 身弱하면 偏,正 두 개를 生할 수 없다.

偏,正 두 개의 財를 얻으면 偏,正의 강약을 구분하여야 한다. 만약 偏印, 偏財가 강한데, 身旺한 강한 運을 만나면 발복發福한다. 正印, 正財도 그러하다.

◉ 官,祿이 극파剋破되면 요절하고, 고묘庫墓가 衝하여 흩어지면 끼니가 없고, 크게 깨어지는 것은 꺼리는데 의지 할 곳이 없다. 比肩은 좋아 구원하게 된다.

註解 : 官은 官星이고, 祿은 정록正祿인데, 가령 甲이 辛,寅을 본 것이다. 또 庚申이 있는데 巳와 午를 보고 다시 歲,運에서 보게 되면 요절한다.
만약 比肩이 있으면 身旺하여 괜찮은 것으로 논한다.

또 가령 甲에 丑은 官庫가 되는데 未가 沖하면 열리게 되고, 未는 두 개의 丑을 보지 말아야 하고, 丑은 두 개의 未를 보지 말아야 한다.

또 丁丑, 丁未는 丁이 官인 辛을 손상시키는 종류로 꺼리고, 癸未, 癸丑은 癸水가 丁火를 制할 수 있고, 己丑, 己未의 己土는 辛官을 生할 수 있고, 己는 甲의 財, 癸는 甲의 印, 丙은 甲의 食인데 支干 生旺하여 깨어지지 않은 者는 부귀하게 된다.

가볍게 衝剋되면 감분되고, 충극衝剋이 크게 심하면 도리어 빈군貧窘하게 되고, 이상은 財官, 印綬, 食神, 傷官, 官煞, 羊刃, 比肩, 梟神을 낱낱이 들어 상기相忌, 상수相須(서로 필요한 것), 상제相制, 상합相合들의 상호 교류하는 설명을 한 것으로 사용하는 神의 여하를 관찰하고, 日干의 강약을 관찰하여야 한다.

경經에 이르기를 日主가 건왕健旺한 것이 가장 좋고, 用神은 손상되지 않아야 한다고 하였다. 간단한 이 말로 모든 것을 다 설명 한다.

◉ **劫財, 羊刃을 時에서 만나는 것을 절대 꺼리고, 歲,運에서 아울러 임하게 되면 재앙이 나타나고, 歲가 運을 衝하면 붕괴되고, 運이 歲를 剋하면 어둡게 된다.**

註解 : 이것은 歲,運을 논한 것으로 歲者는 天을 덮는 곳이고, 運者는 地를 싣는 곳이다.

歲와 運이 서로 충격衝激하는 것은 불가한데 重하면 붕괴되고 輕하면 어둡게 된다.

命中에 가장 좋은 것은 상합相合하는 것이다. 天地가 크게 형통하면 복록 福祿이 자연히 도달하고, 태세太歲와 運이 衝하면 禍가 重하고, 運이 太歲를 剋하면 禍가 輕하다.

연원淵源 연해淵海의 모든 설명은 運이 歲를 剋하면 重하고, 歲가 運을 剋하면 輕하다 하였는데, 곧 日이 歲君을 犯한 다는 뜻이 있는 것이다.

내(육오 만민영 선생) 命이 丁巳 運의 癸亥 유년流年일 때 癸가 丁을 傷하게 하고, 亥巳 衝이 되었다. 歲가 運을 衝하여 그 年에 파직되었고, 모친이 사망하였다. 가장 참혹한 재해를 당하였다.

[瞻彩 : 선생의 명조 傷官見官한 때였다.]

丙　庚　癸　壬
戌　寅　丑　午
辛庚己戊丁丙乙甲
酉申未午巳辰卯寅

◉ 陰氣가 끝나고, 그리고 陽氣가 끊어지면 죽지 아니하면 탄식하고, 양수陽數가 극극極極이 되어 陰이 命을 뒤쫓게 되면 사망하지 않으면 세월을 기다리게 된다.

註解 : 甲이 辰을 보고, 丙이 未를 보고, 戊가 丑을 보고, 庚이 戌을 보고, 壬이 丑을 보면 陽氣가 극극極極 된 것이고, 乙이 戌을 보고, 丁이 丑巳을 보고, 癸가 未를 보고, 辛이 辰을 보면 음수陰數가 끝이 된 것이다. 歲,運에서 보게 되면 더욱 흉하다.

또 乙辰, 丁未, 己丑, 辛戌은 陰이 뒤쫓아 오는 징조로 양수陽數가 먼저 끊기는 것이다. 만약 당생當生이 되면 四柱가 무해無害하다. 가장 두려운 것은 이미 生이 犯해진 것으로 歲,運에서 또 보게 되면 사망하게 된다.

또 陰干이 양극陽極을 만나면 陰이 양관陽關을 만나는 것이고 陽干이 陰終을 만나면 陽이 陰關을 만나는 것으로 身弱, 힘이 편중(척력隻力)되면 모두 요절하고, 比肩의 도움을 얻어 身旺하게 되면 무해無害하다.

◉ 五行이 구원되면 마땅히 근심이 근심이지 않고, 四時가 공空을 만나면 기쁨이 기쁘지 않게 된다.

註解 : 人命에 歲,運에서 흉을 만난 것을 설명한 것이다.
이상은 氣가 衝剋하고, 기수氣數가 끝나 극極이 된 종류를 말하는 것이다.
五行이 구원되면 근심이 없고, 四時가 공空을 만나면 곧 流年, 太歲에서 길신을 만났어도 空亡의 값으로 기쁘지 않다.

혹 이르기를 甲은 庚이 근심인데 乙을 얻으면 구원되고, 춘春에 土가 없으면 土의 흉이 두렵지 않고, 土가 福이 되는 것이 기쁘지 않는 이러한 종류를 말한 것이라 한다.

經에 이르기를 庚辛이 甲,乙을 손상시키는데, 丙,丁을 먼저 보게 되면 위태롭지 않다 하였다.
또 봄엔 土가 없고, 여름엔 金이 없고, 가을엔 木이 없고, 겨울엔 火가 없다고 한 것이 이것이다.
이하는 부인의 20순句에 논한 것으로 이미 부인 부분에서 논하였기 때문에 더 많이 기록하지 않겠다.

◉ 이것은 陰陽으로써 헤아린 것이 적어, 오직 이것만으로 추리하는 것은 옳지 않아 귀천을 분별하기 어려우니 양단兩端을 잡아 단정할 것을 요한다.

고대 성인의 유문을 궁구하여 금세의 현인들이 상세히 연구하여 갖추고, 이법을 참고하여 깨달아 命의 거울로 삼으면 어긋나지 않을 것이다.

註解 : 이 명통부明의 총결은 전부 格의 의미로, 이상은 모든 格을 나타낸 것이다.

전권前卷에 모든 格에 대하여 논하였기 때문에 상세하게 주註를 달지 않았다.

희기편, 계선편은 이 명통부를 읽고 난 후 변경하여 나타낸 것이다.

요즘 사람들은 희기편과 계선편, 2편만 알지 이 명통부가 있는 것을 알지 못하여 기록 하였다.

喜忌篇 희기편

⊙ 四柱를 배정하고 다음 삼재三才를 구분하고, 오직 日의 天元으로서 팔자 干支의 배합을 살핀다.

⊙ 형形이 보이는 것도 있고 보이지 않는 것이 있는데 때가 아니어 있지 않은 것이다.

⊙ 신살神煞이 함께 있으면, 경중을 헤아려 비교하여야 한다.

⊙ 時에 七殺을 만났다고 반드시 흉이 되는 것은 아닌데, 月에서 제제하고, 日干이 강하면 그 殺은 도리어 권력이 된다.

⊙ 財, 官, 印綬가 완전하게 갖추어져 사계四季(辰,戌,丑,未) 中에 장축藏蓄되어 있다.

⊙ 官星, 財氣의 長生은 寅.申.巳.亥에 진거鎭居한다.

⊙ 戊日이 庚申 時를 만나면 이름이 식신전왕食神專旺의 곳으로 歲.月에 甲.丙.卯.寅이 범犯하면 이는 곧 만났지만 만나지 않은 것과 같다.

◉ 月이 日干은 生하는데 天財가 없으면 印綬의 이름이다.

◉ 日祿이 時에 있고, 官星은 없으면 청운득로靑雲得路라 부른다.

◉ 陽水가 辰을 중첩되어 만나면 임기룡배壬騎龍背의 곳이 된다.

◉ 陰木이 오직 子時를 만나면 육을서귀六乙鼠貴의 地가 된다.

◉ 庚金이 완전한 윤하潤下을 만나면 壬,癸,巳,午의 곳은 꺼리고, 時에 子가 있으면 그 복이 감반減半된다.

◉ 만약 傷官을 월건月建에서 만나면, 흉한 곳이지만 반드시 흉하게 되는 것은 아니다.

◉ 내內에 정도록비正倒祿飛는 官星을 꺼리고 또 기반羈絆이 싫다.

◉ 癸日이 時에 寅을 만나면 歲, 時에 戊,己 두 곳을 두려워한다.

◉ 甲子日이 다시 子時를 만나면 庚.辛.申.酉.丑.午를 두려워한다.

◉ 辛, 癸日이 丑地를 만나면 官星이 기쁘지 않고, 歲, 時에 子.巳 이궁二宮은 허명虛名 허리虛利하다.

◉ 공록공귀拱祿拱貴가 전실塡實 되면 흉하다.

◉ 시상편재時上偏財는 다른 궁에 보는 것을 꺼린다.

◉ 辛日이 戊子를 만나면 午未의 위치는 싫어하고, 運은 서방을 기뻐한다.

◉ 五行이 月支에서 偏官을 만나면 歲.月.時 中에서 제복制伏을 하여야
마땅하다. 거관류살去官留殺의 종류가 있고, 또 거살류관去殺留宮이
있다. 四柱가 순잡純雜한데 制하면 일품의 존尊에 거처하게 되고, 一
位의 正官은 다스릴 수 있고, 관살혼잡官殺混雜은 도리어 천賤하다.

◉ 戊日 午月을 刃으로 보지 말라 時, 歲에 火가 많으면 도리어 印綬가 된다.

◉ 月令에 비록 건록建祿을 만나더라도 煞이 모여 있으면 흉하다.

◉ 官星 七殺이 교차交差하더라도 합살合殺하면 도리어 貴하다.

◉ 柱中에 官星이 태왕太旺하면 天元은 이약羸弱한 이름이 된다.

◉ 日干이 심히 旺하면 의지할 곳이 없어 스님이 되지 않으면, 道를 행한다.

◉ 印綬가 月.歲.時에 生하면 財星을 보는 것을 꺼리고, 運에서 財가 들
어오면 도리어 관직이 박탈된다.

◉ 劫財, 羊刃을 時에서 만나는 것은 절대 꺼리고, 歲,運에서 아울러 임
하면 재앙에 이른다.

◉ 十干 배록背祿은 歲.時에 財星을 보는 것을 기뻐하고, 運이 比肩으로 흐르면 배록축마背祿逐馬라 한다.

◉ 五行 정귀正貴는 刑.沖.剋.破의 궁을 꺼린다.

◉ 日干이 무기無氣한데 時에 羊刃을 만난다고, 흉이 되는 것은 아니다.

◉ 四柱 干支의 三合, 六合의 地는 기쁘다.

◉ 官殺이 같이 머물러 있으면 기쁜 者는 존재하여야 하고, 증오 者는 버려야 한다.

◉ 地支, 天干에 合이 많으면 合을 탐하여 官을 잊는다.

◉ 사주에 殺이 旺한데 運은 순純하고 身旺하면 官이 청귀淸貴하다.

◉ 무릇 천원天元이 태약太弱하면 내에 약한 곳이 있는 것인데, 生을 만나야 한다.

◉ 柱中에 七殺이 선명하여도 身旺하면 극히 가난하다.

◉ 女人의 命에 殺은 없고, 하나의 貴는 어진 사람을 만든다.

◉ 貴가 무리가 되고 合이 많으면 반드시 비구니 혹은 창비娼婢가 된다.

◉ 偏官이 時에 있는데, 제복制伏이 지나치게 過하면 가난한 선비에 지나지 않는다.

◉ 사주에 傷官이 있는데 運에서 官이 들어오면 반드시 깨어진다.

◉ 五行이 절絶한 곳은 곧 태원胎元인데 日에서 生을 만나면 氣를 받았다 한다.

繼善篇 계선편

◉ 사람은 天地에서 내려 받는데, 命은 陰陽의 살붙이로 복재覆載*의 내에 생활하고 모두 五行 中에 존재한다.

** 복재覆載 : 하늘은 만물을 덮고, 땅은 만물을 받쳐 실음.

◉ 귀천을 알고자 하면 먼저 月令 제강提綱을 관찰하여야 한다.

** 강기綱紀 : 법강法綱과 풍기風氣. 삼강三綱 오상五常과 기율.

◉ 다음은 길흉을 판단한다. 오로지 日干을 주본主本으로 사용하고, 삼원三元이 격국을 이루기를 요하고, 四柱에 財官을 보면 기쁘다.

◉ 用神은 손상損傷되지 않아야하고, 日主는 건왕建旺한 것이 가장 좋다.

◉ 年이 日干을 손상시키면 本과 主가 불화不和하게 된다.

◉ 歲.月.時 中의 관살혼잡官殺混雜을 크게 꺼린다.

◉ 취용取用은 生月에 기대어 심천深淺을 추구推究하는 것이 마땅하고, 日時에 발각發覺이 존재하니 강약을 상세히 살펴야 한다.

◉ 올바른 氣의 官星은 형충刑沖을 꺼린다.

◉ 時上의 偏財는 형제를 만나는 것이 두렵다.

◉ 印綬 格은 官運은 이롭고 財를 보는 것은 꺼린다.

◉ 七殺, 偏官은 제복制伏이 좋고, 제복制伏이 지나치게 過하지 않아야
   한다.

◉ 傷官에 官運이 거듭 行하면, 들어 온 재앙을 측정하기 어렵고, 양인羊
   刃이 세군歲君과 충합沖合하면 재앙이 크다.

◉ 부富와 貴는 財旺하여 官을 生함에 말미암아 정해진다.

◉ 요절하거나 빈貧한 것은 반드시 身이 쇠약한데, 귀鬼를 만난 것이다.

◉ 六壬이 오위午位에 생림生臨하면 祿馬가 동향同鄕한 것이라 한다.

◉ 癸日이 사궁巳宮에 생향生向하면 이것은 곧 財官이 쌍미雙美하다.

◉ 재다신약財多身弱은 어찌 富한 가옥에 가난한 사람이 아니겠는가?

◉ 殺이 권력으로 化하면 차가운 집안에 貴한 객이 된다.

◉ 갑제甲第에 등과登科는 官星이 깨어지지 않은 궁에 임했기 때문이다.

◉ 곡물을 받쳐 이름을 아뢰는 것은 財庫가 生旺의 地에 거주하기 때문이다.

◉ 官貴가 태심太甚한데 다시 왕처旺處로 임하면 반드시 기운다.

◉ 印綬가 피상被傷되면 빼어난 영화가 오래가지 못한다.

◉ 官이 있고 印이 있는데, 깨어지지 않으면 랑묘廊廟*의 재목이 된다.

** 낭묘廊廟 : 조정의 대정大政을 보살피는 전사殿舍. 의정부議政府.

◉ 官이 없고 印이 없어도 格이 있으면 조정朝廷에 사용된다.

◉ 명표금방名標金榜은 身旺한데 官을 만난 것이고, 성군聖君을 보좌하는 것은 충관沖官이 合을 만난 것으로, 貴가 旺하게 된다.

◉ 格도 아니고, 局도 아닌데, 나타나면 어떻게 얻어 뛰어나겠는가? 身弱한데 官을 만나면 벼슬은 이루지만 공연히 힘만 소모 시킨다.

◉ 소인의 命 내에도 또한 정기正氣 官星이 있다.

◉ 군자 격格 중에도 七殺, 羊刃이 犯한 것이 있다.

◉ 죽이는 것은 좋아하는 사람은 羊刃에 偏官이 犯한 命이다.

◉ 고기반찬이 없는 간소한 밥에도 자애로운 마음이 있는 것은, 印綬가 천덕天德을 만났기 때문이다.

◉ 평생 병病이 적은 것은 日主가 고강하기 때문이다.

◉ 일세 동안 편안한 것은 命財에 氣가 있기 때문이다.

◉ 관청의 형벌을 범犯하지 않는 것은 印綬와 천덕天德이 동궁同宮했기 때문이다.

◉ 즐거움은 적고 근심이 많은 것은 日主가 약하기 때문이다.

◉ 신강身强하고 殺은 천淺하면 이를테면 殺이 권력이 된다.

◉ 殺이 重한데 身은 輕하면 종신終身 손상이 있다.

◉ 日主가 쇠약하면 官이 변하여 귀鬼가 되고, 旺하면 鬼가 化하여 官이 된다.

◉ 月에 日干을 生하는 것이 있으면 運行에서 財를 보는 것은 좋지 않다.

◉ 日主가 의지할 곳이 없으면 도리어 運行이 財地가 되면 기쁘다.

◉ 時에 日祿이 있으면 평생 官星이 기쁘지 않다.

◉ 陰 조양朝陽은 丙丁 이위離位를 절대 꺼린다.

◉ 태세太歲에 중살衆煞이 主에 미치면, 人命의 재앙을 막아야 하고, 만약 형전刑戰의 곳을 만나면 반드시 主는 本命에 刑이 있게 된다.

◉ 歲가 日干을 傷하게 하면 화禍가 반드시 輕하고, 日이 세군歲君을 犯하면 재앙이 반드시 중重하다.

◉ 五行에 구원이 있으면 그 해年는 도리어 재물이 있게 되고, 四柱가 무정無情한 것은 歲를 剋했기 때문이다.

◉ 庚辛에 甲乙이 손상이 되는데, 丙丁을 먼저 보게 되면 위태롭지 않다.

◉ 丙,丁이 庚辛을 剋하지만, 壬癸를 만나면 두렵지 않고, 戊,己가 甲,乙를 만나 근심되면 간두干頭의 庚辛을 사용하고, 壬,癸가 戊,己를 만나 근심이면 甲,乙이 구원하고, 壬이 丙을 剋하면 戊를 사용하여 당두當頭를 제거하고, 癸가 丁을 손상시키면 도리어 己가 와 상제相制하면 기뻐다.

◉ 庚이 壬을 얻어 지아비 丙을 制하면 요절할 命이 오래 살고, 甲의 乙매妹는 庚의 처妻로 흉이 변하여 길하게 된다.

◉ 天元이 비록 旺하더라도 의지할 곳이 없으면 평상인이 되고, 日主가 유약柔弱하면 설령 財,官을 만나더라도 가난한 선비에 불과하다.

◉ 女人에 殺이 없는데, 이덕二德을 차면 양대兩代에 봉封해 진다.

◉ 男命이 身強하고 삼기三奇를 만나면 일품의 貴가 된다.

◉ 甲이 己를 만나고 生이 있어 旺하면 중정中正의 마음이 품어진다.

◉ 丁이 壬을 만나 太過하면 음와淫訛의 난亂을 犯한다.

◉ 丙에 申位가 임하여 陽水를 만나면 장수長壽하기 어렵다.

◉ 己에 해궁亥宮이 들고, 陰木을 보면 종내 수명이 손상된다.

◉ 庚寅이 丙을 만났지만 主가 旺하면 위태로움이 없다.

◉ 乙巳가 辛을 보았는데 身이 쇠약하면 禍가 있다.

◉ 乙이 旺한 庚을 만나면 항상 인의仁義의 풍風이 있다.

◉ 丙이 辛에 生하여 合하면 진장위권鎭掌威權의 직職이 된다.

◉ 一木이 火를 중봉重逢하면 이름이 기氣가 흩어진 문文이라 한다.

◉ 한 개의 水에 세 개의 庚辛이 犯하면 체體가 완전 한 상象이라 한다.

◉ 水가 旺한 동冬에 귀歸하면 평생 편안하여 근심이 없다.

◉ 木이 봄에 生하면 처세處世가 안연安然하고 수명이 길다.

◉ 허약한 金이 화염火炎의 地를 만나면 혈질血疾이 있다.

◉ 土가 旺한 木을 만나 허약하게 되면 비脾가 손상된다.

◉ 근골筋骨에 통증이 있는 것은 木이 金에 피상被傷되었기 때문이다.

◉ 안목眼目이 어두운 것은 반드시 火가 水에 剋을 당하게 때문이다.

◉ 하원下元의 냉질冷疾은 반드시 水가 火를 손상시키기 때문이다.

◉ 金이 간토艮土를 만나면 환혼還魂하였다 한다.

◉ 水人이 손巽(辰巳)을 보면 金이 끊어지지 않는다.

◉ 土가 卯에 임하면 아직 중년中年인데 회심灰心*되고 金이 火를 만나면 비록 젊고 혈기 왕성하지만 뜻이 좌절된다.

** 회심灰心 : 모든 욕망, 정열, 의기義氣, 따위가 일지 않는 재처럼 사그러진 싸늘한 마음.

⊙ 金.木이 형전刑戰을 교차하면 인의仁義가 없고, 水火가 상호 갈마들어 손상되면 시비是非가 있는 날이다.

⊙ 木이 水에 양육되는데, 水가 왕성하면 木은 표류漂流한다.

⊙ 金이 土의 生을 받는데, 土가 두터우면 金이 매몰된다.

⊙ 이러한 까닭으로써 五行은 편고偏枯하지 않고, 중화의 氣를 내려 받아야 좋다.
망령된 생각을 버리고 命을 헤아리면 착오가 없을 것이다.

三命通會
삼명통회

券 十 二
권 십 이

元理賦 원리부

徐大升서대승 著저. 萬育五만육오 解해.

⊙ 근원의 한 개의 氣가 五行을 生하고, 삼재三才에 바탕을 두어 만물에 골고루 미치어 하늘과 땅에서 신묘한 작용으로 나타나게 되고, 陰陽으로 나누어져 중추中樞가 되어 사방에 퍼져 존재한다.

이에서 귀천이 구별되고, 그 중도中道를 얻어야하고, 팔자에서 영고榮枯가 다르게 정정*해지고, 이러한 것이 아주 명료하다. 생극제화生剋制化에서 청탁, 귀천이 있고, 수명의 길고 짧은 것, 어리석고 어진 것이 있게 된다. 이것이 근원에서 시작된 조화인 것이다.

註解 :

金은 土의 生에 힘입는데 土가 많으면 金은 매몰된다.

土는 火의 生에 힘입는데 火가 많으면 土가 그을린다.

火는 木의 生에 힘입는데, 木이 많으면 火는 식는다.

木은 水의 生에 힘입는데 水가 많으면 木을 뜬다.

水는 金의 生에 힘입는데 金이 많으면 水는 탁해진다.

金은 水를 生하는데 水가 많으면 金이 가라앉는다.

水는 木을 生하는데 木이 왕성하면 水는 줄어든다.

木은 火를 生하는데 火가 많으면 木이 분소된다.

火는 土를 生하는데 土가 많으면 火가 어두워진다.

土는 金을 生하는데 金이 많으면 土는 변變한다.

金은 木을 剋하는데 木이 굳으면 金은 이지러진다.

木은 土를 剋하는데 土가 重하면 木은 꺾인다.

土는 水를 剋하는데 水가 많으면 土는 유실된다.

水는 火를 剋하는데 火가 타오르면 水는 뜨겁게 된다.

火는 金을 剋하는데 金이 많으면 火는 식는다.

金이 쇠약한데 火를 만나면 반드시 녹는다.

火가 약한데 水를 만나면 반드시 식어 없어진다.

水가 약한데 土를 만나면 반드시 어색淤塞된다.

土가 쇠약한데 木을 만나면 반드시 기울어진다.

木이 약한데 金을 만나면 반드시 감절砍折한다.

이상의 설명은 태과불급太過不及을 말한 것으로 각 그 해로움이 이러한 것이다.

四柱 중의 五行을 살펴 중화가 이루어져야 한다.

◉ 강한 金이 水를 얻으면 날카로움이 꺾이고, 강한 水가 木을 얻으면 기세가 새고, 강한 木이 火를 얻으면 변화가 완만하고, 강한 火가 土를 얻으면 불꽃이 멈추고, 강한 土가 金을 얻으면 해로움이 억제된다.

註解 : 이상의 설명은 五行의 剋制를 말한 것으로 중화를 얻는 것이 중요하다. 지나치거나 모자란 것은 서로 허물이 있다.

◉ 이치에 녹아들어 통달한 者는 그 깊이가 오묘한 체를 명확하게 살필 수 있어 통변을 심도 있게 알 수 있고, 근원을 상세하게 비교 궁구하여 사용할 수 있다.

경중을 논하고, 원原에 있고 원原에 없고 등, 하늘의 이치가 매겨져 길흉에 동정이 있어 행복과 불행이 인생에 구별되어 정해지게 된다.

註解 : 이상은 干支의 논리에 통하는 것으로, 陰陽, 생극제화生剋制化의 본질이 된다. 오묘한 體의 用을 뚜렷하게 파악하고, 경중 유무를 알고, 길흉동정, 부태영휴否泰盈虧가 모두 이것으로부터 나타난다.
또 그 오묘한 존재의 통변通變을 알아야 하고, 근원의 은밀한 것을 궁구하여 드러난 것으로써 깊이를 추정하고 그 이치를 터득하여야 한다. 이하에 상세히 설명하였다.

◉ 煞에 刃이 없으면 위엄이 없고, 刃에 煞이 없으면 높게 되지 않는다.

註解 : 煞은 나를 剋하는 것이고, 刃은 나를 겁탈하는 것으로 命中에서 가장 흉한 者다. 앞에 殺,刃을 설명하였다. 중요한 것으로 잘 알아야한다.
부賦에 이르기를 刃는 병기兵器가 되는데 殺이 없으면 존재하기 어렵다 하였다.
煞은 군령軍令으로 刃이 없으면 존尊이 없고, 刃,殺이 같이 있으면 하늘과 땅을 눌러 진압한다.

서대승이 희기, 계선 두 편으로 사람의 命을 다하는데 부족하여 다시 이 원리부를 편찬한 것으로, 소이 그 미비한 것을 보완하였다.

◉ 煞刃이 같이 나타나 균정하면 그 위치가 왕후가 되고 刃,殺이 輕하거나 重한데 制함이 없으면 하급관리에 지나지 않는다.

註解 : 殺,刃이 같이 있는 者는 극희 貴한데 같이 있지 않고 하나만 있는 者는 극히 천賤하다. 殺,刃이 같이 있고 없는 것에 따라 귀천의 여하가 이렇게 상현相懸하게 된다.

◉ 평생 富하고, 貴한 것은 殺이 重하고, 身은 유柔한 것이다. 중도中途에 갑자기 사망하고 위태로운 것은 運에서 干을 旺해지게 돕기 때문이다.

註解 : 이미 상정相停하지 않으면 종살從殺만 못하다.
종자從者는 반드시 殺이 重하고 身은 유柔하여야 종從이 가능하고 그렇지 않으면 從하지 않는다. 이미 殺에 從했어야 殺로 논하고, 다시 運에서 身을 旺하게 하여 서로 대적하지 않아야한다. 서로 대적하게 되면 도리어 禍가 발생하게 된다.

◉ 처신處身이 승도僧道의 우두머리가 되는 것은 사용하는 殺이 도리어 輕한 것이고, 직職이 대련臺諫에 임명되는 것은 偏官이 득지得地한 것이다.

註解 : 七殺은 권력의 星, 또 고독한 星인데 身,殺이 같이 강하고, 七殺이 制되거나 身이 약하여 종살從殺하면 모두 貴하다.
殺이 많으면 대간臺諫의 官이 되고, 身旺하고 殺이 輕하면 다시 청기淸奇하여 반드시 승도僧道의 우두머리가 된다.

⊙ 크게 貴한 者는 어떻게 알 수 있는가! 財를 사용하면 官을 사용하지 않고, 권력을 맡은 者는 殺을 사용하고 印을 사용하지 않는다. 印은 殺의 生에 힘입고, 官은 財로 인하여 旺하게 된다.

註解 : 財를 사용하면 官은 사용하지 않는데 財가 官을 生한다. 殺을 사용하면 印은 사용하지 않는데 殺이 印을 生한다. 연고는 印은 殺의 生에 힘입고, 官은 旺한 財에 인하기 때문에 官,印을 사용하지 않은 것은 아니다. 오로지 財, 殺을 사용하면 官,印이 그 중에 존재한다.
印은 두 글귀에 의지하고, 위 글의 네 글귀를 요긴하게 받아들여 스스로 발명하여야 한다.

⊙ 五行 소식消息의 현묘한 이치를 깨달아 四柱를 확실히 추리하여야 用神을 알 수 있다.
食의 먼저 거주하고, 殺이 뒤에 거주하면 공명이 양전兩全하고, 酉卯 파破, 卯午 파破는 財,官이 같이 아름답다.

註解 : 사람의 팔자는 모두 用神으로 간명한다. 用神은 소용所用의 神으로 가령 위의 殺을 사용하고, 刃을 사용하고, 財를 사용하고, 그리고 官을 사용하지 않고, 印을 사용하지 않는다는 이 이치는 매우 현묘한 것으로, 사람에 존재하는 소식消息일 따름이다.
殺을 논할 때는 刃이 중요한데 刃이 없으면 制하기를 요하고, 殺이 강하여도 制하면 모두 貴한 것으로 논한다.
殺의 主는 명예이고, 食의 主는 이윤으로 그래서 공명이 양전兩全하다고 한 것이다.

酉卯 파破, 卯午 파破, 또 식전食前, 살후殺後의 의미는 酉에게 卯는 財가
되고, 午는 殺로 財.殺에 겸하여 있어 재관쌍미財官雙美하다고 한 것이다.
그러나 이른바 상파相破는 상극相剋한다. 반드시 사정四正이 서로 파破하
는 것이다.

◉ **福을 누리는 것은 五行의 귀록歸祿이고, 수명이 긴 것은 팔자가 상정**
相停하기 때문이다.

註解 : 이것은 命中에서 가장 중요한 것을 설명한 것이다.
귀록歸祿이 되어야 하고, 상정相停이 되어야하는데, 死絶과 치우친 무리
는 되지 않아야 한다.
복을 누리는 것은 귀록歸祿에 속하고, 수명은 상정相停인데, 각 그 의미를
취한 바이다.

◉ **가색稼穡에서 火가 어두워지고 빛이 없어진다. 丙丁에서 木의 氣가**
도둑맞아 매우 피곤하게 된다.

註解 : 이 이하의 올바른 설명은 귀록歸祿이 아니고, 상정相停되지 않아서
福을 누리고, 수명을 얻지 못한다는 것이다.
土에 火의 빛이 가려지고 土는 木에 의해 소통되고, 木은 본래 火를 生하니
火가 많으면 도리어 氣을 도둑맞아 중화를 얻지 못하게 된다.

◉ **火가 허虛하면 꺼진다.**

註解 : 火는 어두워지는 것을 두려워한다. 허虛하면 꺼져 어두워진다.

◉ **金은 실實하면 소리가 없다.**

註解 : 金은 火를 필요로 하는데, 火가 없으면 단련하여 그릇을 만들지 못하니 어찌 소리가 나겠는가?

◉ **水가 범람하면 木이 뜬 것은 활목活木이고, 土가 重하여 金이 묻힌 것은 陽金이고, 水가 왕성하면 위태로워지고, 火가 밝게 불타면 곧 소멸된다.**

註解 : 이것은 五行이 상정相停하지 않은 것을 세분한 것이다.
陰陽을 구별하고, 五行은 크게 過하지 않아야 한다. 가령 水가 범람하여 木이 부浮하면 乙木은 두렵고 甲木은 그렇지 않다.
土가 重하여 金이 묻히면 庚金은 두렵고 辛金은 그렇지 않다.
까닭은 乙木은 亥에서 死하고, 甲木은 亥에서 生하고, 金은 土에서 나오는데, 그래서 巳에서 生하고, 辛金은 水를 찬 金으로, 그래서 子에서 生한다.
水가 왕성하면 범람하니 위태롭고, 火가 밝으면 곧 재가 되어 꺼지게 된다.

◉ **陽金(庚)에 단련이 태과太過하면 변혁變革이 분파奔波하고, 陰木(乙)의 귀원歸垣이 실령失令하면 종내 身弱하게 된다.**

註解 : 金이 실하면 소리가 없고, 단련되면 변혁이 과하다. 祿에 귀歸하면 복을 누리고, 실령失令하여 身弱하다면 중화되어야 한다.
陽金에 土가 重하면 매몰되고, 단련이 지나치게 過하면 두려운데 土가 없기 때문이다.

陰木이 실령失令하면 약하여 설령 귀원歸垣하더라도 수명에 손상이 있다.
위 글은 원래 활목活木과 陽金을 설명한 것으로 水,土가 生하여 기르지 않으면 안 된다는 것이다.

** 분파奔波 : 세찬 물결.

◉ 土가 두터우면 火가 가리어 빛이 없고, 水가 왕성하면 木이 떠돌아 정처定處가 없게 된다. 五行이 태성太盛한 것은 불가한 것으로 팔자는 모름지기 중화가 되어야한다.

註解 : 土가 두터운 것은 火가 어둡고 빛이 없다는 뜻이고, 水가 왕성한 것은 水가 범람하여 木이 뜬다는 뜻이다.
이 두 글귀는 五行의 총결로 중화가 되어야 한다는 것이다.

◉ 土가 水의 흐름을 멈추게 하면 복과 수명이 있고, 水는 土가 없어 멈추지 못하면 상잔傷殘하게 된다.

註解 : 이 밑의 설명은 중화를 잃은 것으로 五行에 구원이 있으면 길하고, 구조하지 못하면 흉한 것으로 논한 것이다.
가령 水가 흐르는데 멈추게 하면 녹祿과 수壽 둘 다 온전하게 된다. 남은 것은 이 예로 참조 하라.
[蟾彩 : 土는 水의 鬼인데, 水를 가두어 멈추게 하는 것은 土가 단단하게 되었을 경우이다. 단단하게 되었다는 것은 土가 金이 된 것으로 도리어 水를 生한 것이다.
水가 土에 스며들면 비로소 剋되어 결국 死하게 된 것이다.]

◉ 木이 왕성하면 인仁이 두텁고, 土가 박薄하면 신信이 적고, 水가 旺하여 거원居垣하면 지智가 있고, 金이 견고하면 主는 의義인데 도리어 재능. 수완이 있고, 金水는 총명하고 호색好色하다. 水土는 혼잡하면 반드시 매우 어리석다.

註解 : 이 설명은 五行의 성기性氣가 지나치게 過한 것을 말한 것으로 또 왕성한 곳이 있어 치우친 것이 되면 해가 된다.

五行은 사시四時로 구분되고 오상五常은 五行으로 나누어지는 것이 자연의 이치이다.

혹 왕성하고, 혹 박薄하고, 혹 旺하고, 혹 많고, 혹 혼잡하고, 인의지신仁義智信, 총명우혜聰明愚魯등 또한 각 종류를 쫓을 뿐이다.

◉ 수명이 보통 사람보다 긴 것은 중화를 얻은 것이고 일찍 사망하는 것은 편고偏枯하기 때문이다.

註解 : 이는 거듭 人命에서 중화를 내려 받은 것이 중요하다는 설명이다.

앞에 긴 수명은 팔자가 균정해야 한다고 하였는데, 만약 지나치게 過하거나 불급不及하면 편고偏枯하여 어긋나는데 어찌 긴 수명을 누릴 수 있겠는가!

◉ 辰,戌이 극제剋制되고 아울러 충衝하면 반드시 형刑의 이름을 犯하고, 子卯는 문호門戶가 相刑으로, 예덕禮德이 전혀 없다.

註解 : 이 이하는 地支의 상충相衝, 상형相刑을 제기提起하여 설명한 것이다. 辰戌은 괴강魁罡으로 아울러 衝하면 반드시 흉하다. 子卯는 모자母子

250

가 相刑하여 반드시 혼란스럽다. 衝,刑이 가장 重한 者가 되고 남은 것은 자못 가볍다. 寅,申,巳,亥는 四生의 局으로 설령 尅,制,刑,衝을 犯하더라도 큰 해害가 없다.

⊙ 기인취재棄印就財는 偏正을 구별하여야 한다.

註解 : 앞에 설명한 크게 貴한 者는 財를 사용하고, 印을 사용하지 않는다. 財에는 偏正이 있고, 印에도 偏正이 있는데, 正印이 財를 보면 禍가 있고, 偏財가 印을 보면 해롭지 않다. 正財가 印을 보는 것은 기쁘지 않고, 偏財 는 印을 보는 것은 꺼리지 않는데 이것과 같은 이치이다.

⊙ 干을 버리고 종살從殺하는 것은 강유剛柔로 논한다.

註解 : 앞에 설명한 권력을 맡은 者는 殺을 사용하고, 印은 사용하지 않는 다. 殺은 강유剛柔가 있고, 天干을 버리고 地支를 따른다.
陽은 강剛하고, 음陰은 유柔하여 金水土는 종從이 가능하고, 木火는 종從이 가능하지 않다.
從하고 從하지않는 이치를 밝힌 후에 印을 사용할 수 있는 가 할 수 없는 가를 알아야 한다.

⊙ 傷官이 財에 의지하지 못하면 비록 공교工巧 하지만 반드시 가난하고, 食神이 制殺하는데 효효梟를 만나면 가난하지 않으면 요절한다.

註解 : 傷官,食神은 같은 류類類인데, 傷官은 官을 벗기는 것으로 命中에서 가장

꺼린다. 財가 있으면 좋은데 傷이 財를 生하여 財가 官을 生하기 때문이다.

財가 없으면 가난하고 食神이 制殺하면 命中에서 가장 두려운 것은 梟를 만난 것으로 梟는 탈식탈식奪食하기 때문이다.

殺을 制하지 않으면 剋身되어 요절한다.

⊙ **남男에 羊刃이 많으면 반드시 거듭 혼인하고, 女에 傷官이 犯하면 다시 시집간다.**

註解 : 羊刃이 殺을 만나 상정相停하면 主는 확실히 貴하게 된다. 처처妻가 손상되는 경우가 많다. 男은 財星이 처로 刃이 剋制하여 거듭 혼인하게 된다. 傷官에 財가 있으면 의지하게 되어 主는 貴하게 되지만 女는 남편이 상傷한다. 女에 官이 남편으로 傷이 剋制하기 때문에 재가再嫁하는 것이다.

⊙ **빈천자貧賤者는 모두 官이 손상되었기 때문이고, 고과자孤寡者는 오직 財神이 피겁被劫되었기 때문이다.**

註解 : 官은 祿이 되고 祿이 있으면 어찌 빈천하게 되겠는가! 身旺하고 약한 官을 얻고 다시 傷官 運으로 나아가면 배록背祿이라 하여 곧 官이 없는 것이니 어찌 빈천하지 않겠는가?

財는 처처妻가 된다. 처가 있으면 어찌 고독孤獨하겠는가? 財가 적고 身旺하고 다시 劫財 運으로 나아가면 축마逐馬라 하여 처가 없는 것이니 마땅히 고과孤寡한 것이다. 財官이 人命에서 가장 중요하다.

⊙ **財가 旺한 地를 만난 사람은 복이 많고, 官이 長生을 만난 사람의 命은 영광이 있다.**

註解 : 앞에 설명한 食傷이 財를 生하여 旺하게 된 것이고, 이것의 바른 설명은 財가 旺地에 임한 것이다. 가령 甲에게 戊己는 財인데 巳午의 地에 거주하면 旺하게 된다.

앞의 설명에 財가 旺하여 官을 生한다 한 것이고, 이것은 官이 장생長生을 만난 것이다. 가령 甲에게 庚辛은 官으로 巳地에 거주하면 生하게 된다. 二者는 반드시 身旺하여야 主에 복과 貴의 영광이 있다.

◉ 殺은 제거되고 官은 머무르면 복이 되고, 官은 제거되고 殺이 머물러도 낮게는 되지 않는다.

註解 : 人命에서 가장 두려운 것은 관살혼잡官殺混雜이다. 官을 사용하면 오직 官을 사용하고, 殺을 사용하면 오직 殺을 사용하게 되니 제거되고, 머무르는 것이 있어야 貴하게 된다는 설명이다.

가령 傷官 羊刃을 人命에 만나면 불길한 것인데, 거관유살去官留殺, 거살류관去殺留官에 사용되면 어떤 사람들은 복이 있다고 논한다.

◉ 正官을 만나도 도리어 녹봉綠峰이 끊기고, 七殺을 만났어도 명성이 있는 것을 어찌 아는가?

註解 : 正官, 七殺은 군자와 소인으로 나누는데 어찌 군자가 소인만 못하겠는가! 만약 正官이 순수하거나, 七殺 하나를 제복制伏하면 곧 貴하고 명성이 있다. 만약 正官이 순수하면 발복發福이 큰데 어찌 七殺과 비교하겠는가? 이것은 편중偏重한 者를 들어 설명한 것이다.

◉ **傷官을 만났는데 도리어 夫를 본 것은 命의 財에 氣가 있기 때문이다. 梟神을 만나면 자식을 잃고, 복기福氣도 의지하지 못한다.**

註解 : 女命에서 가장 두려운 것은 傷官으로 지아비를 손상시키기 때문이다. 그 이치가 좋게 되는 것은 내에 傷官이 있지만 도리의 남편을 본 者는 곧 財命이 유기有氣한 것이다.

傷官이 財를 生하고, 다시 財가 官星을 生하여 그리한데 곧 官은 지아비인 까닭이다.

女命에 食神은 자식인데 梟를 만나면 탈식奪食하여 비록 자식이 태어나지만 존재하지 못한다.

女는 자식에 인하여 福이 되는데, 자식이 없으면 어찌 福이 있다고 할 수 있겠는가?

女命에 남편과 자식이 매우 중요하여 傷官,食神을 들어 설명하였다.

◉ **天干에 殺이 있는데 制하지 못하면 천천賤하고, 地支에 財가 엎드려 암생暗生하는 자는 뛰어나다.**

註解 : 人命에 殺이 重한 것에 대한 것을 앞에 설명하였다. 刃과 짝이 되는 것을 要하고, 食이 制를하기를 要하고, 혹 종살從殺을 要한다.

가령 불합不合 부제不制 불종不從하여 天干에 나타나면 殺은 무정無情하게 되어 主는 빈천하게 된다.

人命에서 財는 복이 된다. 앞에 財를 설명하였다. 傷官이 生하기를 要하고, 충파衝破를 要하고, 食이 旺하기를 要하고, 다만 財가 노출되면 좋지 않아 감추어져야 한다.

地支 中에 암물暗物이 生하면 主는 풍후豊厚하고 특히 뛰어나다.

254

◉ 세 개의 戌이 辰과 충충衝하면 禍가 얕지 않다.

註解 : 괴강魁罡은 상충相衝을 가장 두려하는데 불길하다. 만약 상정相停한 財官의 고庫이면 꺼리지 않는다. 가령 세 개의 戌과 한 개의 辰이 되는 甲辰 日主는 財를 탐하면 禍가 있게 된다. 지망地網이 천라天羅를 衝하는 것을 소이 꺼린다.

◉ 양간兩干이 잡雜하지 않으면 명리名利가 가지런하다.

註解 : 양간兩干이 불잡不雜하면 이루기 어렵다. 원래 主는 명리名利를 아울러 가지게 되는데, 그러나 이것을 가지고 일률적으로 貴를 설명하는 것은 불가하다.
혹 이것이 財,殺, 官,印, 殺,刃, 혹 五行이 상象을 이루어고, 다시 팔격八格에 들면 貴한 것으로 논한다.

◉ 丙子, 辛卯는 상형相刑으로 황음곤랑荒淫滾浪하다.

註解 : 丙辛 合되고, 子卯 刑이 되어 간합지형干合支刑이 된다. 丙辛 合은 水象이고, 子卯는 무례無禮이니 主는 황음곤랑荒淫滾浪하여 극히 음란하다는 말로 女命은 더욱 꺼린다

◉ 子,午,卯,酉를 완전히 갖추면 주색혼미酒色昏迷하다.

註解 : 위 글의 子卯를 논하였고, 이곳에서는 午酉도 아울러 논하였다. 사패四敗의 局인데 이름이 편야도화살遍野桃花殺이다. 완전히 갖춘 者는 매

우 貴하다. 단 主는 주색혼미酒色昏迷하고, 女命은 더욱 꺼린다.

◉ 財로 인하여 화화禍에 이르고, 食을 탐하면 질병의 종류가 되고, 조카가 상속하고, 의녀義女가 처가 된다.

註解 : 위 글의 설명은 財는 감추어져야 하고 감추어지면 뛰어나다 하였다. 그것은 財를 두고 무리들이 싸우기 때문이다.

그래서 羊刃이 겁탈하니 財로 인하여 재앙이 이르게 되어 財는 제 멋대로 있는 것은 불가하다.

위의 설명은 食神이 殺을 制하면 더욱 뛰어난 것을 설명한 것이다.

그래서 食은 사람이 탐하는 것이다. 그러한 고로 효신梟神이 탈탈奪하면 食으로 인하여 질병이 일어나게 되니, 食을 보면 자초하지 않아야 한다.

男에게는 官殺이 자식인데, 가령 羊刃, 劫財, 官殺이 저쪽의 用이 되면, 형제에는 자식이 있고 나에게는 자식이 없게 되니 조카에 상속하게 된다.

偏.正財는 처인데, 가령 柱中의 올바른 위치에 財가 없으면 다른 官에 기생하니 곧 타인을 아내로 맞게 되어, 곧 양녀가 된다. 그래서 主는 의녀義女가 처가 된다는 것이다.

◉ 日時에서 卯,酉가 상충相衝하면 태어날 때 반드시 主는 이사하고, 조화가 戌,亥의 만남으로 인하게 되면 평생 신기神祇를 믿어 공경한다.

註解 : 이것은 또한 地支 中의 卯,酉, 日月의 문호門戶를 설명한 것이다. 日時에서 만나면 主는 옮겨 정해진 처處가 일정치 않다.

戌,亥는 천문天門으로 日月에서 만나면 신기神祇를 믿고 혹은 승도僧道가 된다.

256

◉ 陰이 陰을 剋하고, 陽이 陽을 剋하고, 財神을 사용하고, 官에 官이 없고, 鬼에 鬼가 없고, 태왕太旺하면 경사져 위태롭다.

註解 : 人命에서 財官이 중요하여 그래서 다시 들어 설명하였다. 사람은 모두 正財를 사용하는 것은 아는데 陰이 陰을 剋하는 것과 陽이 陽을 剋하는 것은 알지 못한다.

偏財는 正財에 이기고, 조화는 도리어 득용得用하게 된다.

官은 없는 것은 불가하고 官이 많아도 도리어 主에 官이 없는 것과 같아 불길하다.

殺이 있는 것은 불가하고, 殺을 많이 얻으면 그 귀鬼에 종從하게 되어 도리어 해害롭지 않다.

중요한 것은 모두 크게 旺하고 身은 쇠약하면 대적하지 못하여 기울려져 위태롭게 된다.

◉ 국국國局은 얻었지만 원원垣을 잃으면 평생 이룸이 없고, 귀원歸垣된 득국得局은 조세早歲에 헌軒에 오른다.

註解 : 득국得局은 三合 국국局이고, 귀원歸垣은 干이 귀록歸祿한 것이다. 이 말은 人命에 局을 이루어 生旺하면 세력이 있어 福이 된다는 것이다.

만약 득국得局했지만 원원垣*을 잃으면 비록 天干에 유상類象이 되고, 地支에 三合이 된다고 하드라도 日干이 휴休, 수囚, 사死, 절絶의 地가 되어 평생 이루지 못한다.

만약 득국得局하고, 또 귀원歸垣하면 가령 오성五星이 승전升殿 입원入垣한 것으로, 곧 득지得地, 득시得時를 일컫는 것이다. 主는 어린 나이에 발복發福한다.

곡직曲直 윤하潤下 등의 格은 곧 득국得局 귀원歸垣한 것이다.

** 원垣 : 담장, 울타리, 관아, 별자리, 별의 이름, (담을)두르다, 에워싸다

⊙ 命에 梟神을 만나면 부가富家하게 경영하고, 용장龍藏, 亥卯는 상업을 경영하여 재물을 얻고, 財,官에 敗가 동반하면 사망하고, 食神이 梟를 만나면 흉하다.

註解 : 효신梟神은 확실히 나쁜 것이다. 소인이 얻으면 유용有用하다. 일컬어 부가富家하고 경영한다.

가령 甲에게 丙火는 食이고, 丙은 戊土를 生하는데 甲의 財가 되고, 壬水는 甲木의 梟神인데 戊가 구사驅使*하여 이익을 누리게 된다. 丙火가 甲木에 의탁하여 戊와 호환互換 상생相生한다. 주객主客의 도道가 이러한 것이다. 또한 상업이 되어 스스로 운영하는 者가 된다.

"용장해묘龍藏亥卯"는 寅은 청용靑龍, 巳는 태상太常, 亥卯未는 木局, 팔자에 용장龍藏 亥卯未가 用神이 된 者, 혹 財가 用인 者, 모두 主는 사민絲緡*의 이득이 있다.

財官은 祿馬로 사람에 가장 긴요한 것이다. 만약 패절敗絶의 地에 존재하면 혹 行運 또한 敗絶의 地에 미치고, 또 神이 손기損氣되면 어찌 사망하지 않겠는가?

食神은 사람의 작성爵星으로 財를 生하고, 殺을 制하니 命中에 긴요한 것이다. 梟를 만나면 탈식奪食되어 殺을 制하지 못하고, 財를 生하지 못하니 어찌 흉하지 않겠는가!

** 구사驅使 : 사람이나 동물을 몰아서 부리는 것, (말이나 수단·수법 따위를) 능숙하게 다루거나 부리어 사용하는 것.

** 사민絲緡 : 돈을 꿰어 묶는 끈

◉ 丁巳 고란孤鸞을 命에 만나면 총명한 시녀詩女가 되고, 나형裸形 목욕沐浴이 日을 犯하면 탁람황음濁濫荒淫하다.

註解 : 이것은 女命을 논한 것인데, 男도 마찬가지이다. 고란孤鸞은 甲寅, 丁巳, 戊申, 辛亥 등 日로 사생四生의 地를 좌한 것으로 가장 총명하다. 나형裸形 목욕沐浴은 子,午,卯,酉 사패四敗의 地로 月時에 犯하면 해롭지 않다. 다만 日干 자좌自坐에 있는 것이 두렵다.
가령 甲子, 庚午, 丁卯, 癸酉 등 日로 신좌身坐에 도화살桃花殺로 다시 대합帶合을 만나면 主는 탁람황음濁濫荒淫하다.

◉ 丁卯日이 己土를 만나면 食을 탐하는 사람이 되고, 亥는 곧 장신漿神 (즙)으로 酉金을 만나면 술을 즐기는 사람이다.

註解 : 丁干의 좌에 卯木은 梟로 만약 己 食을 만나면 主는 먹는 것을 탐하는 사람이 된다. 혹 食으로 인하여 재앙을 당한다.
亥는 등명登明이 된다. 酉에 水가 더해지면 술이 된다. 酉日 生人이 亥를 만나면 반드시 술을 탐하고 다시 형충刑衝을 차면 主는 낙혼落魄하고, 혹 술로 인하여 사망한다.

◉ 귀록歸祿이 財를 얻으면 福을 획득하고, 財가 없으면 歸祿은 반드시 가난하다.

註解 : 歸祿은 身旺하여 財를 사용할 수 있다. 財가 없으면 단지 歸祿만으로는 쓸모가 없다. 傷官, 食神을 얻으면 財月을 生하여 길하고 또 官殺을 보면 두려운데 財의 氣를 훔쳐가기 때문이다.

◉ 財印이 혼잡混雜하면 종내 곤욕을 당하고, 偏,正이 착란錯亂하면 반드시 身이 손상된다.

註解 : 財를 탐하여 印를 깨니(탐재괴인貪財壞印) 혼잡을 꺼린다. 만약 먼저 財가 있고 뒤에 印이 있으면 도리어 主는 복을 누리게 되는 이것을 논한 것은 아니다.

관살혼잡官殺混雜하면 제거 되거나 머무르면 길하다. 만약 착란錯亂하면 身이 손상되어 흉하다.

女命에 偏, 正이 착란錯亂하면 더욱 불길하다. 부인을 분별 할 때는 반드시 알아야 한다.

혹 말하기를 偏,正은 財의 偏,正, 印의 偏正을 지칭한 것이라 하는데, 그렇지만 身이 손상된다고 하기는 어렵다.

◉ 太歲가 전투戰鬪를 만나는 것은 꺼리고, 羊刃이 刑衝되는 것은 좋지 않다.

註解 : 이것은 日干과 세군歲君이 서로 犯하는 것에 대한 화복을 논한 것이다.

만약 日을 세군歲君이 犯하는데, 歲가 用神이면 허물이 없다.

가령 壬日에 丙丁은 財인데 柱中 근원의 뿌리가 있으면 비록 太歲를 犯하여도 길하다.

身旺한 者는 흉하고, 약자弱者는 허물이 없고, 日과 運이 함께 犯하면 主는 크게 흉하고, 五行이 구원되면 또한 수數가 감분減分된다.

가장 두려운 것은 천충지격天衝地擊이고, 마땅히 성정性情, 음양陰陽 물원物元의 진리를 살펴야 한다.

또 六乙人이 己를 歲, 運에서 만나면, 활목活木으로 활토活土를 훼하는데, 도리어 생의生意가 있어 재원이 배가 된다.

六甲人이 戊를 歲, 運에서 만나면 사목死木이 사토死土를 훼하여 불길하다. 重者는 몸이 상상喪한다.

양인격羊刃格은 歲,運에서 刑衝하면 나쁜데, 소인에 犯한 것은 불가하다. 가령 팔자에 이미 羊刃이 있는데, 殺이 크게 제복制伏된다면 羊刃 歲, 運이 흉하다.

원원元에 財가 있고 다시 겹치고 傷을 차서 충형衝刑 전투戰鬪하면 主에 발생한 禍를 측정 할 수 없다.
經에 이르기를 羊刃이 歲君과 衝合하면 돌연 재앙에 이르게 된다 한 것이 이것이다.
전투戰鬪는 오직 太歲를 들고, 刑衝은 오직 羊刃을 들어 가장 소중한 바를 설명하였다.

⊙ **庚이 丙을 만나면 시끄럽고, 어질지 못하고, 癸는 戊를 따라 合하면 하나는 젊고 하나는 늙은 것이 되어 정이 없다.**

註解 : 이 말은 사람의 성정에 심술이 많다는 것이다.
金火가 相刑하면 병병病이 있게 된다. 또 사람이 강폭하다.
癸는 소음少陰(어린 여자)이 되고, 戊는 노양老陽(늙은 남자)이 된다. 癸戊가 비록 합화合化하더라도 곧 무정無情한 合이 되어 소소少와 장장長으로 설명한 것이다.

男命 戊日이 癸를 보면 어린 여자에 장가가고, 女命 癸日이 戊를 보면 늙은 지아비를 맞이하게 된다.

◉ 부종不從 불화不化는 벼슬길에 오래 머무르고, 득화得化 득종得從은 공명功名이 현달顯達한 선비이다.

註解 : 月氣에 통하지 않고, 時에 귀귀歸歸하지 못하고, 또 고신孤神을 犯한 것이 부종不從, 불화不化한 것이다.

만약 月氣에 통하고 時에 귀귀歸하면 종화從化로 논한다.

부夫가 旺하면 夫로 化하여 종從하고, 처妻가 旺하면 妻로 化하여 從한다.

사람의 행장行藏이 어찌 한 가지 일에 그치고 세우겠는가!

종신 바뀌어 지지 않아야 종화격從化格이 이루어지고 곧 부귀하게 된다.

먼저 종화從化를 논하고, 뒤에 財,官을 논하는데, 從은 天干에 地支가 따르는 것으로, 가령 乙이 8月에 生하여 地支에 金이 重하면 金으로써 논하는 것이 이것이다.

** 행장行藏 : 나서서 일을 실천하는 것과 들어가 숨는 것.

◉ 化가 녹왕祿旺으로 行하는 者는 生하고. 化가 녹절祿絶한 곳에 歸한 者는 사망한다.

註解 : 이 말은 화化되어 종從을 얻은 것으로, 祿旺을 얻기를 요하고 死絶은 요하지 않는다.

무릇 化가 조화를 이루어 본국本局의 祿이 旺하게 되어야 한다. 가령 丁壬 化木이 月令이 봄 혹은 동남東南의 運이면 生하고, 金으로 行하고 時에 申酉의 地를 만나면 사망한다.

262

◉ 生地가 상봉相逢하면 장년壯年에 불록不祿*하고, 時가 敗地이면 노후老後에 불행이 끝없이 생긴다.

註解 : 생지生地 상봉相逢은 命에 이미 장생長生 임관臨官이 있는데 行運에서 거듭 만난 것이다.

가령 庚辛의 임관臨官, 제왕帝旺은 申酉이고, 丙丁은 官이 되고, 甲乙은 財가 된다.

火 官星이 申,酉 運에 이르면 병病, 사死가 되어 庚辛에 官이 없게 되고, 木이 申,酉 運에 이르면 사절死絕로 庚辛에 財가 없게 되어 곧 財官이 같이 패敗가 되어 用神이 피상被傷된다. 비록 장년壯年에 불록不祿 된다고 허더라도 결국 時에서 말미암게 되어 결말이 이루어지게 된다.

사람의 生,時가 五行의 패지敗地가 되는 것은 불가하다. 金은 午가 敗, 木은 子가 敗, 水土는 酉가 敗, 火는 卯에서 敗가 된다.

時는 主의 말末인데 敗地가 거주하면 主는 만년晩年에 회체晦滯하고 파패破敗가 끝없이 발생한다.

** 불록不祿 : 봉녹을 타지 않고 죽는다는 뜻으로, 선비의 죽음을 이르는 말.

◉ 丁酉가 丙辛을 만나면 대를 잇지 못하고, 財가 煞位에 임하면 부친이 외지에서 사망하여 귀가歸家하지 못한다.

註解 : 丙에게 壬은 자식이 되고, 壬은 酉가 敗이고, 辛은 丙이 자식인데 丙은 酉에서 死한다. 時는 곧 자식궁으로 敗가 되고, 또 死가 되니 어찌 대를 잇게 되겠는가?

가령 대를 이을 상속자가 들어오면 부父는 필히 사망한다.

人命에 財는 父로 財煞이 동궁同宮하면 父가 어렵게 된다.

가령 庚辛은 甲이 父인데 年,月,時에 甲申을 보면 坐에 살궁煞宮이 되고, 또 歲,運도 煞이 旺하면 主의 父는 타향에서 사망하게 된다.

혹 이르기를 煞이 劫殺이 되고, 財 좌가 劫煞이 되고, 다시 父의 위치이면 부賦에 준한 의미로 또한 통한다.

◉ 팔자 干支가 같은 종류가 되고, 歲, 運에서 煞을 만나면 크게 흉하다.

註解 : 干支가 같은 류類는 곧 甲寅, 乙卯, 丙午, 丁未, 庚申, 辛酉, 壬子, 癸丑, 戊午, 己未, 戊戌, 己丑이다.

歲,運에 煞이 모여 있으면 반드시 主는 불록不祿한다. 그 까닭은 강을 믿어 煞과 서로 싸워 煞이 마침내 身을 尅하기 때문이다.

◉ 만약 관심을 가지고 상세히 관찰하면 온갖 귀천이 단 하나라도 어긋나지 않을 것이다.

註解 : 내(育吾)가 옛날의 주석註釋*을 아주 세밀하게 분석해 보니 부賦의 뜻이 유실有失되었다. 그래서 간략하게 뜻을 풀이하여 작자作者의 뜻이 퇴색되지 않게 하였다.

** 주석註釋 : 낱말이나 문장의 뜻을 자세하게 풀이함

眞寶賦 진보부

明명 兵部병부 尙書상서 撰찬 萬育吾만육오 解해

◉ 官星이 刃을 차고 극파剋破가 없으면 병형兵刑의 권력을 장악한다. 財,印은 자본의 바탕으로 형충刑衝이 없으면 황각黃閣 삼공三公의 귀한 벼슬을 한다.

註解 : 正官 격은 羊刃 및 財,印이 상자相資하면 좋고, 傷官이 있으면 剋되고, 刑衝이 있으면 깨어지고, 印,刃이 없어도 財星이 있으면 자조資助되어 길하다. 歲도 마찬가지다.

◉ 財官이 生旺하고 印綬를 만나면 미원薇垣에 절하고, 헌부憲府의 존尊이 되고, 印,財가 三合하여 완전한 局이 되면 오마제후五馬諸侯의 貴에 오른다.

註解 : 財官格이 生旺하고 柱에 偏.正印이 있고, 다시 三合이 印局 혹 財局에 해당하면 길하다.

◉ 傷官이 劫刃을 만나고, 명시明時에 장상將相을 겸하고, 印綬가 또 상부相扶하면 일찍 용문龍門에 오른다.

註解 : 傷官 格이 身弱하다면 日主를 刃,印이 자부資扶하면 길하다.

◉ 傷官이 食神을 얻으면 도움이 크고, 인각麟閣 위상魏相의 공을 꾀하고, 歲.運에서 제복制伏, 형충刑衝하는 것은 꺼리고, 다시 傷官을 만나면 재앙에 이른다.

註解 : 傷官이 食神을 얻어 중첩 상부相扶하면 길하고, 刑衝은 꺼리고 제복制伏이 지나치게 過한데 다시 傷官 運으로 행하면 그 재앙을 측정하기 어렵다.

柱中에 官이 없으면 財官 運으로 행하는 것이 기쁘고, 印이 없으면 印綬 運으로 나아가는 것이 좋고, 主는 벼슬을 옮기게 된다. 歲.運도 마찬가지이다.

** 인각麟閣 : 인각충훈부忠勳府를 달리 이르는 말.

◉ 財는 七煞의 자본으로 권력의 위엄이 어찌 만인을 압도하지 않겠는가! 印이 또 도우면 官의 거처가 극품極品에 이르는 것으로 단정한다.

註解 : 七煞格은 財가 자조資助하면 좋고, 또 印을 얻어 化하면 가장 길하다. 오로지 煞은 主에 권력이 있고, 印을 얻으면 主는 극품에 이른다.

◉ 月에 煞,刃이 같이 모여 있으면 한나라의 곽광霍光에 필적하는 뛰어난 이름이 되고, 時,歲에 거듭 印財을 차면 관직이 변경에서 흥한 등우鄧禹와 같다.

註解 : 七煞, 劫刃이 월령月令에 같이 존재하고 歲,時에 財,印이 있으면 가장 貴하다. 뜻은 위 글과 같은데 다만 이것은 刃을 겸해서 설명한 것이다.

◉ 煞이 실시失時하고, 印은 무기無氣하고, 다시 主가 旺하면 평범한 직업의 사람이다.

註解 : 七煞, 印綬가 당령當令 혹은 권력을 맡지 못했는데 日干이 자왕自旺하고, 用神이 경미하면 청간냉담淸閒冷淡한 직업에 불과하고, 歲,運이 財, 煞로 행하면 길하다.

◉ 印이 사령司令하여 煞이 상부相扶하고, 다시 財를 보면 한원翰苑의 벼슬이 된다.

註解 : 印綬 격은 당시當時 월령月令을 요하는데, 日支에도 거듭 生을 얻으면 氣가 旺하고, 형충刑衝 파해破害가 되지 않고, 약한 一財, 一煞을 얻으면 뛰어나게 된다. 크게 과하면 마땅하지 않다.
財印이 양정兩停하면 곧 평범하게 흐른다.
부부賦에서 말한 印綬를 겹쳐 만나면 官의 거처가 한원翰苑이 된다 한 것이 이것이다.

◉ 偏財가 時上에서 官을 보면 이른 나이에 금방金榜에 이름이 붙고, 다시 食神을 얻어 서로 돕게 되면 소년에 벼슬이 높게 이른다.

註解 : 시상편재時上偏財 格은 歲,月에 官星이 있고, 또 食의 도움을 얻으면 위 글에 준한다. 比劫과 比肩을 만나는 것을 꺼리는데 백에 하나도 이루는 것이 없다.

◉ 복덕福德이 財를 보고, 官은 숨어있으면 거처가 극히 높은 중한 직책이 되고, 柱, 運에서 印를 만나고 土가 없으면 지위가 낮고 고독하다.

註解 : 복덕福德은 가령 壬癸日이 겨울 3개월에 태어난 것으로 財官이 자조 資助하면 좋고, 干支에 合이 있고 혹 火局을 얻고, 또 辰,戌,丑,未을 오직 하나만 만나면 뛰어나다.
柱에 財,官이 없는데 印綬를 만나서 財,官으로 행하지 않고, 印綬 및 북방運으로 행하면 처를 刑하고 자식을 剋하고 고과孤寡 빈궁한 命이 된다.

◉ 륙임추간六壬趨艮은 財,印이 투출하면 뛰어나고, 官,煞이 침범하면 도리어 빈궁 하천하다.

註解 : 六壬日이 壬寅 時를 만나면 추간趨艮 格이 된다. 歲,月에서 다시 寅을 보고 天干에 丁辛이 투출하면 뛰어나 부귀가 쌍전隻全하다.
가장 꺼리는 것은 官,煞이고, 혹 行運에서 보면 육친 골육이 분산되고, 빈박貧薄하고, 비복婢僕한 사람이 된다.

◉ 륙갑추건六甲趨乾은 財,印이 기뻐 직위와 이름이 높다. 歲,運에서 형충衝刑하고, 煞,官이 아우르면 재앙이 일어난다.

註解 : 甲日이 時에 乙亥를 만나면 곧 추건趨乾 격이다. 歲,月에서 다시 亥를 보고, 또 財星를 얻어 겹쳐 만나고, 印綬가 身을 生하고, 正官이 자연 출현하고, 다시 財가 旺한 地로 행하면 길하다.
巳와 형충刑衝하는 것을 꺼리고, 官,煞은 극파剋破하고, 甲乙은 겁탈한다. 歲,運도 마찬가지다.

◉ 財를 겹져 만났는데 印의 生을 얻으면 소년에 복을 받는다.

註解 : 즉 먼저 財가 있고 뒤에 印이 있으면 도리어 福을 이루는데, 財가 印
을 깨면 그렇지 않아 좋지 않다.

◉ 도충倒衝이 印을 차고 財,食을 만나면 어린 나이에 이름을 이룬다.

註解 : 도충록마倒衝祿馬 격으로 곧 丙午, 丁巳, 辛亥, 癸亥 등日, 柱에 偏印
이 있고, 또 財食 運으로 나아가면 貴하다.
전실塡實은 꺼리고, 官,煞은 적당하지 않다.
부부賦에 또 이르기를 도충倒衝이 印을 차면 이른 나이에 이름을 이루고,
財,食 자본을 겸하면 身이 단지丹墀에 가깝게 된다 한 것이 이것이다.

◉ 세덕歲德이 干을 도우면 財星이 좋고, 제복制伏은 좋지 않다. 印星이
運에 있는데 羊刃과 만나면 병형兵刑을 장악한다.

註解 : 年干의 七煞이 세덕歲德이 된다. 겹쳐보는 것은 마땅하지 않다. 財星
이 가장 좋고, 印綬, 羊刃도 좋고 제복制伏은 불가하다.
歲,運도 마찬가지다.

　癸 戊 己 甲
　亥 子 巳 申
세덕歲德에 制가 없고, 財가 煞을 生하여 用을 얻었다. 印이 있어 화살化煞
하여 身을 돕고, 刃이 煞과 合하여 身을 도와 크게 貴하다.

269

[蟾彩 : 日刃 午를 말하는 것으로 오중의 己가 甲과 합한다는 것이다.]

⊙ 이덕二德이 官과 짝하면 王을 능멸하는 한조漢朝의 정승과 같이 된다.

註解 : 가령 辛日이 9月에 生했다면 丙은 천월天月 이덕二德이 되고, 또 正官이 되어 財星이 자조資助하면 좋고, 傷官이 剋制하는 것은 꺼린다.

부부에 이르기를 영토를 평정하고 여섯 육사六師*를 통솔하는 것은 官이 힘입어 변화 한 것으로, 이덕二德이 있기 때문이라 한 것이 이것이다.

　　戊 辛 丙 乙
　　子 丑 戌 亥
　　火 土 土 火
이 命이 합당한 格이다.

또 官이 덕德으로 변하여 벼슬살이에 재앙이 없고, 財가 덕으로 변하여 좋은 중에 또 재백財帛을 얻고, 印이 덕으로 변하여 主는 조부의 복을 받고, 재앙도 없고, 日干이 덕으로 변하면 主의 본신本身에 좋다

** 육사六師 : 예전에, 나라에 해를 끼치는 여섯 종류의 나쁜 신하를 이르던 말.

⊙ 재성財星 덕수德秀는 진대晉代의 공인 사안謝安*과 같다.

註解 : 가령 戊,己에 甲乙은 官, 壬癸는 財로 이덕二德이 투간透干하면 덕수德秀의 辰(星)이 된다.

庚辛이 제복制伏하지 않고, 比劫에 쟁탈하지 않으면 크게 貴하다.

또 가령 乙日에 庚은 官인데 巳酉丑 月에 生하고, 丙丁에게 庚辛은 財인데 巳酉丑 月에 生한 예가 된다.

부부賦에서 이른 왕상王商*이 한나라를 도운 것은 財官으로 말미암은 것으로, 덕수德秀의 영화가 있게 되었다 한 것이 이것이다.

또 덕수德秀로 인하여 복덕福德이 빼어난 氣되고, 다시 財,官을 만나면 더욱 뛰어나다.

** 사안謝安 : 동진東晉의 재상.

** 왕상王商 : 자는 자위이고 탁군 여오현 사람이다. 한나라 성제成帝 때의 정승

◉ 많은 傷官이 官을 보면 완석頑石에서 옥玉이 생산되고, 원原에 官이 있는데 다시 보면 재앙이 연이어 발생한다.

註解 : 傷官 격은 柱中에 傷官을 重하게 보는 것을 요한다. 가령 一位의 正官은 貴하게 되고, 官이 없는데 官運으로 행하면 기쁘고, 傷官은 돌과 같고, 正官은 玉과 같고, 만약 傷官이 다시 官運으로 행하면 재앙이 발생한다.

◉ 傷官이 煞,刃을 차면 장상將相으로 나아가 공후公侯로 들어온다.

註解 : 傷官이 主가 되어 柱에 煞,刃을 차고 또 印綬를 얻고 당시當時에 득령得令하면 서로 더해지는 정이 있다.

刑衝을 당하지 않으면 극히 귀한 격이 된다.

부부賦에 이르기를 傷官이 刃,印을 온전히 구비하면 병부를 장악하는 중임을 맡는다고 하였다.

◉ 덕수德秀가 만약 傷官을 도우면 병권을 장악하고, 부월鈇鉞을 굴복시킨다.

註解 : 이것은 덕수德秀를 겸한 설명인데 모두 傷官 격을 主로 한 것이다.

◉ 地에 子,午,卯,酉가 완전하면 대격大格이 되어 문무文武로 나라를 다스린다.

註解 : 사중四仲(子午卯酉)이 완전하면 天干이 어떠한 가 살펴야하는데 모름지기 대격大格을 이루는 묘가 있다.

◉ 柱에 亥,寅,申이 배열되고, 다시 기의奇儀가 되면 主의 권력의 위엄이 진동한다.

註解 : 사맹四孟이 완전하면 天干 여하를 살펴야 하는데, 다시 기의奇儀를 얻으면 묘하게 된다.

◉ 木이 卯 月,時에 生하고 午를 만나면 진동이명震動離明으로 運이 서, 남의 궁에 이르면 극품極品에 이른다.

註解 : 이것은 목화통명木火通明 格이다.

◉ 食이 印을 만나고 다시 劫이 衝하면 하늘이 정한 수명이 짧다.

註解 : 이것은 食神格이 꺼리는 것이다.

◉ 柱에 食神이 왕성하고 運이 財로 흐르면 공명이 있다.

註解 : 한마디로 권신내사權臣內使로 食神格의 좋은 것을 말한 것이다.

◉ 조양朝陽이 印과 자마資馬를 차면 궁궐의 벼슬이 되고, 柱에 財,印이 없으면 직職이 민목民牧이 되고, 歲,運에서 전실塡實되는 것이 가장 좋지 않다.

註解 : 육음조양六陰朝陽 格으로 印綬, 財星이 기쁘고, 歲,月 中에 있으면 格에 든다.
財,印이 없으면 수數가 감분減分되고, 運行이 財,印으로 나아가면 官의 거처가 전운轉運되고, 衝刑, 전실塡實은 꺼린다.
부부賦에 이르기를 조양朝陽이 印을 차면 조정의 청한 선비가 되고, 財星이 자조資助하면 청쇄靑瑣의 영광이 있지 않으면 풍기風紀의 임무를 맡고, 柱에 印이 없고 財가 많으면 거처가 민목民牧이 되고, 오로지 성城을 지키는 직업이 된다 하였다.

◉ 서귀鼠貴가 식자食資와 인요印曜를 차면 관청 미원薇垣의 영역이되고, 柱에 官煞이 있으면 빈궁貧窮 하천하게 되고, 運에서 刑衝하는 것은 기쁘지 않다.

註解 : 육을서귀六乙鼠貴 격으로 食神을 겹쳐 만나거나 또는 印綬를 보면 길하다. 꺼리는 것은 官煞이 刑衝하는 것인데 해롭다.

◉ 子,丑이 巳 궁과 요합遙合하고, 柱에 印財가 있으면 극히 보배롭고, 歲, 運에서 만약 보좌하지 않으면 낮은 직職에 오르고 앉은 자리가 차갑다.

註解 : 자축요사子丑遙巳 두 격은 柱에 財,印이 있어야 貴하다. 없으면 運에서 財,印을 만나면 또한 발달한다.
부賦에 이르기를 子丑이 巳 궁과 요합遙合하여 財,印을 얻으면 지극한 보배가 된다 하였다.

◉ 경방經邦의 도道를 논하면, 財,官이 자록自祿, 자왕自旺이 되면 좋다.

註解 : 甲日에 辛은 官으로 酉를 얻으면 건록建祿이 된다. 己土는 財가 되고 己의 長生은 酉가 된다. 이 예를 말한 것이다. 이 象이 들면 크게 貴하게 된다. 꺼리는 것은 傷官 運이 들어와서 刑衝하는 것으로 歲도 마찬가지다.

가령 오악상서吳嶽尙書.
　　甲甲癸甲
　　子辰酉子
합당한 格으로 庚午 年에 사망했고 평생 올바르게 산 군자다.

◉ 조원찬화調元贊化*는 삼기三奇로 인하고 자왕自旺 자생自生한 것이다.

註解 : 正官, 正印, 正財는 삼기三奇가 되고, 甲日에 辛은 正官으로 巳를 얻으면 長生이 되고, 壬은 印이 되고 申은 長生이 되고, 戊土는 財로 申에서 生하는 이 象에 들면 크게 貴하다.

가령 담론상서譚論尚書.
   丙 丁 甲 庚
   午 未 申 辰
財,官,印이 모두 旺하다.

호종헌 상서胡宗憲尚書
   壬 丁 辛 壬
   寅 酉 亥 申
財,官은 건록建祿이 있고 印은 長生이 있다.

丁火가 酉에서 자생自生하고, 貴神의 地이고, 또 丁壬 化木하여 象을 이루었다. 이른바 위엄이 사방에 떨쳤고 벼슬이 일품에 도달하였다.

** 조원찬화調元贊化 : 천지의 원기를 조화롭게 하고 만물의 화육化育을 도움.

◉ 란차欄叉가 印,祿를 얻어 상조相助하면 벼슬의 위치가 삼공에 이르고, 火가 겁탈하고 겸해서 歲,運과 불화不和하면 도리어 빈궁, 하천하다.

註解 : 이 格은 柱中에 祿神, 偏.正印이 있는 것으로 天干에 財,印을 얻으면 뛰어나고, 만약 火神의 劫刃이 태중太重하고, 歲,運이 불화하면 빈천하다.

◉ 祿이 財,印을 만나면 청년이 급제하여 등과登科하고, 歲,運에서 刑衝하면 官,煞을 만나도 뛰어나지 않다.

註解 : 귀록歸祿 格으로 歲,月,時 中에 印,財가 있어 地支 三合하면 뛰어난다. 運行이 財,印의 地가 되면 길하고 官,煞과 刑,衝,破,害하면 파격破格 된다.

◉ 금수청징金水淸澄이 피상被傷되면 문장은 현달하나 수명은 지연되기 어렵다.

註解 : 柱中에 巳酉丑 金局, 申子辰 水局, 두 局이 완전하면 금백수청金白水淸하다고 한다.
도리어 天干에 丙,丁,戊,己가 혼극混剋하면 글은 있으나 수명이 짧다.
부부賦에 이르기를 금수청징金水淸澄이 피상被傷되면 빼어난 안자顔子도 부실하다고 하였다.

◉ 木火가 쇠약하거나, 왕성하여 균형이 되지 않으면 공명이 층등蹭蹬하고, 요절하는 것을 의심하지 말아야 한다.

註解 : 五行의 이치는 木은 봄에 旺하고, 火는 여름에 旺한데 가령 乙木이 여름에 生하면 火가 旺하여 木이 설설泄된다. 가령 年,月,時,日의 干支에 火가 왕성하고 水가 없는데다가 土가 重하고 金이 약하면 공명이 층등할 뿐 아니라 수족, 부모가 일찍 손상된다.

柱中에 가령 亥,子,壬,癸가 삼 할만 되어도 해갈이 조금되는데 亥,子,壬,癸가 삼 할도 없으면 火가 木의 근원을 다하여 재가 되어 줄어드니 요절하는 것을 의심하지 않아야 한다.

◉ 구름, 용, 바람, 범이 만약 상종相從하면 조정의 큰 그릇에 견주게 된다.

註解 : 운용풍호雲龍風虎는 가령 甲乙이 봄 二月에 生하거나 혹은 亥卯未 月에 生하면 청용의 별로 天干에 壬, 癸水를 요하는데 운용상종雲龍相從이라고 한다.

또 庚申, 辛酉를 단 한 개라도 얻으면 서방 백호의 神으로 亥卯未가 좋다.

巳와 요합邀合하면 손풍巽風은 貴하고, 만약 전실塡實되거나 또 운우雲雨가 없으면 일컬어 한용旱龍이라한다.

陽은 있고 陰은 없고, 군君은 있고 신臣은 없고, 강유가 서로 구제하지 못하면, 도리어 중용에 도달하지 못하는 선비가 된다.

혹 辰은 용, 寅은 범, 壬은 구름, 巳는 바람이 되는데 局이 완전히 갖춘 寅, 辰,巳,壬 者는 크게 貴하다.

◉ 비록飛祿, 난차攔叉, 印綬는 반드시 소대昭代의 명공名公이 된다.

註解 : 年支에 日主의 祿이 있고, 四支에 도충倒衝을 만나고, 日主의 암충록
暗衝祿 또는 비록飛祿이 되고, 天干 세 개가 같고, 申子辰이 상회相會하면
난차攔叉가 된다. 이 格은 많지 않은 印綬가 있으면 반드시 소대昭代의 벼
슬을 하게 된다.
** 昭代소대 : 임금이 나라를 잘 다스리어 태평太平한 세상世上

◉ 身이 비록 旺하더라도 官祿이 허약하면 마씨馬氏가 스승이 되어 제자
를 육성하여야 한다.

註解 : 가령 甲寅日에 辛은 官祿이 되는데, 겨울 3개월, 혹은 4, 5月에 生하
면 用神이 약하다.
또 財星이 자조資助하지 않으면 사유師儒의 命에 지나지 않는다. 여름에
태어나 財星이 자조資助하면 부유하고, 도주陶朱*와 비교된다. 만약 극파
剋破, 제복制伏하고, 火가 重하면 그렇지 않다.
** 도주陶朱 : 월나라의 재상 범 여范蠡를 달리 이르는 말. 벼슬은 그만두고 도陶의 땅
    에서 살아 주공朱公 이라 일컬은 데서 온 말임.

◉ 격이 청淸하지 않고, 用神은 폐폐廢가 되지 않으면, 소조蕭曹가 도刀를
일으키고 서주西秦에서 필筆을 취한 것과 같이 된다.

註解 : 뜻이 위 글과 같다.

278

◉ 甲,乙이 만약 건궁乾宮에 들어 진용辰龍을 만나면 반드시 貴하게 된다.

註解 : 甲,乙 두 글자가 간두干頭에 많이 투출하고 地支에 亥를 보고, 年,月, 時에 1,2개의 辰을 또 얻으면 육갑추건통명六甲趨乾通明 格이라한다. 가령 四柱에 이 象이 들면 主는 크게 貴하다.

◉ 金神이 壬,癸를 만나고 巳午을 얻으면 아름답게 된다.

註解 : 甲乙日 生의 사람이 壬,癸를 얻으면 생부生扶되고, 支神 巳,午火가 있으면 수화기제水火既濟가 되어 용이 비등飛騰하는 象을 얻은 것으로, 구름을 행하여 비를 내리게 하는 공이 있다.

命에 이 값이 있는 象이 되면 위치가 청광淸光*에 가깝게 된다.

** 청광淸光 : 밝은 빛. 선명한 광선

◉ 庚이 壬,癸를 만나고, 좌坐에 煞,印이 되면 주유周瑜*와 같이 주요한 직위를 맡게 된다.

註解 : 六庚日 生이 柱中에 壬,癸가 많고, 身의 좌에 七煞, 印綬가 있는 者는 크게 貴하다.

가령 하상서何尙書

　　丙 庚 癸 壬
　　子 午 丑 子

나의 命(육오 만민영 선생) 합당하게 갖추어진 象이다.

丙 庚 癸 壬
戌 寅 丑 午

** 주유周瑜 : 중국 삼국 시대, 오나라의 명신(175~210). 자는 공근公瑾이다. 손책을
섬겨 양쯔강 하류 지방을 평정하였다. 손책이 죽은 후에는 그의 동생 손권을 섬겼
다. 208년에 조조가 군사를 이끌고 남하하자, 친히 군사를 이끌고 제갈공명과 함
께 적벽에서 조조의 군대를 대파했다.

◉ **구사龜蛇가 칼을 지니고, 겸해서 금인金刃이 있으면 값이 채워져 이
름이 높게 된다.**

註解 : 壬,癸日 生에 柱中에 丙火가 많고, 혹 寅午戌, 申子辰 두 局은, 水는 구
龜에 속하고 火는 사蛇에 속하여 이름이 구사龜蛇가 검을 지닌 象이 된다.
柱에 만약 金이 없으면 검劍이 나타나지 않는다.

◉ **庚,辛이 重하고 時에 巳,亥를 보면 호소풍생虎嘯風生하고, 戊,己를
얻어 상자相資되면 官의 거처가 극품에 이른다.**

註解 : 庚辛日 生이 다시 庚辛 干을 보고 歲,月,時 中에 한 개의 巳를 얻으면
손풍巽風이 되고, 혹 亥를 얻으면 좋다. 甲,乙,亥,卯,未가 기쁘고, 운행運行
이 동남으로 나아가면 권력과 녹봉이 높고 重하다. 북방으로 나아가면 부
유하고 서방이 들어오면 재앙을 측정하기 어렵다.

◉ 一氣가 상생相生하면 五行의 순수한 氣으로 칭하고, 위치가 삼대三
台에 가깝게 된다.

註解 : 一氣가 상생相生하는 것은 곧 甲이 丙을 生하고, 丙이 戊를 生하
고, 戊가 庚을 生하면 五行이 순수한 氣이 되고, 다시 地支에 상호 더해지
는 者는 크게 貴하고, 혹 天元이 한 氣가 되는 것은 이렇게 설명하지 않
는다.

◉ 金神이 刃을 차고, 火地의 염명炎明을 만나면 벼슬이 내각內閣에 이
른다.

註解 : 금신金神 格의 柱中에 羊刃이 있는데, 火로 행하면 크게 貴하다.

◉ 시상편관時上偏官에 劫,刃,印,財가 歲,月에 있으면 좋다.

註解 : 시상편관時上偏官 격의 歲,月,時 中에 財와 印이 化하여 있어 刃이 身
을 도우면 강하게 되어 主는 풍헌風憲의 권력이 있게 된다.

◉ 부父가 자식에게 전傳하는 도道는, 문무文武 장상將相을 겸하여 조정
朝廷에 나타난다.

註解 : 乙日 生이 壬午 時를 만난 者가 이것이다.
乙은 동방 청제青帝의 神에 속하고, 午는 남방 적제赤帝의 神에 속한다.
乙은 부父에 속하고, 午는 자식에 속하는데, 干上에 壬水를 얻어 도리어 乙

木을 生한다. 이것이 父가 자식에 전하는 道의 象으로 청적靑赤이 서로 이어져 뛰어나게 된다. 이 格에 든 者는 일생 공이 높고, 총애가 모든 벼슬을 누른다.

水가 왕성한 것은 마땅하지 않은데, 乙木이 뜨기 때문이다.

곧 앞에 木이 卯月에 生하고 時에 午를 만나면 이離(火)의 밝음이 진동하고, 運이 서남에 이르면 벼슬이 극품이 이른다 한 것이 이것이다.

◉ 傷官은 투출하고, 正官은 숨어있는데 煞,印을 만나면 직위가 重하고 권력이 높다.

註解 : 傷官이 歲,月,時 干에 투출하고, 正官은 地支에 숨어 있고 柱 내에 財, 印,七煞이 온전한 者는 크게 貴하다.

◉ 地天이 교류하여 陰陽이 교감하는데, 戊己를 얻으면 삼대三台에 앉는다.

註解 : 日,時에 亥를 얻으면 건천乾天이 되고, 歲,月에 申을 얻으면 곤지坤地가 된다.

干에 戊,己가 투출하면 地가 天上에 있는 것인데, 陰陽이 교감하는 뜻이 있다.

내양內陽 외음外陰 건순健順의 象이 되는데 이 格에 든 者는 크게 貴하다.

◉ 木이 왕성하고, 金이 번성하면 이명離明을 얻어 공충정직公忠正直하다.

註解 : 木은 金에 힘입어 깎여지는데, 金이 크게 번성하면 火가 金을 制하기를 요한다. 공충정직公忠正直한 것을 金,木으로써 설명한 것이다.

◉ 금백수청金白水淸이 長生을 만나면 총명 출중하다.

註解 : 庚辛 日이 申子辰 月에 生하고, 地支에 巳를 좌하고, 柱에 壬, 癸가 있고, 火土가 협잡하지 않으면 主는 총명하고 문학이 있다.

◉ 화명火明하고 木이 빼어나고, 土를 만나면 일찍부터 자라머리가 된다.

註解 : 甲,乙日 生이 柱中에 巳가 있고, 혹 丙,丁,寅,戌 글자가 있는데, 봄에 生하면 기특奇特하다. 만약 地支에 午,戌,亥,卯,未를 각 한 글자라도 얻으면 또한 이것이다. 甲,乙日 生에만 얽매이지 않는다.

◉ 水木이 봄에 生하여 土,金을 만나면 공후公侯의 貴가 된다.

註解 : 水가 土를 보고, 木이 金을 보면 官이 되고, 水가 金을 보면 印이 되고, 木이 土를 보면 財가 되고, 봄은 木은 旺하고 水는 휴휴休하여 서로 자조資助하여 貴하게 된다.

◉ 金이 화련火煉을 만나면 일찍에 벼슬로 나가고, 木이 금재金裁를 얻으면 어린 나이에 이름을 이룬다.

註解 : 이 말은 五行의 상제相濟를 설명한 것이다.

◉ 金이 많으면 火가 손실되어 성격과 도량이 흉완하여 탄식한다.

木이 왕성한데 金이 없으면 공명이 따르지 않아 탄식한다.

土가 重한데 木이 소통하지 않으면 분파의 무리로 곤고하다.

水가 왕성한데 土가 제복制伏하지 않으면 파가破家하고 음탕한 사람이 된다.

火가 왕성한데 水가 구제하지 않으면 죽어서도 후회하지 않는 폭부暴夫가 된다.

木이 쇠약한데 火가 왕성하면 왕성이 변하여 재를 날리고, 공명이 더디고 요절을 피하기 어렵다.

금백수청金白水淸이 梟의 해害를 입으면 문장이 빼어나나 오래 동안 길지는 않다.

註解 : 이 설명은 五行이 편중되는데 제복制伏되지 않은 것으로 모두 길하지 않다.

◉ **금백수청金白水淸은 梟神을 벗어야 문장이 익현益顯하다.**

註解 : 앞과 더불어 금백수청金白水淸은 長生을 만나야 총명, 출중하게 본다는 것이다.

◉ **煞,官 둘이 노출되어 이덕二德을 만나면 벼슬의 위치가 숭고하다.**

註解 : 이덕二德은 天月 이덕二德이다. 煞,官 두개가 노출되면 혼잡한 것인데, 이것을 풀게 되어 貴하게 되는 것이다.

◉ 財는 七煞의 자본으로 작위를 헤아려보면 장상將相의 높은 권력을 맡는다.

註解 : 柱中에 財旺하여 煞을 生하면 煞은 印을 生하고, 또 長生의 地를 얻고, 日干이 旺한 순수한 格局은 크게 貴하다.

◉ 金神이 煞을 차면 묘당廟堂에 준하는 큰 인물이 된다.

註解 : 金神을 중범重犯하고, 歲,時,月令에 七煞을 만나면 크게 貴하고 刑衝은 꺼린다.

◉ 세덕歲德이 財,煞을 만나면 뿌리가 심어져 일찍 벼슬에 오르고, 다시 印,刃이 더해지고 투합妬合하지 않으면 높은 과거에 급제한다.

註解 : 앞과 같은데, 세덕歲德이 干을 돕는 것으로 財星이 기쁘고 제복制伏은 싫다. 印星을 運에서 만나고, 羊刃을 만나면 병형兵刑을 장악한다.

◉ 세덕歲德이 財를 만나면 소년에 청거請擧되고, 세덕歲德이 刃을 차면 어린 나이에 이름을 이룬다.

註解 : 세덕歲德은 중요한 煞이 되어 여러 번 설명하였다.
젊어서 이름을 이루고, 일찍 고과高科에 발탁되어 벼슬을 맡게 된다.
첫 시절의 나이에 벼슬을 맡게 되게 되는데, 煞의 主는 위풍威風이기 때문이다.
가령 甲日이 庚年을 보면 세덕歲德이 된다. 柱中에 戊己가 煞을 돕기를 원하고, 巳酉丑은 재근재근栽根하고, 刃을 찬 것이 되고, 印綬로 행하면 기쁘고 正官이 투합妬合하는 것은 꺼린다.

◉ 月에 七煞이 되고, 時,歲에 食이 있으면 숙헌부肅憲府에서 풍상風霜을 호령한다.

註解 : 食神이 制煞하면 이 이치가 그러하다.

◉ 月에 煞,印이 있고, 時에 傷官이 있으면 봉각鳳閣 용루龍樓를 받고, 총애가 두텁게 된다.

註解 : 月令에 煞,印이 있고 歲의 干支에 이것을 얻으면 극히 뛰어나다. 時에 傷官이 투출하기를 요하고, 印의 처가 되고, 煞을 制하여 主는 크게 貴하다.

◉ 日에 丙火가 있고, 時는 亥가 되면, 天이 화려하여 문명文明을 사해四海에 떨친다.

註解 : 六 丙日이 時에 己亥을 얻으면, 亥는 건乾에 속하여 天이 된다. 火는 天上에 존재하여 비추지 않은 곳이 없다.
命에 이 象의 값이 되면 어릴 때부터 노년까지 貴가 숭고하게 나타난다.
병형을 장악하는 임무가 되고, 上으로 天子를 보좌하고, 下로 네 세대를 교도하고, 외로 네 오랑캐를 누른다.
刑,衝,破,害를 꺼리는데 구원이 있는 者는 길하다.
부賦에 이르기를 陽火가 時에 亥를 만나면 문명文明의 빛이 사해四海에 비친다 하였다.

◉ 干이 양형陽熒하고 時에 己丑을 만나면, 地에 나타나 산천을 밝게 비친다.

註解 : 丙日이 己丑 時를 만나면 태양이 地上에 나타나는 象이다. 순수하여 하늘이 화려하고, 대명大明의 덕이 되고, 제후가 편안하고 나라가 안녕하며 큰 은덕을 받은 것이다.
命이 이 값이 되면 심려고굉心膂股肱과 같은 매우 중요한 임무를 맡게 된다.

가령 요래상원姚淶狀元 합당한 格이다.
　　己 丙 戊 戊
　　丑 辰 午 申

부부賦에 이르기를 六丙日이 己丑時를 만나면 지상에서 가장 지위가 높게 된다 하였다.

◉ 辛亥 時가 日에 丁을 만나면, 時에 삼기三奇가 있어 일찍 과명科名에 올린다.

註解 : 여섯 丁日이 辛亥 時를 보면 辛은 偏財가 되고, 亥中 甲木은 正印이 되고, 壬水는 正官이 된다. 일컬어 時上에 삼기三奇가 있는 것이다.
반드시 主는 소년에 등과登科하고, 부귀가 장구長久하다.
부부賦에 또 이르기를 陰火가 時에 亥를 만나면 부귀가 유유悠悠하다 하였다.

◉ 월건月建이 申이고, 歲,時에 子를 만나 곤坤,감坎이 순수하면 장상將相을 기약한다.

註解 : 부귀를 알고자하면 먼저 月令을 관찰하여야 한다. 곧 제강提綱을 말한다.

월건月建이 申이면 곤坤에 속하니 地가 된다. 年支에 子가 되면 감坎으로 水가 되고, 地水는 사괘師卦로 水는 地의 범위를 벗어나지 못하고, 병兵은 민民을 벗어나지 못한다.

이 象의 者는 크게 貴하고, 子時도 그러하고, 日支의 子는 그러하지 않다.

** 사괘師卦 : 64괘의 하나. 곤괘坤卦와 감괘坎卦가 거듭된 것으로, 땅 속에 물이 있음을 상징象徵함.

◉ 時에 이離, 歲에 손巽, 日에 陰金인데, 甲乙이 투출하면 삼대三台의 貴가 있다.

註解 : 午時 生人이 年支에 巳를 얻고, 日에 辛金을 얻은 主가 되면, 金에 손목巽木은 財가 되고, 이화離火는 官이 된다.

이름이 내에 손수한 손巽(木)을 얻고, 외에 이명離明(火)의 象을 얻은 것이다.

유柔로 나아가면 상행上行하고, 中을 얻으면 강에 응하고, 만약 손巽이 월령月令에 거주하면 그렇지 아니하고 격에 들면 크게 貴하게 된다.

◉ 木이 빼어나고 火도 밝은데 겸해서 춘령春令이 되는 이 象에 들면 방안榜眼의 우두머리에 오른다.

註解 : 춘생春生이 중요한 것인데, 앞의 화명목수火明木秀가 土를 만난 것으로, 일찍 오두鰲頭의 의義를 차지한다.

** 방안榜眼 : 갑과에 둘째로 급제한 사람을 이르는 말.

◉ **食神이 刃을 차서 局이 이루어지면 직위가 삼공三公에 이른다.**

註解 : 가령 甲人에 食은 丙이고 火局을 요하고, 己人은 食이 辛인데 金局을 요한다.

단지 한 글자를 얻고 다시 刃의 도움을 얻으면 크게 貴하다.

◉ **食神이 刃을 차고, 坐에 官이 있으면 일품의 높은 관등이 된다.**

註解 : 日主 좌하坐下에 官星이 있고 歲,月,時 中에 또 刃,食이 나타나 있으면 크게 貴하다. 싫은 者는 偏印이 衝刑하는 것이다. 만약 財官 두 運으로 행하면 발연勃然, 취발驟發한다.

◉ **官星이 刃을 차면 반초만리班超萬里하여 제후에 봉封해진다. 歲,月, 時에서 얻으면 주발특연周勃特然하여 재상이 된다.**

註解 : 正官 격은 用神이 당시가 되어야 한다. 柱에 劫刃이 있고, 正官, 처재妻財가 되면 강유剛柔가 서로 구제되어야 하니 오히려 財星을 얻으면 貴하다. 官星, 劫,刃들이 天干에 나타나면 더욱 貴하다.

부賦에 이르기를 官星이 刃을 차면 貴를 설명할 수 없지만, 歲,月에 투출하여 있으면 주발특연周勃特然하여 입상入相한다 하였다.

득시得時하여 官星이 旺하게 된다는 말, 刃을 차면 干支를 잡지 않아야 한 다는 말은 투로透露하여야 한다는 중요한 바를 직지直指한 설명이다. 刃 은 흉살인데 官食을 차면 모두 권력과 貴가 있는 것으로 본다.

가령 리방진李邦珍 도헌都憲이 설명에 합당한 격이다.

　　庚 壬 己 癸
　　子 子 未 酉

◉ 財,官 둘은 아름다운데, 財,印이 투출하면 거처가 대성대성臺省의 존尊이 되고, 運이 比肩에 이르고, 다시 刑衝되면 수주守株*에 집착하는 졸렬함 이 있다.

註解 : 癸巳 日이 4月 좌향, 壬午 日이 午月 좌향이 되고, 天干에 財,印이 투 출하면 貴하고, 북방 運은 마땅하지 않다. 刑衝은 두려운 것으로 짐작함이 마땅하다.

** 수주守株 : 어리석어서 변동 할 줄을 모르고 고수하기만 함.

◉ 財,官이 生旺하고 天干에 투로透露하면 뛰어나서 자색 옷을 입는다.

註解 : 四柱에 財星이 旺하면 正官이 투출하지 않아도 되는데, 財가 스스로 官을 나타나게 하여 매우 뛰어나다. 혹 財,官 둘 다 투출하고 生旺한 地가 되면 主는 크게 貴하다.

◉ 財가 旺하여 官을 生하는데 印,刃이 서로 도우면 뛰어나 삼대 팔좌三 台八座가 된다.

註解 : 柱中에 財星을 득령得令하여 旺하고, 또 印,劫이 부지扶持하면 크게 貴한데, 다시 財運으로는 행하지 않아야 한다.

⊙ 干은 食神이고 時는 록마祿馬이면 초년初年에 과거에 급제하는 영예로운 이름이다.

註解 : 庚日이 壬午 時를 보고, 辛日이 癸巳 時를 본 것이 이것이다.

⊙ 印綬가 투출하고 財.官 격이 되면 어린 나이에 변경을 진압하는 중책을 맡는다.

註解 : 財.官 격은 歲,時 干에 印이 투출하면 뛰어나다.

⊙ 日干이 건왕健旺하고 印,刃이 상부相扶하면 공승龔勝이 절개를 지키는 것과 같다.

註解 : 부賦에 이르기를 煞이 旺한데 印,刃의 도움을 얻으면 공승龔勝이 서한西漢에서 절개를 지키려 죽은 것과 같은 것이라 하였다.
이것은 四柱에 순살純煞, 혹 官星이 煞를 따르는데, 印,刃이 天干에 투출透出하면 곧 충절忠節한 어진 신하가 된다.
앞에 말한 日干이 旺하고 印,刃이 상부相扶하면 어찌 태과太過하지 않겠는가? 마땅히 좋은 곳을 얻은 이후 올바르게 된다. 한漢의 처사處士 공승龔勝을 고려한 것으로, 죽어 절개를 지키는 것이, 어찌 五行이 지나치게 過하여 상傷한 것이 아니겠는가?

◉ 官星이 刃을 차고, 印綬가 煞을 차면 그윽한 연령에 당대唐代의 영주
瀛洲를 거닐고, 삼공三公의 임무를 맡고, 煞, 刃이 존재하면 권력을 맡고,
각 長生을 만나서 다시 재자財資를 얻으면 극히 貴하다.

註解 : 가령 甲에 庚은 煞이 되고, 乙에 辛이 煞이 된다. 柱에 巳가 있으면
煞의 長生이 되고, 甲이 乙을 보고 乙이 甲을 보면 刃이 된다. 柱에 亥,午가
있으면 刃의 長生이 된다.
다시 財가 煞의 자본이 되고 印이 刃과 화합하면 극히 貴하다.

◉ 중요한 자리를 맡고, 융정戎政*을 맡고, 劫, 刃을 연달아 차면 官의
자본이 된다.

註解 : 월령月令, 時上의 正官은 羊刃이 바탕이 되기를 요한다. 가령 甲에
辛은 官이 되는데, 乙을 얻으면 官의 바탕이 되는 것이 이것이다.
** 융정戎政 : 군에 대한 행정 사무.

◉ 굽어 억눌린 것이 펴지고, 재앙의 허물을 다스리는 것은 財가 煞을 生
하는데 印이 돕는 것이다.

註解 : 四柱에 七煞이 중첩하고, 다시 財을 얻어 官을 자조資助하면 곧 煞이
세력을 얻게 되니 다시 印이 生하는 것을 설명한 것이다.

◉ 금궐金闕로 달려가 직언하는 것은 煞, 刃이 天干에 같이 투출했기 때
문이다.

註解 : 이것은 煞 격인데 煞, 刃이 歲, 月, 時 中에 아울러 있으면 主는 언로言路가 있다.

** 언로言路 : 신하들이 임금께 말을 올릴 수 있는 길. 말하는 길

◉ 한원翰苑이 되어 조칙을 장악하는 것은 正官이 四柱에 귀록歸祿되었기 때문이다.

註解 : 正官의 귀록歸祿은, 가령 丙에 癸가 官인데 子가 있으면 곧 癸의 祿이 되고, 겨울 3개월 生은 뛰어나다.

부부賦에 이르기를 조칙을 장악하는 命, 반열이 옥당玉堂의 직책이 되는 것은 귀록貴祿으로 말미암아 청기淸奇를 얻는 것이다 하였다.

** 사륜絲綸 : 조칙詔勅의 글.

◉ 年에 正印, 月에 正官이 있으면 국감한림國監翰林의 임무를 맡는다.

註解 : 正官이 月令에 있으면 좋고, 正印은 세원歲元 上에 있기를 요하고, 衝剋하는 神을 보지 않으면 위 글에 준한다.

◉ 격이 청기淸奇한 것은 時(때)를 득령得令한 것으로, 옥전玉殿에 이름을 올린다.

註解 : 격국이 순화純和하고 혼잡 되지 않고, 用神이 득령得令하여 유기有氣하고, 刑, 衝, 破, 害가 없으면 크게 貴하다.

부부賦에 이르기를 격이 청淸하고, 局이 올바르면 옥전전려玉殿傳臚하다 하였다.

◉ 방국邦國*을 평정하고 육사六師를 거느리는 것은 천덕天德의 변화를 官星이 얻었기 때문이다.

註解 : 해석은 앞의 것을 보면 된다.
** 방국邦國 : 영토, 국민, 주권을 갖춘 사회. 나라

◉ 陰陽의 의치에 의해서 재상에 오르는데, 祿馬 또 장생長生에 의지한다.

註解 : 正財, 正官이 長生을 갖추고, 刃이 食을 生하고, 食이 財를 生하고, 財가 官을 生하고, 官이 印을 生하고, 印이 身을 生하여 주류불식周流不息하면 뛰어나 반드시 主는 크게 貴하게 된다.

부부賦에 또 이르기를 財,官에 근본이 있고, 조화섭리調和燮理에 유리한 형세가 근본이다. 곧 이것은 長生이다 하였다.
財,官에 長生이 있으면 곧 貴한 것으로 長生의 地에 거처하는 바를 설명한 것이다. 刃,食의 相生으로 풀이하는 것은 옳지 않다.

◉ 격국이 순화純和하고 日干이 자약自弱하면 산수 경치를 유람하고 그윽한 누각을 좋아한다.

註解 : 用神이 비록 득시得時하였다 하더라도 日主가 쇠약하면 이기지 못하여 도리어 임천林泉에 숨어사는 사람으로 運에서 만나 身을 도와야 발發한다.

◉ 격국이 순박薄弱하고, 用神도 경미輕微하면 설령 자생資生하고, 과오가 없다고 하더라도 직위는 낮다.

註解 : 가령 소용所用의 神이 時令을 얻지 못하면 설령 자익資益의 글자를 얻었다 하더라도 낮은 직위에 속한다. 앞의 格局이 순화純和 者와는 다르다.

◉ 土가 重하고, 支神이 두텁게 실어주면, 현무玄武는 두렵고, 청용靑龍은 기쁘고, 진실한 格局을 만나면 매우 貴하다.

註解 : 가령 戊,己日이 柱中에 戊,己를 겹쳐 만나고 한 개의 申을 地支에서 얻으면 순수, 유순柔順한 道가 된다.
부부賦에 形이 정해진 곳이 없어 덕합德合의 곤곤坤은 크기가 한 없이 크니 이 象의 값은 크게 貴하다 하였다.
壬癸는 꺼리고, 甲乙은 좋아한다. 運도 마찬가지다.

◉ 木이 왕성하고 土가 두터운데, 빛을 만나 순수한 동방東方 運으로 나아가고, 곤지坤地의 運이 순화純和하면 主는 공명功名이 있다.

註解 : 天干에 甲,乙 二氣가 있고, 地支에 戊,己가 중첩한데, 도리어 寅午戌 중의 한 글자를 얻은 것을 말한 것이다.
순수한 동방으로 나아가면 木이 득지得地하고, 곤지坤地로 나아가면 土가 득위得位하게 된다.
가령 이러한 것은 木이 더욱 왕성하게 되고, 土가 더욱 두텁게 되어 4,9上下로 응하게 된다.

◉ 많은 土가 곤간坤艮 上에 거주하여, 天道를 下에서 구제하여야 광명
이 있다.

註解 : 戊,己가 歲와 月에 거주하고, 時의 干, 地支에 뿌리가 있고, 제강提綱
에 寅이 있고, 土는 곤지坤地가 되고, 寅은 간산艮山이 되어 내에 머물고,
외는 순수로 곧 겸한 의미이다.
산은 높고 땅은 낮아 굽어 그 下에 머물게 되는데, 이 값의 象이 되면 부귀
형통富貴亨通하다.
[蟾彩 : 艮은 丑寅, 坤은 未申 戊己가 丑寅 未申 上에 있으면 좋다는 말이다.]

◉ 刃이 녹마祿馬 삼기三奇를 만나고, 득령得令하고 財가 투출하면 공후
公侯, 일품의 貴가 된다.
柱에 水火 二局이 만나서 金은 노출되고, 土는 감추어지면 거북과 뱀이
검을 지닌 形이 된다. [구사지검龜蛇持劍]

註解 : 거북과 뱀이 검劍을 지닌 것은 金,刃이 겸한 것으로 명성에 거듭
높은 이름이 되는 의미이다.

◉ 財星의 좌에 煞이 있으면 덕德으로 변하여, 이정李靖과 같이 문무를
겸비한 재목이 된다.

註解 : 가령 丙申日에 辛金은 正財인데 4(巳)月에 生하여야 한다.
자신의 좌에 申에 있는 壬水는 煞이 되고, 己卯는 壬水가 正財가 된다. 申子
辰 月에 生하면 천월덕天月德으로 이 두 者는 함께 변화하여 빼어난 덕德
을 갖추게 된다.

또 이 財星이 덕德으로 변하여 生旺하고, 겁탈이 없으면 무武가 서강진폭
鋤強殄暴하고, 문文은 땅의 복록을 받고 식솔이 늘어나게 된다.

부賦에 이르기를 財星이 변變하여 덕德이 되면, 중추에 올라 나라의 중요
한 직책을 맡게 된다 하였다.

◉ 煞,刃이 印을 얻어 자본이 되면 급암汲黯*이 조정의 이목耳目을 일으
키는 것과 같게 된다.

註解 : 煞이 印을 生하고, 刃이 煞과 合한 온전한 者는 크게 貴하다.

** 급암汲黯 : 한나라 무제 때의 알자謁者로 있으면서 하내河內에 가서 화재火災를 시
   찰하다가 창고의 곡식을 임의대로 꺼내서 백성을 구제하였다. 임금에게 거침없이
   바른말을 하였다.

◉ 傷이 財,印을 차고 겸해서 生旺하면 지강지기持綱持紀하다.

註解 : 이것은 傷官이 財를 사용하고, 印을 사용하는 의미로 財印을 얻어
또 生旺하게 되면 뛰어나다.

** 강기綱紀 : 법강法綱과 풍기風氣. 삼강 오상과 기율紀律

◉ 柱에 火土가 균등한데, 木氣를 만나면 나라가 되고 백성이 된다.

註解 : 火가 土를 生하면 食傷이 된다. 木은 火의 印으로 土의 官이 된다.

◉ 왕증괴중사王曾魁衆士는 官,印이 食을 차서 상부相扶하는 것이고, 엽정점오두葉正占鰲頭는 印星이 官祿에 힘을 입은 것이다.
身旺한데 財,官의 도움이 없으면 기술이 아니면 반드시 스님이 된다. 여인이 순수한 二德을 犯하면 총장寵章 첨봉沾鳳이 된다.

註解 : 내(육오)가 관찰한 이 부賦는 자평의 범위를 벗어나지 않았다. 다만 七煞, 羊刃, 傷官, 食神, 財官, 印綬을 중요하게 다루었고, 아울러서 바탕資으로 취하였고, 성격成格 합국合局, 제화制化 변덕變德 者의 무리를 만들었는데, 모두 큰 권력, 크게 된다는 것이다.

만공萬公이 귀로 듣고 눈으로 본 것을 근거로 자평의 법을 확충한 것이다. 만공萬公 또한 지식이 정묘한 선비가 아니겠는가!

金聲玉振賦 금성옥진부

玄虛道人현허도인 著저 育吾육오 居士거사 解해

◉ 받은 命은 다 같지 않고, 마치 形을 받은 것과 같아 그 이치를 헤아리는데, 세밀 것은 알 수가 없어 바다를 재는 것과 같다 하여도 지나친 것은 아니다.

陰은 수척하고 陽은 펴지는데, 차고 비는 수數가 있다는 것을 깨달아야 한다.

天은 높고 地는 먼데, 덮고 싣는 것이 지극하여 얼마 또는 어디까지라고 정함이 없다. 혹 은하수까지 올라도 사사로운 바가 없고, 혹 심천에 떨어져도 사약한 바가 없고, 그 기수氣數는 태초에 정해져 그 배복培覆은 초목에 비유한다. 그 묘妙한 비밀은 말로 다 할 수 없는 것이고, 지인至人*이 어찌 떠들썩하게 일을 하겠는가?

또한 종화從化에 속하는 무리가 있고, 격을 왕쇠로 구별하여야 하고, 조복공요照伏拱遙로 局의 명암을 분별하여야 한다.

註解 : 유속類屬(本象)으로 나타나면 旺하기를 요하고, 종화從化는 쇠약하기를 요하고, 조복照伏 二者는 모두 명明에서 局을 취하고, 요공遙拱 二者는 모두 形이 나타나 있지 않은 곳에서 局을 취하여 암暗이라고 한다. 이미 앞에 간명看命의 팔법八法에서 설명하였다.

** 지인至人 : 극히 높은 덕을 갖춘 사람

◉ 用神을 논하고, 日主를 논한다. 각 마땅한 곳이 있고, 지맥地脈을 취하고, 天元을 취하는데 하나의 道가 있다.

註解 : 이것은 넓은 의미로 설명하여야 하는 것으로 조화란 것은 사물의 일부분이 될 수 없는 넓은 者이다.
또 이 여섯 글귀는 상격上格의 의미를 분명하게 표명한 것이다. 그 의義 또한 통한다.

◉ 거류서배去留舒配에 마음을 써 좋고 꺼리고, 사랑하고 증오하는 것을 결의決意하여야 한다.

註解 : 이 간략한 말로는 조화 者의 많은 술術을 나타낼 수 없다. 그 중간의 뛰어난 이치가 있어 곧 한마디로 다 말 할 수 없는 것이다
用神을 논하고, 日干을 논하고, 지맥地脈을 취하고, 天元을 취한다. 그 좋고 꺼리는 것의 애증愛憎이 만 가지로 부동하다.
만약 가고 머무르고 따로따로 떨어지고 짝하는 것이(거류서배去留舒配) 아니고는 어찌하여 조화를 이루어 귀천이 나누어지고, 성명性命을 말하며 생사를 결정하겠는가?
이른바 마땅히 마음을 써 상세히 음미 관찰하여 결의決意하여야 할 것이다.

◉ 근원이 탁하고, 흐름이 맑은 것이 있고, 어찌 달콤한 뿌리에 괴로운 후손이 없겠는가?

註解 : 水가 토령土令에 生하면 원래 그 원본이 탁하다. 運行이 서북으로 행하면 土가 金과 化하고, 金은 水와 化하여 흐르지 않아도 맑다. 이 같은

300

者는 먼저 主가 흉하지만 후에 主는 길하게 된다.

홍범洪範에 말하기를 가색稼穡이 달게 되고, 염삼炎上이 쓰게 되는 것은 木이 土令에 生하여 남방으로 행하면 뿌리는 달지만 후손은 괴롭게 되는 것을 일컬은 것이라 하였다.

비록 傷官은 財를 生하지만 木은 남쪽을 향해 가지 않아야 하는데 어찌하여 감내 할 수 있겠는가?

혹 이 두 글을 五行, 命, 運을 종합해서 설명한 것으로 단지 水火의 의미만 말한 것이 아니다. 또한 통한다.

락록자가 초에 흉하고 후에 길하고, 처음에 길하고 후에 흉하다고 한 것에 이것을 비유한 것이다. 이것은 곧 그 이치를 직언直言 한 것 일뿐이다.

◉ 원앙鴛鴦이 날개를 나란히 하여 강호江湖에 나타나 평생을 이룬다.

註解 : 가령

　　壬 丁 辛 丙

　　寅 巳 丑 戌

丙辛合, 丁壬合, 寅戌合, 丑巳合으로 원앙이 날개를 연이어서 나는 것이다.

壬水가 柱에 있고 丙辛 化水하여 강호江湖의 象이 되어 서지棲遲*의 성성性이 된다 할 수 있다.

간혹 말하기를 원앙비익鴛鴦比翼은 오직 짝짝이 서로 合하는 것으로 곧 덕합쌍앙德合雙鴦 格이다. 강호江湖의 글자로 구속 받을 필요가 없다고 말하기도 한다.

** 서지棲遲 : 천천히 돌아다니며 마음껏 놂. 벼슬을 하지 않고 세상을 피하여 시골에서 삶

◉ 호접쌍비蝴蝶雙飛가 동산을 만나면 얻는 바가 있다.

註解 : 가령

　　戊 辛 戊 辛
　　戌 未 戌 未
　　木 土 木 土

未는 木庫가 되고, 戊戌의 납음은 평지목平地木이니 동산이 된다. 그래서
합당한 격으로 貴하다.
만약 한 점의 木氣도 없으면 허명虛名 허리虛利한 사람이 아니겠는가?

◉ 푸른 모래靑沙, 누른 모래사장黃磧에서 정미한 金을 채집하고, 착절
錯節* 반근盤根*은 이로운 그릇을 구별하여야 한다.

註解 : 甲午日이 己巳 時를 보고, 乙未日이 戊寅 時를 본 것이다. 무릇 甲午,
乙未는 사중금沙中金이고, 戊寅土는 청사靑沙, 己巳木는 황적黃磧이다.
甲乙이 卯月에 生하면 木이 旺한 때인데 柱에 壬申,癸酉 검봉금劍鋒金이 있
으면 이 格에 해당한다.
남은 다른 金은 이 格에 해당하지 않는다.
** 반근盤根 : 서려서 얽힌 나무의 뿌리. 얼크러져서 처리하기 곤란한 일
** 착절錯節 : 어클어진 나무 마디

◉ 내가 生한 者가 어찌 나를 生한 者와 편안함이 같겠고, 나를 剋한 者
보다 내가 剋한 者가 더 貴하게 된다.

註解 : 이 내용은 傷官이 印綬에 미치지 못하고, 煞을 用하는 것이 財를 用하는 것만 못하다 한 것이다. 무릇 傷官 七煞이 비록 간혹 크게 貴하지만 재앙도 많이 일어나게 된다.

순수하게 財, 印을 用하는 것은 같지는 않지만, 자연의 복은 누리게 된다. 혹 말하기를 財를 用하면 富에 머무는 것처럼 말하는데, 그렇지 않다 財가 官을 生하여 旺하게 되기 때문이다.

그리고 財을 用하는 者는 사람을 제어하고, 官,煞을 用하는 者는 사람에 제어 당하게 된다.

◉ 기제既濟 미제未濟를 만나서, 쉬게 되는 것은 충衝이 아우르게 된 것과 의지할 곳이 없는 것을 의심하여야 한다.

註解 : 가령

丙 壬 丙 壬
午 子 午 子
水 木 水 木

기제既濟 格이다.

甲 丙 丙 丁
午 戌 午 卯
金 土 水 火

미제未濟 格이다. 두 者는 모두 크게 貴하다.

가령 오직 속세의 눈으로 분별하면 앞의 一命은 衝되어 싫고, 후의 一命은 의지 할 곳이 없어 싫어 미제未濟가 된다.

火는 上에 水는 下에 존재하고, 柱中에 태왕太旺한 것으로 해석하게 되는
데 곧 취정회신격聚精會格이다.

**◉ 내에 삼정三正 삼편三偏이 있는데, 반드시 생부生扶가 필요한 것은
아니고, 반드시 투로透露가 필요한 것도 아니다.**

註解 : 六壬이 4(巳)月에 生하면 巳中 戊는 偏官이 되고, 丙은 偏財이다. 長生
金은 偏印이 되어 삼편三偏이라 한다.
癸가 巳月에 生하면 正官, 正財, 正印이 되니 三正이 된다.
水가 비록 巳에서 絶하지만 金의 長生이 되어 水가 끊어지지 않아 반드시
생부生扶가 필요한 것은 아니다.
합해 모이면 氣가 전일하게 발산發散되어 투로透露되지 않아도 된다.
혹 財,官,印을 생부生扶하는 것을 지칭한 것이라 하는데, 만약 日干이 쇠약
하다면 생부生扶하지 않으면 안 된다.

**◉ 길을 향해 달리다 사망하고, 태어나고, 무릇 빼어난 기운으로 인하여
번성하고, 혼란스럽고, 감옥에 앉아 사망하는데, 오직 比肩이 쟁투爭鬥
하여 발생하는 것이다.**

註解 : 가령 一甲에 三寅, 一丙에 三戌, 一辛에 三丙들은 祿, 庫, 혹은 官星이
크게 많아 빼어난 氣가 없다.
가령 三壬에 一亥, 三庚에 一丑, 三己에 一甲도 빼어난 기운이 되지 않고,
분탈한다. 남은 것도 이에 준한다.

◉ 刃은 重하고 官은 경하면 시장에서 짐승을 잡고 파는 직업이 되고, 마馬가 피로하고 印이 깨어지면 공당公堂에서 도필刀筆을 희롱한다.

註解 : 官星이 刃을 차면 원래 길한데 官,煞이 실시失時하면 刃이 용사用事하여 이에 이른바 천천賤하다. 무릇 이 格을 만나면 백정이 되는 것을 의심하지 않아도 된다.

또 寅午戌의 마馬는 申이 된다. 刑,衝,破,害가 되면 馬가 피로한 것이다.

甲木에 壬癸는 印인데 庚,辛金의 生이 없고, 戊己에 파괴破壞당하면 이서吏胥의 무리가 된다.

혹 馬를 財로 지칭하기도 하는데, 병病으로 피로하다. 財가 병지病地에 임하여 馬가 피로하다 한다.

낙록자가 馬가 피로하다 기술한 것을 왕정광王廷光이 앞에 설명한 것이 이것이다.

** 이서吏胥 : 각 관아에 딸린 구실아치의 통틀어 일컬음.

◉ 삼기三奇가 다시 戌,辰을 犯하면 착삭斲削하고, 재봉裁縫하는 장인이다.

註解 : 지삼기地三奇는 甲戊庚, 천삼기天三奇는 乙丙丁, 인삼기人三奇는 辛壬癸이다.

干에 삼기三奇를 얻고, 地支에 辰戌이 相衝하면 貴가 도리어 천하게 된다.

이 者를 만나면 목장木匠 및 재의장裁衣匠이 되고, 寅辰을 만나면 그렇지 않다.

혹 戌과 합하고, 辰과 합하면 각 두 局으로 나누어져 수화기제水火既濟된다고 했지만 그렇지 않다.

⦿ 四柱 위치가 귀록歸祿하면 가장 좋아 수명이 길고, 큰 복이 있는 사람이다.

註解 : 가령

己 乙 甲 丙
卯 巳 午 寅

丙의 祿은 巳에 있고, 甲의 祿은 寅에 있고, 乙의 祿은 卯에 있고, 己의 祿은 午에 있어 天干이 각 귀歸하는 바가 있다. 이 사람은 一生 부유하고 수명이 길다.

소식부에 복을 누린다 하였다. 五行이 귀록歸祿하면 수명이 길다. 팔자가 균정하기 때문이다.

⦿ 木은 쇠약하고 火는 旺한데 다시 서쪽으로 行하면 주어진 수명을 다하지 못하고 요절한다.

註解 : 가령 甲午日이 4,5月에 生하면, 木은 남방으로 달리지 않아야 한다. 또 金을 보면 감벌砍伐되어 요절한다. 동북 運으로 나아가면 그렇지 않다.

⦿ 수냉금한水冷金寒한데 겸해서 북北과 손잡으면 신세身世*에 부침浮沉이 있다.

註解 : 金水傷官은 오직 동남 運으로 나아가면 길하다.

** 身世신세 : 일신 상의 처지와 형편. 남에게 도움을 받거나 괴로움을 끼치는 일

◉ 甲이 춘春, 乙이 추秋에 生했다면, 官,煞이 중첩되어 치우쳐도 마땅하게 된다.

註解 : 甲이 춘春에 生하면 木이 旺하여 金에 힘입어 착삭斲削되어 그릇을 이룬다.
乙이 秋에 生하면 혹 化하거나 혹 煞이 되어도 모두 길하고, 煞이 많아도 마땅하다.
甲이 가을에 生하여 많은 훼을 받으면 반드시 主는 크게 흉하다.
乙이 봄에 生했는데 煞이 많으면 또한 마땅하지 않다.

◉ 丙火의 卯月은 印綬이지만 생부生扶 받기 어렵다.

註解 : 습목濕木은 염화燄火를 일으키지 못하여 火을 生하지 못하는 것은 확고한 이치다.
乙卯, 癸卯는 더욱 심하고 丁卯는 어느 정도 그러하다.

◉ 水가 번성한데 제어하지 못하면 방광膀胱에 병病이 생기고, 金이 번성한데 化하지 못하면 질병이 목구멍과 혀에 있게 된다.

註解 : 水는 정精에 속하고, 金은 성聲에 속한다.
水에 제방隄防이 손실되면 곧 土가 제어하지 못하는 것인데, 그 사람은 음란하다. 水가 많아 크게 범람한 것이다.
金이 크게 견강堅剛한데 火가 化하지 못하면 그 사람은 벙어리가 된다. 金이 실實하면 소리가 없는 것과 같은 것이다.

◉ 재관쌍미財官雙美하여 투로透露하면 지극한 영화가 있고 (또 말하면 印을 만나면 지극한 영화가 있다.). 화목통명火木通明하여 土를 보면 貴하다.

註解 : 재관쌍미財官雙美는 辰,戌,丑,未 月生이 壬午, 癸巳 日 등이 되면 財官이 天에 투출하여 원래 마땅하여 뛰어난다.
목화통명木火通明은 모름지기 봄에 태어나면 가장 길하다. 土는 이른바 火는 숙宿하고 木은 배양되기 때문이다. 그래서 보면 貴하다.

◉ 壬은 추간趨艮, 甲은 추건趨乾은 財,印이 복을 돕고, 자요사子遙巳, 축요사丑遙巳도 財,印이 상성相成한다.

註解 : 이상 네 격은 모두 財,印의 보좌輔佐에 힘입어야 비로소 크게 貴하게 되고, 官,煞을 보는 것은 마땅하지 않다.

◉ 삼기三奇가 세지歲支 下에 엎드리면 젊어 한림翰林에 들고, 三奇가 시위時位 사이에 있으면 늦어 대각臺閣에 들어간다.

註解 : 가령 六甲 日主가 己丑 年을 본 者가 이것이다.
己丑 中에는 辛金, 癸水, 己土가 있어 財,官,印으로 삼기三奇가 된다.
가령 六丁日이 辛亥 時를 보면 亥中에 壬水는 官이 되고, 甲木은 印, 辛金은 財가 되니 이것을 만난 者는 어찌 극품에 이르지 않겠는가? 무릇 삼기三奇의 또 하나는 貴를 노소老少로 구분하는데, 年은 먼저가 되고, 時는 뒤가 되어 年은 가깝고 時는 늦을 따름이다.

◉ 官星이 득령得令했는데 제복制伏하면 모두 흉하고, 貴人이 부신扶身하면 모든 재앙에서 벗어난다.

註解 : 이 말은 命中에 官星, 貴神이 있으면, 흉신, 악살을 꺼리지 않게 된다는 것인데, 무릇 그름이 바름을 이기지 못하는 것이다.
모름지기 득령得令하고 부신扶身 된 곳은 부賦의 글에 준한다. 만약 官이 실령失令하고 손상을 받고, 貴가 산만하여 원망이 생기면 그렇지 않다.

◉ 煞,刃 둘이 干에 같이 나타나면 언책言責*의 임무를 맡고, 歲,運에서 刑衝을 만나면 측정 할 수 없는 재앙을 밟게 된다.

註解 : 煞,刃은 권력 星이 된다. 刑衝을 가장 꺼린다.
** 언책言責 : 말로 하는 책망. 자기가 한 말에 대한 책임. 언관의 책임.

◉ 丙이 子,申에 임하고 戊가 두두頭에 있으면 貴가 왕사王謝에 견주고, 辛이 未,卯를 탔는데 乙이 투출透出하면 富가 도주陶朱에 견준다.
** 왕사王謝 : 왕王은 동진東晉의 왕도를 말한 것이고, 사謝는 사안 謝安의 후손을 말하는 것으로 그들의 가문은 대대로 훌륭한 인재가 배출되어 명문거족으로 전해졌다.

◉ 8月의 官星이 子,辰을 보면 암살暗煞이 합하여 온다.

註解 : 가령 甲이 酉月에 生하면 正官이 된다. 歲, 時 下에 子辰이 있으면 申金이 회출會出되어 관살혼잡官煞混雜이 된다.

◉ 삼춘三春의 丙火가 申,子를 만나면 化하여 正官이 된다.

註解 : 丙火에 辰土는 본시 食神인데 子,申을 만나서 회會하면 水局을 이루어 어찌 官이라 하지 않겠는가?
이 두 글귀는 形을 보지 않은 것이다.(부견지형不見之形)

◉ 金水은 총명聰明한데 土가 있으면 도리어 우둔한 선비가 된다.

註解 : 土는 水를 탁하게 하고 金이 묻히기 때문이다.

◉ 梟가 食을 훼剋하면 비록 빈요貧夭하지만 財를 얻으면 갑자기 형통하게 된다.

註解 : 食神은 財의 원천이 되고 또 수명성壽星이 된다.
梟神이 훼剋하면 가난하고 요절한다. 오로지 財地로 행하면 梟神을 제거하여 흉중에 도리어 길하게 된다. 무릇 이 命이 되면 타인에 의지하여 부富를 취한다.

◉ 육을서귀六乙鼠貴는 食神이 나타나기를 좋아하고, 육음조양六陰朝陽은 어찌 비견肩劫이 해롭겠는가? 金神에 煞이 있으면 오대烏臺에 들고, 偏官이 刃을 차면 헌부憲府에 거주한다.

註解 : 金神 羊刃은 모두 악성惡星이다. 官煞 제복制伏을 人命이 얻으면 간사하고 부정한 행위를 하지 않는 象이 된다. 그래서 이 직업이 되는 것으로 단정한다.

◉ 戊土에 寅 궁宮이 중첩하여 임하면 財는 좋고, 印을 좋지 않다.

註解 : 戊寅은 煞을 좌한 것이지만 또한 長生의 地가 된다.
火를 보면 煞,印이 진창 된 것이라 하지 말라.
火가 土를 쪄 말리니 財가 좋다. 財가 偏官을 生하여 官이 유기有氣하게 된다.

◉ 壬水 좌하坐下가 陽土이면 煞은 투출되고, 官을 투출되지 않아야 한다.

註解 : 水는 土에 힘입어 멈추게 되는데 혼잡 되면 나쁘다.

◉ 偏財가 官을 보고 겸해서 食神을 보면 영화가 확실하고, 身, 主, 用神이 입묘入墓하면 다가오는 인연이 없고, 木火가 상조相照하면 의지가 일만 말의 구슬과 같고, 金水가 상함相涵하면 천편의 글을 수놓은 비단에 쓴다.

註解 : 이 格은 앞에 있었던 것인데, 다시 기록하였다. 확실하게 그 재화才華가 탁월하다.

◉ 三刑이 合을 잃으면 깨어져 몸에 손상이 있고, 六害를 많이 만나면 은혜를 모른다.

註解 : 무릇 命에 三刑을 차서 合이 있으면 刑을 이루지 않는다. 가령 사람이 쟁투爭鬪하는데 화해和解하는 者가 있으면 그렇지 않은 것과 같으니 어찌 근심을 면하지 않겠는가!
六害를 많이 찬 者는 사람이 은혜를 원수로 갚은 배은망덕한 사람이 된다.

◉ 공망空亡은 처자妻子가 손상되고, 격각隔角은 형제兄弟가 어렵게 된다.

註解 : 空亡은 甲子 순旬 中에서는 戌亥가 되고, 격각隔角은 丑寅이 곧 격각隔角의 방위이다. 日時에서 본 者는 重하다.

◉ 임기용배壬騎龍背이 刃을 찬 者는 용맹하고, 庚의 坐가 戌支가 되고, 火가 많은 者는 형후邢侯와 옹자雍子와 같이 형벌을 받게 된다.

註解 : 辰中에는 용龍이 있어 陽이 강한 물건이다. 다시 羊刃을 만나면 여력膂力*이 끊긴 사람이 된다. 經에 이르기를 辰이 많으면 싸움을 좋아한다 하였다.
戌은 火庫인데 庚日의 좌에 다시 火가 지나가면 단련鍛煉이 태과太過하여 심히 무정하다. 하물며 그 中에는 금구金狗를 끌어 감추고 있다. 이 수宿는 곧 교활한 물物이 된다. 經에 이르기를 戌은 소송을 좋아한다 하였다. 그래서 춘추전국시대의 형후邢侯와 옹자雍子가 경작지를 다툰 것에 비유하였다.
** 려력膂力 : 육체적인 힘.

◉ 좋은 향기가 길에 가득하고, 富하고 예의가 좋다.

註解 : 年,月,日,時 天干의 地支에 四位의 貴人을 본 者가 이것이다.

가령

　　丙 己 辛 壬

　　寅 巳 亥 申

壬의 貴는 巳가 되고, 辛의 貴는 寅이 되고, 己는 申이 貴가 되고, 丙은 亥가 貴가 된다.

◉ 일순一旬의 氣가 화和하면 즐거워 근심을 잊는다.

註解 : 年,月,日,時가 일순一旬이 되는 것인데

가령

　　癸 己 壬 甲

　　酉 巳 申 子

甲子 순중旬中에서 갖추어졌다.

◉ 귀록歸祿은 財星을 좋아하고, 官을 보면 수명이 손상된다.

註解 : 財는 命을 기르는 원천이다. 귀록歸祿 격은 身旺하고 財를 좋아하고, 官星은 꺼린다. 財氣를 훔쳐가기 때문이다.

◉ 正官이 時令을 얻으면 印이 財만 못하다.

註解 : 官,印 둘이 완전하면 뛰어난데 財星이 없으면 순수하다. 官이 그 생의生意를 잃으면 印 또한 어찌 用할 수 있겠는가?

◉ 종혁從革에 거듭 삼기三奇가 나타나면 나라에서 지내는 제사가 천년이 되어도 그치지 아니한다.

註解 : 日干이 庚辛, 地支에 巳酉丑 혹은 申酉戌이 완전한 者는 곧 종혁從革의 象이다. 庚日의 간두干頭에 다시 甲戊가 있고, 辛日의 간두干頭에 다시 壬癸가 있으면 그 사람은 죽어서 백대까지 묘당에서 제사를 받는다.

어떤 말인가 하면 무릇 金의 사용은 강하고 또 그 질이 견고한데, 강자剛者의 의로운 氣가 나타나고 견고한 者는 오래가기 때문이다. 사람이 옳으면 충신이 되어 죽은 뒤 명신明神이 되고, 이 이치는 달사達士*와 더불어 논할 수 있다.

** 명신明神 : 여러 하늘과 귀신의 덕칭德稱. 사람이 보지 못하는 곳을 본다는 뜻으로 명명이라 하고, 사람이 알지 못하는 데를 안다는 뜻으로 신神이라 함.

** 달사達士 : 이치理致에 밝아서 사물事物에 얽매어 지내지 아니하는 사람.

◉ 곡직曲直에 印綬가 겸하면 어진 목소리가 넓게 퍼져 끊이지 않는다.

註解 : 곡직曲直은 목상木象으로 甲乙 日主가 地支에 寅卯辰 혹은 亥卯未를 완전히 본 者로 다시 印綬가 상생相生하면 그 사람은 반드시 어진 마음으로 명성이 나는 것으로 추리한다. 어진 者는 天地의 물物을 生하는 마음인데 그 時는 춘春으로 五行은 木이다.

이 木者는 生하는 뜻이 있는 물物이다. 인자仁者의 바탕은 生을 좋아하는 덕德이 있고, 다시 印綬가 곧 生하고 生하여 불식不息하게 된다. 얻은 者는 그 덕이 많은 사람에 미치어 일반 백성이 그 덕을 입으니 어진 목소리가 멀리 퍼진다 한 것이다.

◉ 지천태地天泰 괘는 사람이 빼어나게 태어나고, 운뢰둔雲雷屯 괘는 포부가 현설顯設하다.

註解 : 이것은 위의 두 격의 사람을 지칭한 것이다.
태어난 者는 이미 출처가 있어 生이 허虛하지 않아 그 출出이 반드시 자리가 있어 구차하게 나타나지 않는다.
혹 이르기를 지천태地天泰는 戊申이 辛亥를 본 것이고, 운뢰둔雲雷屯은 壬子가 乙卯를 본 것이라 한다.
특별히 골라 뽑은 地天에 뢰우雷雨가 교태交泰하는 봄春의 두 格이 된다.

◉ 이것으로 術術의 수數가 무궁하다는 것을 알아야 하고, 본질은 곧 하나의 이치가 끼치는 것이 아니니 말로써 다 궁구하여 설명하기 어렵다.
내가 특별히 그 한 쪽을 들어 정묘하게 나타냈고 아득한 것은 분명하게 하였고, 저 옛 것을 공경하여 밝혀 추리하여 후인들이 헤아려 살피게 하였다.

金鼎神祕賦 금정신비부

育吾육오 著저

⊙ 人生의 命에 있어서 득실이 다르고, 부귀 빈천도 어찌 한결 같겠는가?

• 붉은 빛이 집에 가득한 것은 五行 무리의 貴한 것들이 모였기 때문이다.

• 아름다운 氣가 농막農幕집에 충만한 것은 四柱에 복지福地가 모두 모여 있기 때문이다.

• 먼저 가난하고 후에 부유한 것은 生時에 만난 祿이 동향同鄕이기 때문이다.

• 처음은 길하고 끝에 흉한 것은 日時에 공파空破를 犯했기 때문이다.

• 평생 감가坎坷*한 것은 터가 엷고, 運이 교잡交雜하여 흉하기 때문이다.

• 일생 영화로운 것은 命이 높고 좋은 運이 겹쳐있기 때문이다.

** 감가坎坷 : 때를 만나지 못하여 뜻을 이루지 못해서 괴로움이 큼.

• 강강剛한 金이 火를 만나면 그릇이 이루어져 많은 무리에서 뛰어나게 된다.

• 旺한 火가 水를 얻으면 기제旣濟되어 필연 출중하게 된다.

• 木이 金을 쓰면 무성해 지지 않고, 水는 土에 힘입어 흩어지지 않는다.

- 戊,己가 寅,卯를 보면 구진勾陳의 위치를 얻고, 壬,癸에 巳,午가 좌하면 현무玄武가 당권當權한다.
- 貴人이 命에 들고 기의奇儀를 만나면 반드시 공경公卿에 이른다.
- 화개華蓋가 時에 임하고 고과孤寡의 값이면 승도僧道로 정해진다.
- 옥당玉堂의 절하는 것은 염염화炎炎火가 이궁離宮에 빼어나게 존재하기 때문이다.
- 금궐金闕에 조원朝元이 되는 것은 양양수洋洋水가 감위坎位에 주거한 덕이다.
- 水位를 중봉重逢하면 운수雲水*의 신선이 되는 것으로 단정한다.
- 포개진 순양純陽을 犯하면 공문(空門=불도)을 일으켜 스승이 된다.

** 운수雲水 : 구름과 물. 수운. 떠가는 구름이나 흐르는 물같이 정처 없음. 운수승. 탁발승. 운수납자雲水衲子

- 長生을 만나면 총명, 지혜가 있다.
- 사패死敗를 만나면 몽준蒙蠢, 우둔愚頑하다.
- 부모에 기대기 어려운 것은 年,月이 함께 공망에 빠진 것이다.
- 처자妻子가 쉽게 이지러지는 것은 月時에 고과孤寡가 아울러 임했기 때문이다.
- 卯,酉 生이 극전剋戰을 만나면 문화門戶가 패패敗되고 재앙이 많다.
- 子午가 사묘死墓에 전거全居하면 타향으로 떠다니는 객客이 된다.
- 子午는 巳亥를 가장 싫어하고, 卯酉는 寅申을 절대 꺼린다.
- 택묘宅墓에 煞이 응하면 문호門戶가 깨어진다.
- 時가 천중(天中=공망)에 떨어지면 자식이 적다.
- 合이 간두干頭에 있으면 처가 많다.

317

- 年이 무기無氣하면 어릴 때 원기元基가 산실散失된다.
- 月에 空을 만나면 문호門戶가 소각消索*되어 세워지지 못한다.
- 日이 절위絶位에 임하면 설령 처妻에 병이 없더라도 분리된다.
- 時가 묘묘墓가 되면 후사가 時에 있어도 불순하다.
- 合地가 빼어난 者는 貴하고, 天時를 얻은 者는 영화가 있다.
- 五行이 무기無氣한 者는 가난하고, 四柱에 傷이 있는 者는 천하다.
- 陰陽이 수순하게 하나로 된 者는 고독하다.
- 支干이 刑害가 된 者는 질병이 있다.
- 用神이 休囚인 者는 부귀를 구하기 어렵다.
- 빼어난 氣가 천박한 者는 예술에 종사하는 者가 많다.

** 소색消索 : 힘, 에너지, 시간, 물질 따위가 모두 쓰여 사라짐.

- 刑剋을 서로 보면 身旺한 者는 군인이 된다.
- 辰,戌이 서로 있으면 손상되어 옥리獄吏가 된다.
- 金水가 한만閑慢하면 세력과 살림살이가 없는 청빈한 사람이다.
- 역마驛馬가 충격되면 세상을 떠돌아다니는 사람이다.
- 괴강魁罡을 중범重犯하면 백정의 집안에 태어난다.
- 酉戌을 중봉重逢하면 노복奴僕이 된다.
- 柱中이 자오쌍포子午雙包가 되면 존존尊이 원성垣省에 거처한다.
- 命 내의 干支가 一氣가 되면 貴가 후왕侯王에 이른다.
- 일편一片의 순수한 陽은 오직 命을 剋하여 사망하지 않으면 상상傷하게 된다.
- 만반滿盤한 인수印綬가 身을 生하면 貴하지 않으면 부하게 된다.

- 年月이 아울러 손상되면 부모, 처첩에 곤란해지고, 年,時가 아울러 손상
  되면 부모와 자식이 보존되지 못한다.
- 年이 日을 衝하면 부모는 왕성하고 처첩은 존재하게 어렵다.
- 時가 年을 衝하면 자식은 왕성하고 부모는 쉽게 손상된다.
- 파명破命 者는 보모를 잃고, 파월破月 者는 형제 중 맏이 剋된다.
- 파일破日 者는 일신一身이 고립하게 되고, 파시破時 者는 늙도록 결과가
  없고, 파시破胎 者는 모친 혼자 담당한다.
  이것은 대략 논한 것으로 세밀한 것은 아니다.

- 앞에 官貴를 거느리면 보통사람과는 매우 다르다.
- 甲,戊,庚이 丑,未를 인지引至하면, 貴神이 유기有氣하고, 乙,丙,丁이 酉,亥
  에서 나타나면 天乙이 가림加臨한 것이다.
- 己가 감위坎位(子), 乙이 곤방坤方(申), 六辛은 寅,午, 壬,癸는 巳,卯가 마땅
  한데 이것은 암중暗中에 天乙貴를 얻은 것이다. 다시 官,印의 강약을 살
  펴야 한다.

- 甲이 酉를 보고, 乙이 申에 이르고, 丙이 子를 얻으면 반드시 벼슬한다.
- 丁이 亥上에 이르면 영창하고, 戊가 卯를 보면 재능이 빼어나다.
- 己이 간艮(寅)에 임하면 명예를 날리고, 庚이 이궁離宮에 이르면 득기得
  氣하고, 辛이 손巽位(巳)에 이르면 안연安然하고, 壬이 午上에 임하면 기
  제既濟되고, 癸가 巳를 향하면 내에 財官이 있는데 이것은 正官, 正印이
  된다.
- 다시 祿馬, 조원朝元을 관찰하여야 하는데 만약 刑,衝,剋,破이 없으면 정
  내신선鼎鼐神仙이 된다.

◉ 다음 財,富를 논해보면 命을 기르는 원천으로 먼저 財,命이 유기有氣한가를 관찰하고, 다음 祿馬를 보면 가난하지 않다.

- 木이 사계四季에 이르고 祿으로 향하면 자연히 부유하게 되고, 水가 午上에 도달하면 財가 旺하여 반드시 부유하게 된다.
- 土가 윤하潤下를 만나고, 金이 곡직曲直을 만나고, 火가 金局을 만나고, 三合이 祿,庫,食神을 만나고, 五行이 천주天廚 재기財氣의 값이 되고, 四柱가 손상되지 않고, 日時가 득지得地하고, 유기有氣하여 身旺하면 財를 만나도 官星으로 化하게 된다.
- 실시失時하여 쇠衰身이 衰한데 財가 많으면 도리어 빈한貧漢하고, 만약 煞地가 있으면 흉폭하다.

◉ 사람에게는 공리公吏, 군융軍戎, 상가商賈, 예술藝術이 있는데 이 네 者가 같지 않다.

각 거처하는 바가 있다. 공리公吏의 命은 剋刑이 많이 있다. 동서가 전투하고, 남북이 충격되고, 長生이 깨어지고, 사절처死絶處가 생기生起하고, 五行이 착잡錯雜하고, 象이 순일하지 못하고, 도식倒食이 財를 만나고, 협귀夾貴가 깨어지고, 財印이 相刑하고, 무기無氣를 끌어들이고, 빼어난데 鬼를 차고, 貴氣가 손상되는 것들이 干支에 겹쳐있고, 제강提綱이 현침懸針인 이러한 命들은 공문公門에 불리하다.

만약 官祿을 차면 복을 획득하고, 貴神을 만나면 또한 벼슬을 할 수 있고, 또 출사, 현달한 者가 된다.

[蟾彩 : 주로 財印의 관계를 가지고 논했다.]

◉ 병졸의 命은 공리公吏와 크게는 같다. 局中에 煞이 重하고, 干支가 부등不等하고, 상象 내의 貴가 輕하고, 主,本이 파상破傷되고, 甲이 卯支를 보고, 丙이 三丁의 地에 임하고, 辛이 亥地로 향하고, 壬이 二癸의 곳이고, 乙丁이 巳를 만나고, 戊土가 馬로 달리면 이것은 곧 현침懸針, 羊刃이다. 다시 剋,破,刑,衝을 犯하고, 또 복기福氣를 차게 되면 흉중에 길이 있다.

현침懸針이 길살吉煞을 만나 상부相扶하고, 羊刃에 貴神이 상조相助하고, 이에 말미암아 행오行伍*를 추종하면 권록權祿이 있게 된다.

병졸兵卒의 본연은 병장기를 거느리는 것으로 이러한 까닭에서 煞이 중요하게 되니 함부로 남용하지 말아야 한다.

** 항오行伍 : 1.군대를 편성한 대오. 한 줄에 다섯 명을 세우는데 이를 오라 하고, 그 다섯 줄의 … 2.'군사1'(軍士)를 이르던 말.

[蟾彩 : 주로 羊刃 煞 현침懸針으로 논했다.]

◉ 다시 상업을 살펴보면 命의 무엇을 전거로 하는 가? 日,時에 子午가 나란히 임하고, 三元이 대개 寅,申이 되고, 馬 앞에 고삐가 없고, 劫上에 財를 만나고, 偏財에 身旺하고, 다시 財運으로 나아가고, 혹 六合이 財를 만나고, 다시 좌에 馬가 있고, 壬人이 남방 運이 되고, 丙人이 북방 運을 만나면 경영 매매의 사람이 된다.

甲人이 西로 나아가고, 庚人이 동으로 나아가고, 무역으로 옮기는 유무의 무리는 甲,乙이 감坎에 거주하여 壬,癸를 犯하면 평경타향萍梗他鄉을 면하지 못한다.

현무玄武가 亥를 만났는데 戊己가 없으면 반드시 외주外主가 롱단壟斷*하는 것을 알아야 한다.

이익을 얻고 얻지 못하는 것은 오로지 財가 旺하고, 旺하지 않는 것으로 결정하여야 한다.

** 농단壟斷 : 이익利益을 독점獨占함.

⊙ 다시 예술을 살피면 또한 상업과는 다르다. 命에 덕수德秀를 만났는데, 刑衝을 犯하면 작은 길이지만 볼만 하다.

時에 학당學堂을 만났는데 공망이 되면 재주가 많지만 비루하다.

乙庚이 감간坎艮에서 化金하고, 丁壬이 태건兌乾에서 化木하고, 辛丙이 사계四季에 임하고, 戊癸가 일궁一宮에 거주하는 이것은 곧 빼어나 부실하지 않다. 化를 이르지 못하고, 格局이 파손破損되고, 祿馬가 온전하지 못한 것의 원원原原은 무릇 부부賦를 따른다.

총명은 다분히 長生에 말미암게 되는 것인데, 학당을 만난 것이다.

담박淡薄한 성취가 된 것은 곧 命의 本이 무근無根하기 때문이다. (木에 根이 없고, 가령 水人이 無金하고, 火人이 無木한 종류이다.)

만약 四柱에 서로 왕래가 없고, 다시 五行이 무기無氣한 象, 天乙이 한만閑慢하고, 화개華蓋를 첩첩疊疊하게 만나면 방랑 심유尋幽*한 선비가 되지 않으면 반드시 구류예업九流藝業의 사람이 된다.

(天乙의 한만閑慢은 가령 甲,戊,庚의 天乙 丑未는 상반년上半年은 貴人 未가 한한閑하지 않고, 하반년下半年은 貴人 丑이 한한閑하지 않다. 六壬에서는 반대로 헤아린다.)

** 심유尋幽 : 경치 좋은 곳을 살피어 구함. 학문의 깊은 도를 연구함.

◉ 다시 승도僧道를 헤아려보면 예술과는 다르다. 五行이 무기無氣한 곳에 존재하고, 十干이 사묘死墓의 地에 임하고, 年,月이 다 고과孤寡를 만나고, 日,時에 완전히 원진元辰을 보고, 空亡이 포개져 犯하고, 화개華蓋가 겹쳐 임하고, 처자妻子가 쇠절衰絶하고, 身旺한데 의지할 곳이 없고, 火가 왕성하면 심신身心이 선禪으로 정해진다.

水가 많으면 구속과 방해가 없이 소요逍遙*하고, 만약 命이 貴格에 합당하지만 死絶이 되면 심락청허心樂淸虛하고, 命에 貴氣가 없는데 生旺하면 성품이 불도를 좋아한다.

月上의 五行이 온화하면 도행道行이 고결高潔하고, 교문敎門이 증중增重하다.

時上의 五行이 안정安靜하면 行하는 과果가 상보相輔하여 제자의 무리가 많다.

月上의 복신福神이 도우면 동료들과 사이좋게 화합하고, 같은 동료로서 아름답게 여긴다.

日上이 刑衝되고 煞을 차면 화합하지 못하여 인연이 없게 되어 떠돌아다니게 된다.

煞,印을 보면 권력이 있고, 상조喪弔를 만나면 고행苦行하고 몸이 손상되고, 화개華蓋, 협귀夾貴를 삼기三奇를 만나면 煞이 길하게 된다.

자사自死, 자절自絶, 자생왕自生旺한데 길조吉助가 없고, 만약 生旺이 태과太過하고 겸해서 干鬼를 차면 명성과 이득에 대한 마음을 잊지 않게 되고, 극해剋害가 크게 심하고 다시 흉살을 만나면 속세로 되돌아오게 된다.

함지咸池는 주색酒色의 星으로 犯하면 탐미부검耽迷不檢하다. 羊刃은 곧 흉악한 것이니 만나면 재리財利가 그림일 뿐이고, 歲,運에서 상조喪弔를 만나면 복반伏反하여 속인俗人은 흉하고, 승도僧道는 길하다.

원명元命에 고과孤寡 망겁亡劫을 만나면 보통사람은 해롭고 승도僧道는 해롭지 않다.

고가古歌에 이르기를 부모 두 가지의 星이 고독하고, 사계四季, 천상록天上祿이 없고, 辰,戌,丑,未가 많이 있으면 도사道士 및 승도僧徒가 되고, 또 三合이 辰,戌 時 生人이 되면 승도僧道를 의심하지 않아도 되고, 또 화개華蓋가 墓가 되면 풍륭豐隆하고 자의紫衣를 입는다 하였다.

무릇 승도僧道는 논할 때는 마땅히 이렇게 정하게 된다.

** 소요逍遙 : 슬슬 거닐어 돌아다님.

◉ 먼저 가난하다 뒤에 부유하게 되고, 먼저 부유하다 뒤에 가난하게 되는 것이 있다. 이 두 者는 격별隔別하다.

오직 月, 日을 살펴 日이 生旺하고 福이 모이면 늙어 영화가 있고, 月令에 財氣가 쌓여 유기有氣하면 재물이 쌓여 일찍 부귀하다.

만약 月이 吉하지만 끌어 사용하는 것이 경輕하면 먼저 부유하지만 나중에 가난하게 되고, 日이 강하지만 본근本根이 불리하면 먼저 가난하고 나중에 부유하다.

살면서 조상의 덕을 받는 것은 年,月에 財官이 있기 때문이고, 말년에 춥고 고독한 것은 日時에 공파空破의 地를 犯했기 때문이다.

年,月에 財를 만났지만 무기無氣하면 유년幼年에 군박窘迫하고, 日,時에 食을 만났는데 유기有氣하면 늙어 환흔歡忻하다.

四柱가 쇠미衰微하면 평생 따르는 것이 없고, 배록축마背祿逐馬는 일생 적막하여 두렵다.

만약 干頭에 財가 노출되어 있고, 支內에 감추어져 있지 않으면 실지實地*가 상겁傷劫되고, 녹마祿馬가 허부虛浮하고 身旺하고 印이 다시 도우면 —

生 파패破敗하고 재물을 모으지 못한다.

身弱한데 財가 많으면 밖으로는 많이 있는 것 같이 보이지만 실제 내에는 부족하다.

혹 四柱 원원에 財官이 없는데 歲,運에서 만나면 갑자기 공적을 이루는데 이 같은 命은 유명무실有名無實하다.

** 실지實地 : 어떤 사물의 실제의 경우나 처지.

◉ 우물을 없애서 고향을 떠나는 것이 있다. 이전을 잃어 집을 떠나는 것은 年이 月을 剋하여 제복制伏하고, 日이 時를 衝하는데 子,午가 되고, 四煞이 만약 身,命을 衝하면 타향으로 떠다니게 된다.

삼한三限이 다시 死絶이 되면 외지를 떠돌아다니는 것을 면하기 어렵고, 귀해鬼害가 중중重重하고 刑,空이 얽히고 설기고, 運이 곤궁하고, 時가 이지러지면 다른 마을을 따라 산을 넘고 강을 건너는 도정途程이 된다.

命이 굼뜨고 日이 쇠약하면 친척에 하소연하고, 왕래가 기로岐路에 서게 된다.

◉ 다시 형제, 처자妻子를 논하면, 木人이 봄에 태어났으면 寅.亥.卯를 얻으면 형제가 많고 서남에 生하면 형제가 적다.

金命이 가을에 生하여 巳.申.酉에 임하면 형제가 문중에 꽉 차고 동쪽 땅을 만나면 기대지 못한다.

水가 윤하潤下에 거주하고 건감乾坎을 만나면 형제가 많고 辰,戌이 왕래하면 흩어져 사라진다.

火가 염상炎上에 향하여 이손離巽에 거주하면 형제, 자매가 공히 많고 酉, 亥에 도달하면 조령凋零하게 된다.

土가 사계四季에 임하면 형제가 행렬을 이룬다.

만약 힘을 얻고, 힘을 얻지 못한 것을 논하면 三元이 空亡에 떨어지지 않아야 하고, 四柱가 고과孤寡를 犯하지 않아야 한다.

◉ 청용靑龍이 아들을 일으키려면 백호白虎의 처를 맞지 말고, 火의 덕德으로 아들을 이루려면 亥子의 여자에 장가가지 말고, 水가 자식을 生하려면 중앙(土)의 모母를 꺼린다.

年이 日時와 合했는데 戊,癸가 犯하면 主는 세 명의 처를 얻고, 甲이 두 개의 己를 얻어 巳,午에 도달하면 두 명의 부인에 그치지 않고, 丙이 辛을 만나 酉,子에 거주하면 많은 첩을 만들고, 乙,庚 合하는데 卯,午에 生하면 첩을 두고, 壬이 丁을 겹쳐 만났는데 巳,酉가 존재하면 첩을 두고, 陽이 왕성한 陰과 合하면 두 명의 처를 얻고, 陽이 쇠약한 陰과 合하면 두 번 장가간다.

◉ 또 아들이 많고 귀하게 되고, 또 아들이 적고 우둔한 이 이치는 매우 정미한 것으로 마땅히 상세히 논하여야 한다.

金이 이위離位에 거주하고 염화炎火를 만나면 자식과 손자가 앞에 가득하고, 火가 감호坎戶에 순하順下하면 후대가 창성하고, 木이 庚辛을 만나서 巳,申에 미치고, 土가 甲,乙에 生하여 寅,卯를 보고, 水가 사계四季에 임하여 戊,己를 보면 기쁜데 時,日에 生하고 剋制를 만나지 않으면 자손이 많고 영화가 있다. 官,煞이 겹쳐있고 財가 生하면 자손이 필히 貴하고, 또 日이 衰,墓,死,敗에 임하면 아들과 딸이 손상되고, 時가 空亡을 犯하고 剋되면 아들과 손자가 적다.

◉ 木이 후대가 되면 申,午를 만나는 것은 꺼리고, 火가 만약 남男이 되면 酉,亥의 地인 休를 만나고, 金이 아들의 위치가 되면 감인坎寅을 보는 것이 두렵고, 水가 아들이 되면 卯,巳를 보는 것을 꺼리고, 土가 후사後嗣가 되면 진동震東이 임하는 것을 두려워한다.

男命은 剋干을 취하여 후사後嗣가 되고, 女命은 生하는 干을 취하여 자식이 된다. 四柱에서 패절敗絶에 귀歸하고, 五行이 모두 傷官이 되고, 干支 암합暗合이 있으면 양자養子를 들이거나, 설령 편출偏出이 되어도, 설제 성姓을 정하기 어렵다.

◉ 예전에 처에 의지하여 자식이 안존하는 것이 있는데 그 이치가 매우 현묘하다.

木이 아들이 되어 鬼를 보고 북방 감坎을 얻으면 딸이 많고, 水가 아들로 煞을 만나면 서방 태兌 처에 의지하여 기르게 된다.

水가 火 아들을 制하는데 청룡靑龍에 의지하면 유모가 있고, 木이 土 자식을 손상시키는데 주작朱雀을 구하면 계모가 되고, 五行이 손상되는데 상생相生에 의지하게 되면 四柱가 비록 剋되어도 해害가 없다.

만약 어미에 의지하여 자식이 안존하지 못하면 어찌 후사後嗣가 결핍되지 않겠는가?

◉ 女命을 논하면 가장 두려운 것은 지아비가 刑되는 것이다.

日이 목사木蛇(乙巳)에 生하면 혼인하기 어렵고, 己酉를 用하면 남편을 잃는 부인이 되고, 土가 남편이 되어 寅,卯가 많으면 과부가 되고, 木이 혼기婚期를 만들면 이궁離宮이 해롭고, 다시 고란孤鸞을 犯하면 더욱 심하다. 다시 팔전八專을 만나면 어떤 설명이 필요 하겠는가?

만약 부인이 청결하려면 生에 貴合을 범하지 않아야 하고, 성품이 지조가 굳으려면 자라면서 煞,傷을 만나지 않아야 하고, 丁,壬이 무기無氣하면 반드시 창음을 犯하고, 戊癸가 휴수休囚이면 탁람하다.

四柱가 祿과 合하고, 三元이 순일純一하고, 日,時에 合이 있으면 남편이 있는데 사정私情에서 벗어나지 못한다.

도화桃花, 겁살劫煞, 五行이 墓에 거주하고, 財祿, 목욕沐浴이 있으면 남편을 등져 암약暗約하게 된다.

- 陰命이 많은 陽干의 合을 만나면 창녀 아니면 기녀가 된다.
- 比劫과 분쟁하는데 身弱하면 첩 아니면 노비가 된다.
- 교전交戰하고, 運行이 무기無氣, 空亡이 되고, 三元이 목욕沐浴 中에 있고, 五行이 사묘死墓의 地에 있으면 生에 노비奴婢가 되니 누구를 원망하겠나!
- 간혹 命에 도식倒食이 있거나, 食이 없으면 다른 사람의 복을 만드는데 간여하게 된다.
- 偏財가 比를 만나고 身旺하면 부자가 되어 집에 종을 둔다.
- 남자가 집을 버리고, 이성異姓을 데릴사위로 맞는 것은 金이 金位에 거주하여 卯,寅를 만난 것이고, 木이 木의 곳에 있는데 丑,未를 만난 것이다.

- 日, 時를 月鬼가 犯하면 파문破門된다.
- 丙壬이 입묘入墓하면 조상과 헤어진다.
- 괴강魁罡이 命에 임하여 화개華蓋를 보면 一生 취한 처와 살아간다.
- 丑未가 과숙寡宿이 되어 중범重犯하게 만나면 반세半世는 부인을 따라 관사에 든다.
- 四柱가 유정有情하게 왕래往來하면 서로 손을 맞잡아 혼인한다.
- 三元이 陰合을 重하게 犯하게 되면 중매 없이 시집가고, 陽은 쇠약하고 陰은 旺하면 다른 성姓의 자식을 불러 아들로 여긴다.
- 命이 짝하면 성혼成婚한다.
- 휴패休敗 극체剋滯한데 후에 相生을 보면 다른 사내를 초대하고, 支에 극체剋滯가 많으면 응당 파도波濤를 알아 정하여야 한다.
- 下上에 生이 없으면 한 집을 어찌 견고하게 지키겠는가!
- 身이 무기無氣하여 化하면 본성本姓이 완전히 이지러진다.
- 만약 가합假合하여 다른 象을 이루면 고아孤兒로 다른 성姓을 가지고, 평생 군박窘迫하고, 어찌 조종祖宗의 財를 얻을 수 있겠는가? 만약 흥풍興豊하게 된다면 별방別房의 부모에 의탁된다.

이것은 오직 대개 논한 것으로 정미精微한 것은 아니니 命의 정묘한 이치를 깨달아 마음에 얻어야 한다.
무릇 질병, 死絶, 빈천, 흉악은 歲,運에서 어둡게 되고, 나타나는 각 도리가 있다. 이미 앞에 서술하여 이 부賦에 서술하지 않는다.

[蟾彩 : 만 민영 선생께서 실제 통변하면서 느낀 것을 추가로 수록한 것으로 보이는데 좋은 자료가 아닐 수 없다.]

玄機賦 현기부

- 극極이 나누어져 天地가 되고, 一氣가 나누어져 陰陽되고, 日干이 主가 되고 오직 財,官으로 논한다.
- 月支에서 격을 취하고, 이에 귀천을 나눈다.
- 格이 있지만 올바르지 않는 者는 敗하고, 格이 없지만 用이 있는 者는 이루어진다.
- 官이 있으면 格局을 찾을 필요가 없고, 格이 있으면 官星이 기쁘지 않다.
- 官,印,財,食은 깨어지지 않으면 청고淸高하고, 煞,傷,梟,刃이 사용되면 최고로 길하다.
- 선악이 서로 교류하면 악을 제거하고 선은 존중하면 기쁘고, 길흉이 혼잡하면 길이 해롭게 되어 흉으로 향하는 것은 꺼린다.
- 官이 있는데 煞이 있으면 身旺하고 制煞하는 것이 좋아 뛰어나게 된다.
- 煞이 있는데 印이 있으면 財가 煞을 도와 흥하게 되는 것을 두려워하고, 身強한데 煞이 얕으면 煞 運이 해롭지 않고, 煞이 重한데 身은 輕하면 制하면 복이 있다.

- 身旺하고 印이 많으면 財地로 나아가는 것이 좋고, 財가 많아 身弱하면 財가 두렵다.
- 男命이 比劫, 傷官을 만나면 처가 剋되고, 자식이 해害롭게 된다.
- 女命에 傷官, 偏印이 犯하면 자식이 상喪하고, 남편이 刑된다.
- 어릴 때 쌍친雙親을 잃는 것은 財星이 태중太重하기 때문이다.
- 사람이 고극孤剋한 것은 身旺하여 의지 할 곳이 없기 때문이다.
- 年이 月令을 衝하면 조상을 떠나 집안을 이루고, 日이 제강을 衝하면 처를 잃어 재혼하고, 時과 日가 서로 衝하면 처가 손상되고 자식이 剋된다.
- 日이 月氣와 통하면 조상이 성공하여 身이 편안하다.
- 木이 봄에 의탁되어 庚辛을 만나면 반가反假하여 권력이 된다.
- 火가 여름에 태어나 壬癸를 보면 복이 두텁고, 土가 辰,戌,丑,未를 만나 木이 重하면 이름을 이루고, 金이 申,酉,巳,丑에 태어나 火를 만나면 발복發福하고, 水가 亥,子에 거주하면 戊,己가 침투하기 어렵고, 신좌身坐가 休囚에 해당하면 평생 구제되지 못한다.

- 身이 旺한 者는 祿馬로 나아가는 것이 좋다.
- 身弱한 者는 財,官을 보는 것을 꺼린다.
- 時를 얻으면 모두 旺한 것으로 논하고, 실령失令하면 변경되어 쇠약한 것으로 본다.
- 四柱가 무근無根한데 時를 얻으면 旺하게 되고, 日干이 무기無氣한데 劫을 만나면 강하고, 身弱하면 印이 기쁘다.
- 主가 旺하면 官이 마땅하다.

- 甲乙이 가을에 태어나 金이 투로透露했다면 水,木,火 運에서 영창榮昌하게 된다.
- 丙丁이 겨울에 내려 水가 왕양汪洋하면 火,土,木에서 貴가 나타난다.
- 戊,己가 봄에 태어나면 서西,남南에서 구원이 있고, 庚,辛이 여름에 태어나면 水土 運이 해롭지 않다.

- 壬癸가 旺한 土을 만나면 金木이 마땅하여 영화롭다.
- 身弱한데 印이 있으면 煞旺하여도 손상되지 않고, 財地로 나아가는 것을 꺼린다.
- 傷官이 상진傷盡되면 官運으로 나아가도 무방하고, 傷官에 印을 사용하면 財는 제거되어야 하고, 傷官이 財를 사용하면 印은 제거되어야 한다. 傷官,財,印이 뚜렷하게 갖추어지면 장차 어찌 발복發福 할 수 있겠는가!
- 身旺한 者는 財를 사용하고, 身弱한 者는 印을 사용하고, 財를 사용하면 印은 제거되어야 하고, 印을 사용하면 財는 제거되어야 발發하여 福이 있게 된다.
- 올바른 것은 이른바, 기쁜 者는 존재하여야 하고, 싫은 者는 제거되어야 한다.
- 財가 많아 身弱하면 身旺한 運에 영광이 있고, 身旺하고 財가 쇠약하면 財가 旺한 곳에서 발복한다.
- 官星이 중범重犯되면 제복制伏이 마땅하다.

- 食神이 중첩되면 官의 곳은 꺼린다.
- 金이 완둔한데 火가 없으면 큰 용도로 이루지 못한다.
- 강강強한 木에 金이 없으면 청명淸名하게 나타나기 어렵다.
- 木이 土를 얻으면 재물이 두텁고, 화염火焰이 파도를 만나면 녹위祿位가 높다.
- 官이 있는데 印이 있고 깨어지지 않으면 영화롭다.
- 印도 없고 官도 없지만 格이 있으면 貴하게 된다.
- 羊刃은 偏官을 극히 좋아하고, 金神은 제복制伏되어야 좋다.
- 잡기재관雜氣財官은 刑衝되어야 발달한다.
- 官貴가 왕성하면 旺한 곳은 반드시 기울어진다.
- 身이 크게 旺하다면 財官을 보는 것이 기쁘다.
- 主가 태유太柔하다면 祿馬를 보는 것은 좋지 않다.
- 旺官, 旺印과 旺財는 입묘入墓하면 재앙이 있고, 傷官, 食神과 아울러 身旺은 庫를 만나면 흥興한다.
- 運은 支에서 취하는 것이 중요하고, 歲는 干에서 구하는 것이 중요하다.
- 印이 많은 者가 財로 나아가면 발달하고, 財가 旺한 者는 比를 만나도 무방하다.

- 格이 청청淸하고 局이 올바르면 부귀 영화롭게 된다.
- 印이 旺하고 官이 밝으면 명성을 떨친다.
- 合官이 貴하게 되는 것은 아니고, 合煞을 흉하다고 추정하지 않아야 한다.
- 도화桃花가 煞을 차면 음분淫奔을 좋아한다.
- 화개華蓋를 겹쳐서 만나면 극박剋剝이 많다.

- 평생 불발不發한 것은 팔자가 休囚가 된 것이다.
- 일생 권력이 없는 것은 身이 약한데 鬼를 만난 것이다.
- 身旺하면 마땅히 설설泄하는 傷이 마땅하고, 身이 쇠약하면 곧 보조扶助가 기쁘다.
- 중화의 氣를 내려 받아 얻어야 하지 태과太過, 불급不及하지 않아야 한다. 이 법법法을 따라 상세히 추리하면 화복禍福 증험의 영향이 마땅히 있을 것이다.

絡繹賦 락역부

◉ 天地의 오묘함을 헤아려 조화의 미유微幽를 재어 人生의 귀천을 판단하고, 생사, 길흉을 분별하는데 법은 日干을 취하여 月支의 흥쇠로 논한다.
甲乙은 木에 속하여 봄에 태어나면 가장 좋다.
壬癸는 水에 속하여 겨울에 태어나면 좋다.
丙丁 火는 여름에 밝다.
庚辛 金은 가을에 날카롭다.
戊己 두 干의 土는 네 시기에 旺하다.
日은 자신이 되는데 모름지기 강약을 궁구하여야 하고, 年은 本主가 되니 마땅히 상세히 추리하여야 한다.

◉ 年干은 부父, 支는 모母, 日干은 자기, 支는 처妻, 月干은 형, 支는 아우, 時支는 딸, 時干은 아들이 된다.

- 뒤의 煞이 年을 剋하면 부모가 일찍 사망하고, 앞의 煞이 뒤를 剋하면 자식이 이지러진다.
- 馬가 처궁妻宮에 들면 반드시 부인을 얻게 되고, 煞이 자식의 위치에 임하면 패륜의 자식이 된다.

- 祿이 처궁妻宮에 들면 처의 복으로 생활하고, 印이 자식 자리에 임하면 자식에 영화가 있고, 梟가 조상의 위치에 있으면 조상의 터가 깨어지고, 財,官이 月에서 旺하면 부친의 자재資財를 얻고, 財,傷,祿이 엷은 것을 꺼리고, 가장 싫은 것은 鬼旺한데 身衰한 것이다,
- 食神을 암견暗見하면 인물이 풍비豐肥하고, 梟,印이 중생重生하면 조상의 재물이 표탕漂蕩하게 된다.

- 함지咸池, 財가 노출되면 主는 음란하고 사치스럽다.
- 흉살이 年에 모이면 인끼으로부터 방어하여야 한다.
- 도화桃花가 合神과 겹쳐 차면 유흥가를 찾아다니고, 역마驛馬가 충물衝物을 만나면 초楚에서 저물어 주秦에서 아침을 맞는다.
- 金火가 교쟁交爭하면 예의가 없고, 印財 둘 다 잃으면 젊어서 부모를 잃는다.
- 도화桃花가 祿과 만나면 주색으로 망신亡身되고, 財旺, 효쇠梟衰하면 財로 인하여 사망한다.
- 身이 목욕沐浴에 임하면 수액水厄을 만나는 두려움이 있다.
- 主에 전투의 地가 들면 반드시 화상火傷을 만난다.
- 財가 官을 生하는 者는 뇌물을 사용하여 벼슬을 구한다.
- 財가 印을 깨는 者는 재물을 탐하여 직위가 떨어지고, 旺한 財가 官을 生하면 백신白身*이 영현榮顯*하게 된다.
- 財가 煞의 무리를 生하면 어릴 때 요절하고, 독살獨煞이 충파衝破되면 매우 한가한 사람이 된다.
- 모든 煞이 刑을 만나면 흉한兇狠한 무리가 된다.

** 백신白身 : 옛날에 탕건宕巾을 쓰지 못하였다는 뜻으로, 벼슬을 하지 못한 사람을
일컬음

** 영현榮顯 : 영화롭고 현달함.

- 天干에 煞이 많은데 年干에서 다시 만나면 요절한다.
- 地支에 鬼가 많은데 年支에 다시 만나면 반드시 흉재凶災가 있다.
- 財가 官을 生하고 官이 印을 生하고 다시 印이 身을 生하면 부귀쌍전富貴
  雙全하다.
- 傷이 財를 生하고 財가 殺을 生하면 煞은 身을 剋하게 되어 흉하고 궁핍
  하게 된다.
- 酉,寅은 刑害로 혼인이 손상되고, 巳,卯는 풍뢰風雷로 성질이 급하다.
- 煞,官이 혼잡하면 기예技藝로 흐른다.
- 財祿 좌마坐馬는 경상經商의 객客이고, 馬가 空亡에 떨어지면 거처를 옮
  겨 떠돌아다닌다.
- 祿이 충파衝破를 만나면 고향을 떠나 떠돌아다닌다.
- 陰이 많으면 여인에 이롭고, 陽이 왕성하면 남자에 마땅하다.
- 陰에 陽이 왕성하면 女는 집안이 흥흥興하고, 陽에 陰이 왕성하면 男이 부
  府를 세운다.
- 순양純陽의 男은 반드시 고과孤寡하고, 순음純陰의 女는 반드시 곤궁
  하다.

- 官貴가 生年이 되면 흉살이 化하여 이름이 만고萬古에 드리우고, 포태胞胎가 日에 임하고 印綬를 만나면 천종千鍾의 祿을 누린다.
- 一氣의 근根이 되면 군영群英의 표본으로 빼어나게 나타나고, 양간兩干이 불잡不雜하면 훌륭한 선인들 보다 이름이 출중하다.
- 木이 빼어나고 火가 밝으면 모방에 뛰어난 사람이고, 水가 깊고, 土가 두터우면 큰 배를 모는 재주가 있다.
- 命元에 煞이 生하고, 身旺하면 반드시 主는 권력이 더해지고, 官이 임하고 歲에 貴人의 값이면 벼슬이 오른다.
- 傷官은 官이 거들어 들여져 없는 것이 가중 중요하고, 制煞은 높이가 화살化煞만 못하다.
- 化神이 약하고 制神이 강하면 은혜를 베풀어도 부족하다고 원망하고, 化神이 旺하고 制神이 쇠약하면 임하는 일에 결단이 부족하다.
- 煞은 있고 印이 없으면 문채文彩에 흠이 있고, 印은 있는데 煞이 없으면 위풍威風이 적다.
- 煞.印이 양전兩全하면 문무가 겸비된다.
- 쇠약한 運에 발發하고, 旺한 運엔 머물고, 旺한 運에 발發하고 쇠약한 運에 끝나는 것은 곧 봄과 가을이 대사代謝하고, 天運이 순환하는 만고萬古에 바뀌지 않는 이치인 것이다.

金玉賦 금옥부

⦿ 八字를 뒤져 찾는 것은 오직 財,官을 논하고, 다음 五行을 궁구하고, 기후氣候를 논하고, 財,官의 향배向背, 경중을 논하고, 기후의 심천, 생사를 살펴야 한다.

타他가 와서 나를 剋하면 官鬼가 되는데, 身旺하면 반드시 권력이 된다.

내가 타他를 剋하면 처재妻財가 되는데, 干이 강하면 부유하게 된다.

年이 日主를 傷하게 하면 아비와 자식이 친하지 않다.

時가 日辰을 剋하면 자식이 부명父命을 따르지 않는다.

年이 日을 剋하면 위 사람과는 화목하게 지내고, 아랫사람은 업신여긴다.

日이 年을 剋하면 아랫사람을 내몰고 위 사람은 무시한다.

만약 얻은 물物이 日干을 制하면 악을 化하여 상祥스럽게 된다.

다시 本主가 희신喜神을 만나면 흉이 변하여 길이 되고, 희신喜神이 경회慶會하면 자산이 풍융豐隆하다.

⦿ 四柱가 무정하면 재앙의 실마리가 되고, 또한 재앙이 일어나고, 혹 本主가 相衝하고, 三刑이 중첩되고, 歲,運이 기릉欺凌하면 횡사橫事가 있게 된다.

五行이 순수하게 입격入格하면 대각풍청臺閣風淸하고, 身强하여 七煞이

339

제복되면 번원진수藩垣鎮守하고, 財,官이 없는데 格局이 이루어지면 청운
득로靑雲得路하고, 格이 이루어지지 않았는데, 財,官이 있으면 황갑성명黃
甲成名하고, 財,官이 格局을 갖추었는데 손상되면 빈한하거나 공명이 층등
蹭蹬하다.

** 층등蹭蹬 : 잘못 디뎌 길을 잃음. 권세를 잃고 어정거림.

- 日干 月令이 모두 강하면 곤궁하지 않지만 반드시 초야에 묻혀 사는 선
  비가 된다.
- 丙丁이 남리南離에 좌했는데 制하지 않으면 예법을 존중하지 않는 흉폭
  한 무리이다.
- 壬癸가 戊,己를 만나 상응相應하면 큰 포부를 품은 총명한 선비가 된다.
- 辛이 남묘南墓에서 乙木를 만나면 비록 부유하지만 인자하지 않다.
- 丙이 북진北鎭에서 辛金을 만나면 설령 가난하지만 덕德이 있다.
- 年, 月, 時 令에 偏印이 있으면 길흉이 미맹未萌*하지만 大運, 歲君에서
  수성壽星을 만나면 재앙이 일어난다.

** 미맹未萌 : 아직 초목의 싹이 트지 않음. 변고나 어떤 일이 아직 일어나기 전.

- 유년幼年에 젖을 잃은 것은 食神이 刑剋의 궁을 만났기 때문이다.
- 장년壯年에 쟁영崢嶸한 것은 財,官의 거처가 순수한 위치에 있기 때문
  이다.
- 陽日의 食神이 득지得地하고 충손衝損되지 않고, 官星과 암합暗合하고,
  陰日의 食神이 파휴破虧하지 않고 合을 맺으면 印綬는 자친自親하고, 偏
  財는 수명이 길다.

- 羊刃은 鬼를 化하는 財를 빼앗아 좋다.
- 財星이 깨어지면 조상을 떠나 타향에서 살게 되고, 조부를 잃고 고향을 떠난다.
- 人命은 貴神으로 말미암아 복이 되고, 극함剋陷을 만나면 흉화凶禍로 상상스럽지 못하고, 五行의 모임이 흉요凶曜하면 재앙이 된다.
- 煞과 食神이 함께 合하면 貴하다.
- 命이 이지러지고 煞이 旺하면 천사天赦 이덕二德이 있으면 상상서롭다.
- 身弱한데 財가 풍부하면 羊刃, 형제가 도우면 좋다.
- 月令이 食神이 되고 건왕健旺하면 음식을 좋아하고 자질이 풍영豐盈하다.
- 四柱가 길요吉曜하고 상부相扶하면 퇴금적옥堆金積玉하고, 五行에 흉살이 침범하지 않으면 명현성양名顯聲揚하다.

- 寅,申,巳,亥를 첩범疊犯하면 총명생발聰明生發한 마음이 있다.
- 子,午,卯,酉를 중봉重逢하면 주색황음酒色荒淫을 탐한다.
- 도화桃花가 煞을 차면 심의心意가 창광猖狂하고, 이덕二德이 印을 만나면 덕성이 자상하다.
- 食神이 많으면 음식을 탐한다.
- 正官이 旺하면 좋은 음식을 략첨略沾하고, 梟神이 흥하면 일찍 사망하고, 작성爵星이 旺하면 수명이 매우 길다.

- 女命에서 결혼을 알기를 요하면 運이 지아비를 등진 위치가 되고, 남아가 일찍 장가가는 것은 運이 財와 合한 것이다.
- 자식에 훼함이 많은 것은 煞이 없고 官이 쇠약하고 食이 重하기 때문이다.
- 처妻에 손상이 첩첩한 것은 財가 가벼운 것이고, 身旺하면 형제가 많다. 만약 이와 같지 않으면 처첩의 위치가 刑衝되기 때문이다.
- 財星과 암합暗合하면 처첩이 많고, 財의 위치가 허조虛朝하면 主에 처가 많고, 財星이 입묘入墓하면 반드시 처가 刑되고, 支下에 財가 엎드리면 첩을 두고, 처성妻星이 명랑明朗하면 아름다운 여자를 구한다.

- 大運, 유년流年이 財와 三合하면 반드시 主에 홍란길조紅鸞吉兆가 들고, 혹 財가 패궁敗宮에 임하면 집안의 재물이 쇠퇴하고, 처첩이 손상되고 혼인을 이루기 어렵다.

처성妻星, 부위夫位가 어떤 궁에 있는 가에서 그 실마리를 구하여야 한다.

- 官祿, 천주天廚가 두터운 위치에 있으면 모름지기 그 근원을 살펴야 한다.
- 格局이 순수하지만 홀연히 악물惡物과 相衝하기 때문으로 또 主가 사망하기도 한다.
- 財祿이 담박한데 旺相한 歲,運을 만나면 홀연히 발發한다.

- 日이 승합升合을 구하는 것은 食神이 旺한 곳에 劫財가 많기 때문이고, 財,食이 득지得地하고 梟,印이 重하면 삶이 빈요貧夭하다.
- 官은 약하고 煞은 강한데 制하지 못하면 요절한다.
- 日이 쇠약하고 財가 重하고 煞의 무리가 있으면 궁핍하다.

342

⊙ 다시 歲,運을 보아 무엇이 흉하고 무엇이 길한지 살펴야하고,

• 身宮이 衝破하여 의지하지 못하면 부모와 이별하지 않으면 타향으로 나아간다.

• 건곤간손乾坤艮巽이 호환互換하면 방자하여 마음을 정하지 못하고, 柱中 화개華蓋를 만나고 이덕二德을 만나면 청귀淸貴한 사람이 된다.

• 官星, 七煞이 공망에 떨어지면 구류九流에 속하고 허한虛閒한 직업에 속한다.

• 五行이 극전剋戰하지만 日主가 손상되지 않으면 재앙이 발생하지 않지만, 歲,運에 아울러 임하여 있고, 만약 用神이 손상되면 반드시 禍가 발생한다.

• 財星이 입묘入墓하였는데 刑衝되면 반드시 짧게 발發하고, 상관상진傷官傷盡되는데 官星을 보면 흉하다.

⊙ 18격도 모두 五行에 매여 선악을 추구하게 한다. 각 쇠왕 소식消息을 취한다.

身旺하면 어찌 印綬가 고달프겠는가?

干이 쇠약하면 財官이 기쁘지 않고, 중화하면 복이 되고, 치우치면 재앙이 된다.

다만 貴神을 본다면 조정과 손잡게 되고, 녹마비천祿馬飛天, 요합허격遙合虛格, 刑衝이 되지 않으면 합당하다. 모두 七煞, 官星을 꺼리고 각 기반羈絆은 좋지 않고, 전실填實되면 흉하고, 홀연 運에서 官이 들어오면 벼슬을 잃게 되기도 하고, 馬가 피로하면 官이 깨어지고 곤수궁도困守窮途하게 되고, 祿이 旺하고 財가 풍豊하면 벼슬길이 한껏 높게 되고, 기쁜 곳에 화禍가 일어나는 것은 흉성이 숨은 곳이 三合이 되었기 때문이다. 흉한데 도리어 상상서러운 것은 구궁九宮에 길요吉曜한 것이 나타났기 때문이다.

◉ 직품의 고저를 알고자 하면 마땅히 運神의 향배를 구하여야 한다.

청기淸奇하면 일찍 이름을 이루고, 점결玷缺은 만년晚年에 득지得地하고, 진로津路가 통형通亨하면 권력이 높은 벼슬을 하게 되고, 정도程途가 언건偃蹇한 것은 祿이 얇고 官이 낮은 것이다.

자식의 지위를 찾고자 하면 먼저 처궁妻宮을 살펴야 하는데 死絶 者는 적자나 서자도 되기 어렵고, 태왕太旺한 者는 다른 문중에서 자식을 구한다. 자식 星이 현로顯露하면 자식이 많고, 자식 궁이 刑害되면 아들 딸이 적다.

◉ 만약 형제의 많고 적음을 묻는다면 四柱 干支를 세밀히 살펴야 한다.

月令이 비록 강하다 하더라도 다시 運神의 향배를 살펴야 한다. 死絶, 刑傷이 되면 날아가는 기러기가 질서를 잃는 것과 같고, 相生하는 경사스러운 모임이면 영광이 있고, 형제로 身旺하면 부모가 이지러지고, 재백財帛이 많으면 모친이 일찍 사망한다.

만약 官이 있는데 鬼가 출견出見하면 모친의 수명이 도리어 길고, 氣를 벗어 연이어 물리치면 부친의 수명이 길다.

壬이 午에 임하고 癸에 巳가 좌하고, 중화를 내려받고, 祿馬가 동향同鄕이고, 休囚를 만나고, 태원胎元의 절지絶地, 丙이 申에 임하고, 庚이 寅을 좌하고, 己가 손건巽乾에 들고, 乙이 쌍녀雙女에 임하고, 金이 火位에 승승乘하고, 甲의 좌에 곤궁坤宮이면 休囚가 된다.

가장 싫은 것은 剋制이고, 七煞을 만나는 것은 꺼리는데 상백喪魄이라고 말하고, 수성壽星을 만나는 것은 좋은데 환혼還魂이라고 한다.

◉ 天命은 능력을 베푸는데 지력智力이 나타나기 어렵고, 강유綱維 조화, 음공陰功이 가탈可奪하고, 빈한貧寒이 극에 달하고, 능력이 백옥白屋에서 공경公卿이 나타나고, 사치가 극히 심하고, 높은 벼슬아치가 굶주리고, 집 안의 재산이 없어지고, 닮지 않은 아이가 태어나고, 혼인을 스스로 刑하고, 장가가서 처첩이 수명이 짧고, 사궁四宮이 배록背祿하면 망령되게 얻지 말아야 하고, 장차 벼슬을 이루지 못하고, 재물이 없어지고, **팔자에 財가 없으면 본분本分을 요하고, 탐심이 심하면 반드시 흉한 일이 일어나고,** 희감빈양졸噫甘貧養拙, 원헌原憲이 재주가 없다 비방하고, 배를 두드리며 통소를 불고, 어찌 오원伍員의 뜻을 꺾겠는가?

命이 아니지 않으니 마땅히 순리에 따라야 할 것이다.

心鏡五七賦 심경오칠부

◉ 人生의 부귀는 모두 前에 정해지는 것으로 술사는 반드시 상세히 논하여야 하는데, 하늘의 성진星辰은 더하여 논하여야 착오가 없다.
時가 월건月建에 미치어 명위命位와 영합迎合하면 이것이 올바른 복원福原의 地가 되고, 수원壽元의 합처合處가 참된 것으로 이 설명은 헛된 것이 아니다.

- 官,祿,貴,馬의 태형台形을 보면 일거—擧에 이름을 이룬다. 〈삼간상련三干相連〉.
- 日에 貴地을 만나고 祿馬를 보면 장세壯歲에 갑과에 오른다.
- 時,日에 祿位가 협협夾하면 官이 반드시 청귀淸貴하다.
- 五行이 時,日에 상잡相雜하지 않으면 官이 매우 현달顯達하다.
- 羊刃이 중중重重한데 또 煞을 만나면 크게 貴하고 갑과에 오른다.
- 만약 삼기三奇를 만나고 祿馬가 이어지면 명예를 천하에 떨친다.
- 日 좌에 食支가 되고 또 合干하면 구경삼공九卿三公이 된다.
- 甲子, 己巳의 일설—說이 있는데, 天地가 合하는 덕德으로 결정한다.

- 丙子, 癸巳도 앞과 더불어 같은데 관직이 삼공三公에 이른다.
- 木이 金을 만나 主가 손상되지 않으면 양부兩府의 중당中堂에 좌한다.
- 火가 만약 水를 만나면 主는 장수의 권력을 가져 변두리까지 진압한다.
- 金이 火를 만나면 主는 대권을 차지하여 어떤 방면의 지방 관리가 된다.
- 水가 만약 土를 만나면 官局이 되니 마땅히 시종侍從 직직이 된다.
- 土가 木을 얻어 정록正祿이 되면 팔좌八座 삼대三台의 복을 누린다.

- 年이 月祿을 얻으면 기쁘게 되는 것은 아니다.
- 日貴는 主로 취한다. 生에 貴人를 만났는데 고과孤寡의 곳이 되면 스님이 된다.
- 官祿이 공망, 貴人이 되면 고승高僧이 되어 치의를 입는다.
- 五行이 무기無氣하고 고과孤寡가 머무르면 반드시 수행하는 사람이 된다.
- 공망, 刑害에 또 수囚를 만나면 스님이 되어 과두裹頭를 쓴다.
- 人命으로 主에 권력이 있는 것을 알고자 한다면 食神이 旺하고 반드시 완전한지 보아야 한다.

- 相刑, 羊刃, 煞傷은 반드시 主는 법장法場에 오른다.
- 진살眞煞이 만약 반족盤足에 좌하면 악귀도 형옥에서 사망한다. 〈日支 自坐가 반족盤足이 된다. 〉
- 협각夾角이 歲星과 만나 함께하면 도류徒流로 확실히 정해진다.
- 六害가 당권當權하여 刃,煞을 만나면 소년에 요절한다.
- 日이 官鬼를 만나면 중형을 당하고, 나쁘게 사망하고 심한 두려움을 견뎌야 한다.

- 刃神, 劫煞은 거처가 두 곳의 우두머리가 되고, 어린 나이에 천구天衢를 꿈꾼다.

- 祿馬가 함께 絶地가 되면 노곤勞困을 피하기 어렵다.
- 月,時가 刑衝을 만나면 근기根基가 텅 비어 아무것도 없다.
- 時에 官星이 있고 生旺하면 자손이 많다.
- 祿을 향하고 財官이 임하면 吉하여 貴하고 집안에 재물이 많다.
- 日月이 순관純官인데, 財位가 없으면 벼슬을 하지 못한다.
- 卯가 子를 刑하고 子가 卯를 刑하는데, 癸乙이 相生하면 어지럽게 된다.

- 未가 丑을 刑하고, 丑이 戌을 刑, 戌이 未를 刑하는 것은 그 이치가 같다.
- 祿馬가 生하면 主는 발재發財하고, 人元을 剋하면 출래한다.〈甲乙이 寅卯를 보면 祿馬가 絶하고, 甲申, 乙酉가 寅卯를 보면 祿馬가 絶하는 것으로 논하지 않는다.〉

⊙ 세 개의 인연에서 하나를 얻은 것을 무엇으로 설명하랴!
비천마록격飛天祿馬格은 歲가 時日에 合하면 두 곳의 우두머리가 되니 상세히 살펴야 한다. 군자가 만나면 임금의 질문에 답하고, 상인常人은 재앙이 오고, 어떤 일의 인연에서 물러나 과오를 뉘우치는 마음이 생기고, 重하게 犯하면 관직이 박탈된다.

◉ 柱中에 祿이 있고 運에서 財를 만나면 금옥金玉이 하늘로부터 자연히 들어온다.

앞에 말한 貴와 천은 運을 살펴 설명하여야 한다.

무릇 行運에서 祿馬를 만나면 발발發發하여 官이 된다.

천을天乙 이덕二德은 구하는 神으로 온 갓 재앙이 흉하게 되지 않는다.

향록向祿에 財가 임하는 것을 매우 동경하는데, 貴가 나타나고 관자官資가 있다.

命中에 祿馬와 貴人이 같이 있으면 복록이 매우 크다.

貴人, 군자가 刑煞을 좌하면 소년에 발발發發하여 이름을 이루고, 陰陽, 귀천은 마땅히 소식消息되니 가슴에 숙효熟曉하여야 한다.

日,時,身,命은 가지가 매우 많아 일결一訣도 여러 가지로 변화하니 잘 살펴야 할 것이다.

造微論 조미론

⊙ 양의兩儀에서 계벽肇闢하여 六甲이 生한 바, 그리하여 삼원三元, 삼재三才가 나타나니 時가 세워져 四柱가 된다.

干은 祿으로 本이 되어 一生의 직위의 고저高가 정해지고, 支는 命의 터가 되고, 삼한三限, 수원壽元, 시종始終이 펴진다.

年은 근근根이 되고, 월건月建은 묘묘苗가 되고, 日은 관리 경영이 되고, 또 中年의 복과 禍가 되고, 時는 결과로 만세晩歲의 영고榮枯가 정해진다.

먼저 태식胎息의 말미암을 추리하고 다음은 변통變通의 道가 들어오는 것을 추리한다.

官이 되고, 貴가 되면 上下 인연이 다 화목하게 되고, 다체多滯하면 많이 위태롭게 된다.

근근根은 본원本元으로 相剋한 것이 있고, 이러한 사유에서 格이 청청淸하고 局이 올바르면 마땅히 대각臺閣의 신하가 된다.

- 印을 官이 生하여 旺하면 반드시 균형鈞衡의 임무를 맡는다.
- 마두馬頭에 검검劍을 차면 변방을 위엄으로 진압한다.
- 印綬가 화개華蓋를 만나면 한원翰苑이 된다.
- 祿이 비록 뛰어나지만 害가 있으면 복이 상상祥스럽지 못하다.

- 煞이 비록 重한데 傷이 없다고 하더라도 흉이 꼭 禍에 이르지는 않는다.
- 삼기三奇를 만나지 마라 재주가 높지만 명예를 이루기는 난해하다.
- 六合을 올바르게 만나면 집안이 부유하고 또 업이 늘어난다.
- 空亡이 과숙寡宿이면 고독孤獨 롱종躘踵하다.
- 長生이 공망에 빠지면 빈한貧寒 언건偃蹇하다.
- 도화桃花가 제왕帝座에 임하면 색정으로 망신亡身된다.
- 함지咸池가 일궁日宮에 임하면 처로 인해서 부유하게 된다.

- 근원根元이 천박淺薄하면 生旺을 만나도 영화가 없다.
- 本,主가 흥륭興隆하면 休囚를 만나도 吉하다.
- 羊刃이 오귀五鬼에 임하면 범법하여 도망 다닌다.
- 구교勾絞가 三刑과 겹치면 빈번하게 범죄를 저지른다.
- 벼슬에 오른 者가 탄담吞啗을 만나면 작록爵祿이 휴정虧停하고, 병권 者가 갑자기 天中(空亡)을 만나면 권력에서 물러난다.

- 흉금胸襟이 평온한 것은 무릇 水가 강과 호수를 이룬 것이다.
- 학문의 근원은 본시의 水 壬癸에 거주하는 것이다.
- 자상하고 개제愷悌*한 것은 木 甲乙이 승승乘한 것이다.
- 초조 폭악은 火가 丙丁의 地에서 왕성한 것이다.
- 이름이 높고 祿이 重한 것은 건금乾金이 일찍 庚,辛을 만난 것이다.
- 돈이 썩고 오곡이 늘어선 것은 진토鎭土 戊,己가 왕성한 것이다.
- 木이 번성한데 金이 착삭斲削하지 않으면 설령 영화가 있다고 하더라도 말세에 고궁孤窮하게 된다.
- 화염火炎인데 水가 도용陶溶하지 않으면 비록 발발發發하지만 일찍 요절한다.

- 水가 부범浮泛하면 오직 土의 제방隄防에 기대야 한다.

** 개제愷悌 : 용모와 기상이 화평하고 단아함

- 土가 重한데 木이 소통하지 않으면 우매하다.
- 金이 견고한데 火가 단련하지 않으면 종내 흉완하다.
- 金이 무른데 화염火炎이 강하면 몸이 손상된다.
- 木이 부드러운데 金이 重하여 날카로우면 몸이 손상된다.
- 水가 청清하면 土가 많은 것은 좋지 않다.
- 土가 약해도 木이 왕성한 것은 금하지 않는다.
- 火가 강하여 마르면 이루어지는 것이 적고, 水가 구제하면 관화寬和하고, 모름지기 균배勻配가 아름답고, 또한 균조均調가 上이 된다.
- 대현大顯 者는 貴가 심은深隱하고, 대굴大屈 者는 貴가 비루하다.

- 수명이 긴 것은 모두 祿이 제왕帝旺에 임한 것이다.
- 직업이 높은 것은 마馬와 官星을 만난 것이다.
- 화개華蓋가 공망을 만나면 승도僧道로 기운다.
- 학당이 貴를 만나면 사유師儒가 된다.
- 五行이 쓸쓸하고 三命이 저약低弱하고, 日이 공과空寡를 만나면 처와 생이별한다.
- 時가 공허空虛의 값이 되면 자식이 있다 하더라도 못나고 어리석다.

** 사유師儒 : 사람에게 도를 가르치는 유자儒者

352

- 절궁絶宮에 고분鼓盆의 煞이 있고, 태궁胎宮에 백호白虎의 神이 있고, 天空이 사속嗣續의 궁에 임하면 말세에 가정을 이룬 자식이 손상된다.
- 運에서 길한 星을 만나도 本,主에 없으면 기쁘고 즐거움이 족하지 않다.
- 흉신이 끝을 지켜도 근묘根苗가 있으면 두렵지 않다.
- 세군歲君에 약한 악이 임하면 한 세상 뜻을 이루지 못한다.
- 生時에 休囚를 만나면 一生 근심으로 한탄한다.
- 근원이 청한 者는 멀리 돌아다닌다.
- 本이 탁한 者 만들지만 이루지 못한다.
- 팔자가 초군超群하면 貴하지 않으면 크게 부유하다.
- 五行이 교잡駁雜하면 편안하지 않고 위태롭고 근심이 있다.

- 休囚 者는 신성身性의 지체가 낮고 비천하다.
- 旺相 者는 명리名利가 장건하고 성실하다.
- 먼저 강하고 뒤에 약하면 먼저 길하고 후에 흉하다.
- 처음 약하고 끝이 강하면 처음에 흉하고 나중에 길하다.
- 초初에 吉한 貴을 만나면 문득 貴가 일어나는 것으로 추정하는 것은 옳지 않고, 中에 살흉煞凶을 만나면 어찌 문득 흉조가 일어나겠는가?
- 무릇 문귀文貴는 長生의 地가 되고, 刑煞은 死絶의 宮이 되는데, 이러한 것에서 근심이 있고, 근심이 없고, 기쁨이 있고 기쁨이 없으니 그 본말本末을 상세히 살펴 그 영허盈虛를 관찰하여야 한다.

영욕 궁통은 설명하지 않았으니 깨우쳐야 하고, 길흉 회민悔吝을 알아 고려하여야 한다.
이름이 조미造微로 어찌 적지 않은 도움이 되지 않겠는가!

人鑑論 인감론

⊙ 홍몽洪濛이 나누어진 시초에 甲子가 태어난 바, 22字(천간 10, 지지 12)의 사용이 무궁하니 백천만인의 命에 적용할 만하다.

生日이 主가 되고 年은 군君이 된다. 먼저 근본의 허실을 논하고 다음 歲, 運의 강약을 논한다.

삼재三才가 촘촘히 늘어서 저울로 경중을 재야하는 오묘한 것이 존재하고, 팔괘八卦가 포라包羅하여 스스로 규구規矩 방원方圓이 존재하는 것이다.

⊙ 천도天道에 또한 영허盈虛가 있는데 인사人事에 어찌 반복이 없겠는가?

혹 처음 가난하고, 후에 부유하고, 혹 먼저 敗하고 뒤에 흥하고, 단短을 버리고 장長을 따르고, 피彼를 취하고 차此를 버리고, 四柱에 한 개의 글자가 있는 것은 싫고, 크게 순박한 것도 또한 작은 결점이 있으니 그 근원을 상세히 살펴야 하고, 가볍게 판단하지 말아야 한다.

官이 녹향祿鄕에 있으면 이윤伊尹이 아형阿衡의 지위가 된 것과 같고, 時에 貴地가 있으면 전설과 같은 대신이 되고, 生이 귀격을 만나면 대각臺閣의 존귀한 벼슬에 오른다.

重한 귀국鬼局을 만났는데, 산림山林이 흥한 道가 있으면 좋다. 이는 官이
貴한 거처에 있게 된 것이라는 것을 알아야 한다.

◉ 五行이 순수 화합하면 허물은 없고, 많이 막히고, 근심이 많은 것은 팔
자가 혼잡하고 또 전쟁하기 때문이다.

근根은 단데 예裔가 좋지 않으면 가의賈誼가 장사長沙에서 굴복한 것과
같고, 근원은 탁한데 청하게 흐르면 태공太公이 위수渭水에서 흥한 것
과 같다.

• 祿,馬가 같은 곳(녹마동향祿馬同鄉)이 되면 삼정승三政丞 에 오른다.
• 煞印이 중왕重旺하면 일찍 벼슬을 하고, 比肩을 重하게 만나면 범자范
  子*의 가난으로 탄식한다.

** 범자范子 : 중국 진나라 때 활동한 사람.

• 印綬가 중첩하면 노팽老彭의 수명에 견준다.
• 협관夾官 협귀夾貴가 日時에 있으면 조각으로 꾸민 대들보가 있는 거대
  한 집에 거주한다.
• 劫財가 마馬를 겁탈 하는 것을 歲,時에 만나면 매우 가난하게 산다.
• 자식의 자리가 剋絶되면 까치집에 비둘기가 거주한다.
• 처의 자리에 煞傷을 만나면 난새와 고니 같이 고독하다.
• 運이 배록背祿하면 어제는 부유했지만 오늘은 가난하다.
• 命에 旺한 財를 만나면 어제는 울었지만 오늘은 웃는다.
• 四柱의 좌가 학당의 上이면 되돌아와 만나지 못하고, 삼원三元이 묘고
  墓庫의 中이면 자식이 학문을 좋아한다.

- 年의 官貴가 손상되면 재주는 높으나 이름을 이루지 못한다.
- 時에 偏官이면 집안이 부유하고, 자식도 좋다.
- 庚이 丙地로 行하면 사망할 수 있다.
- 壬이 戊에 들면 어찌 빨리 죽지 않겠는가?
- 백우伯牛의 질병은 전극戰剋이 교차한 것이다.
- 사마司馬의 근심은 무릇 화和하지만 위치가 없다.
- 身이 쇠약하면 길운을 만나도 흉하고, 명좌命坐가 견실堅實하면 화년禍年을 만나도 도리어 복이 되고, 煞이 비록 重하더라도 合이 많으면 어찌 해와 달의 빛이 손상되겠는가?

- 祿이 비록 나타나있지만 유실有失되면 풍운風雲의 모임을 만나기 어려운데 만났지만 만나지 않은 것과 같다.
- 庚辛이 壬癸의 곳에 있으면 근심이 되지 않는다.
- 甲乙이 丙丁의 地로 행하고 만약 生이 절패絶敗를 만나면 정곡鄭谷이 낙향하여 농사를 짓는 것과 같다.
- 祿,馬가 병쇠病衰를 만나면 풍당馮唐이 머리가 희도록 낮은 벼슬을 한 것에 비유된다.
- 구궁九宮이 왕상旺相하면 밀회를 행한다.
- 四柱가 합화合和하면 잎사귀에 시詩를 짓는 것을 면하기 어렵다.
- 서시西施의 미모는 자신自身이 장생長生을 찬 것이다.
- 록주綠珠가 누각에서 떨어진 것은 흉악한 七煞를 만난 것이다.

- 고란孤鸞이 命에 있으면 지아비가 죽어 부인이 울고, 부인이 죽어 지아비가 운다.
- 연화煙花가 몸을 묶으면 여는 남을 구하고 남은 여를 구하고, 두목頭目이 함몰되고, 지체肢體가 이지러지고, 재백財帛이 줄어들고, 전택田宅이 해롭게 된다.
- 生時에 刑衝이 있으면 一生 어려운 처지에 놓인다.
- 歲月이 만약 겁탈하면 오랜 세월 고환孤寒하다.
- 財가 財의 보금자리에 들면 貴하게 되지 않으면 크게 부유하다.
- 煞이 太歲에 있으면 거처가 편안하여 위태로운 생각을 하지 않는다.

** 연화煙花 : 봄철의 경치. 춘경春景. 화포花砲, 노래와 춤 등을 배워 익히던 계집종

- 官星이 투로透露했다고 貴하다고 추리하는 것은 옳지 않다.
- 煞星이 공격하지 않는데, 어찌 흉하다고 단정하겠는가?
- 대저 貴,祿은 印綬 만나면 기쁘고 刑煞은 制,合하여야 마땅하여 근심이 근심이 되지 않는다.
- 좋고 좋지 않은 것은 그 근根을 고찰하여 그 실實을 명확히 하여야 하고, 처음을 논하고 그 끝을 궁구하여야 한다.
- 처궁妻宮에 훼이 있으면 소년에 일찍 장가가지 못한다.
- 자식 위치에 傷을 만나면 말세에 자식이 가정을 이루지 못하고, 평생 길하지 않고 수명이 춘송椿松과 같다.

- 財祿을 많이 차면 복이 포류蒲柳같은 모습이다.
- 원청源淸 者는 멀리 흐르고, 木이 건장한 者은 낙엽이 무성하고, 三命에 관관冠의 무리는 貴하지 않으면 크게 부유하다.

• 구궁九宮이 약하면 흉운이 두렵고, 또 흉년을 꺼린다.

천 가지 조건과 만 가지의 실마리는 마땅히 보이지 않은 형形을 찾아야 하고, 한 출처에 백 가지가 있고, 貴가 身의 地에 널리 미치고, 본말을 상세히 조사하고, 영허를 살펴 갖추고, 정신을 맑게 하여 깨달음을 얻어야 하고, 깨우치지 않으면 말아야 하나니 후세의 군자는 소홀히 하지 않기를 바란다.

玄妙論 현묘론

일명 벽연부碧淵賦. 일명 천리마千理馬

◉ 二氣로 나누어져 삼재三才가 정해져 四時에 흩어져 만물이 이루어졌다는 것은 들어 본적이 있을 것이다.

人命의 영고 득실은 五行의 生剋 中에 전부 존재하고 부귀영화는 팔자의 중화에 존재한다.

먼저 절기의 심천을 관찰하고, 다음 財官의 향배를 관찰하여야 한다. 무릇 人命 內에서 실제 財,官을 얻기는 어렵다.

내가 格들을 관찰해 보니 오직 녹마祿馬의 허虛와 격邀를 요하는데, 선현들이 이미 식을 이루어 놓았으니 후학들은 변통變通*을 요하여야 한다.

* 변통變通 : 형편과 경우를 따라서 일을 이리저리 막힘 없어 잘 처리함. 달리 융통함

◉ 태과太過한데 剋制가 없는 者는 빈천하고, 불급不及한데 생부生扶를 잃은 者는 요절한다.

마땅히 運의 향배을 살펴 빈천을 결정하여야 하고, 곤궁을 정하여야 한다.

生이 좋으면 生을 만나야 貴한 것으로 취하고, 剋이 좋으면 剋을 받아야 吉하다.

木이 왕성하면 金을 만나야 동양棟梁의 임무를 맡고, 水가 많으면 土를 만

나야 제안堤岸의 공으로 뛰어나게 되고, 火가 가을의 金을 단련하면 주조하여 검봉劍鋒의 기구를 만들고, 木이 계절의 土를 소통하면 벼농사를 이루고, 화염에 水가 있으면 기제旣濟 되어 아름답고, 水가 얕은데 金이 많으면 體가 온전한 象이 된다.

◉ 亥卯未가 甲,乙을 만나면 부귀을 의심하지 말아야 하고, 寅午戌이 丙丁을 만나면 영화가 확실하고, 庚辛에 巳酉丑이 완전하면 높은 권력을 얻고, 壬癸가 申子辰의 格을 얻으면 祿이 넉넉하고 재물이 풍족하고, 戊己에 사계四季의 완전한 局을 이루면 관청의 관冠을 쓰는 영광이 있다.
다시 덕수德秀 삼기三奇의 값이면 사방 널리 이름을 날린다.
木이 寅卯辰을 완전히 갖추면 공명이 스스로 있고, 金에 申,酉,戌의 地를 갖추게 되면 부귀가 저버리지 않는다. 水가 亥,子,丑 근원에 의탁되면 이명利名의 객이 된다.
火가 巳午未의 구역에 임하면 현달顯達한 사람이고, 木이 旺하면 火의 교휘交輝가 마땅하여 취위秋闈에 급제하고, 金이 견고하면 水가 상함相涵이 좋아 문학이 자랑할 만큼 뛰어나게 된다.

◉ 火를 사용하면 水가 두렵고, 木을 사용하면 金이 두렵고, 춘목春木이 중중重重하여 크게 旺하면 쉽게 되어 의지할 곳이 없게 된다.
여름 火가 염염하면 크게 건조하여 억압하지 않아야 하고, 가을 金이 날카로우면 뛰어나고, 水가 양양洋洋하면 오직 아름다운데 나를 生하고, 나를 도우는 것을 꺼리고, 나를 剋하고 나를 制하면 공이 있다.
五行이 짝하면 강康, 치治, 화和하고, 四柱가 무정하면 난亂, 상傷, 화禍가 일어나고, 合中에 전쟁을 만나면 태평한데 난리亂離를 만나고, 死地에 生

을 만나면 극히 좋지 않지만 다시 성세盛世를 이룬다.

한 번은 잘 다스리고 한 번은 어지러운 것은 柱 중의 물결이 샘솟는데 刑衝하기 때문이고, 별안간 旺했다 별안간 쇠약한 것은 命 안에 파해破害가 갑자기 들어왔기 때문이다.

유분劉蕡과 같이 급제하지 못한 것은 때가 쇠약했기 때문이고, 이광李廣이 제후가 되지 못한 것은 무릇 사람은 강한데 馬는 열악했기 때문이다.

◉ 평생의 귀천貴賤을 알고자 한다면 과갑科甲의 星을 추리하여야 하고, 직분의 고저을 묻기를 요하면 財,官의 위치를 상세히 살펴야 한다.

관직을 구求하는데 이루지 못하는 것은 衝하여 命이 손상된 것이고, 貴는 곧 등과하고, 공명이 이미 이루었으면 다시 깨어져 손상되지 않아야 하고, 괴魁가 官을 이기면 종신 급제하지 못하고, 官이 印을 타면 공부하여 이름을 이루고, 木이 바탕 되어 火가 밝게 되면 갑제에 오르고, 금한수냉金寒水冷하면 종신 빈한貧寒하다.

◉ 태원胎元, 일주日主, 제강提綱, 印이 旺하면 괴원魁元을 빼앗고, 貴가 세묘歲苗에 모이면 옥당玉堂의 높은 자리로 한원翰苑의 영광이 있다. 병病은 곧 괴성魁星인데 병病을 제거하면 성취한다.

문문은 갑수甲首가 되고, 官이 오면 비로소 승등升騰하게 된다.

현무격玄武格은 比劫이 많으면 태을太乙 옥당玉堂으로 참되어 갑제에 오른다.

주작朱雀에 食神이 旺하면 官年, 印歲에 등과 한다.

比肩이 많은 官,煞을 보았고, 印은 괴성魁星인데, 歲와 합하고 官과 衝하면 급제한다. [괴성:甲辰,丁未,庚戌,癸丑]

官煞이 重한데 印,傷을 만나면 곧 갑숙甲宿으로 食年, 印歲에 급제한다.

목괴木魁가 만약 年,月에 旺하면 장두狀頭*에 우두머리에서 해직된 사람으로 적힌다.

화숙火宿이 歲干의 화염 값이 되면 장원 급제한 사람이 된다.

급제하지 못하는 것은 財로 인하여 문서가 깨어졌기 때문이다.

하나 추천하면 이름을 이루는 것은 괴성魁星이 甲을 찬 것이다.

** 상두狀頭 : 예전에, 여러 사람이 서명한 소장訴狀의 맨 첫머리에 이름을 적는 사람을 이르던 말.

◉ 五行은 성장하면 쇠하게 되는데, 모두 鬼로 인하여 일어나게 되는데, 곧 공이 이루어진 후에 있게 된다.

四柱가 흥륭하여 병病이 없으면 貴하지 않다. 비록 鬼를 사용하더라도 病이 심하면 종내 이를 제거하면 복이 된다.

다시 三合, 祿馬의 年을 찾아 옥당玉堂 천을天乙이 歲인 가를 본다. 丙,丁이 겨울에 태어나고 戊,己가 당두當頭하면 貴하다.

庚,辛이 여름에 태어나 壬癸의 局을 얻으면 뛰어나다.

甲,乙이 가을에 태어나면 현무玄武가 마땅하다.

庚,辛이 여름에 태어나면 구진勾陳이 뛰어나다.

** 소장消長 : 쇠하여 사라짐과 성盛하여 자라감.

◉ 丙,丁에 水가 많으면 북지北地는 싫고 戊己는 貴하게 되는 것으로 추정한다.

庚,辛은 火가 왕성한 남방은 두렵고 戊,己가 번성하면 貴하다고 단정한다.

甲,乙이 가을에 生했는데 丙丁이 투출하면 傷을 보지 말아야 한다.

戊,己가 여름에 태어났는데 庚,辛이 노출되어 있으면 마땅히 貴로 論한다.

火가 많은 水를 차면 木運으로 나아가면 貴하게 된다.

土이 木旺을 만나서 화향火鄕이 들어오면 영화가 있다.

庚이 水를 重하게 만나면 수냉금한水冷金寒하여 염열炎熱이 가장 좋다.

戊가 많은 酉를 만나면 氣를 빼앗겨 몸이 쇠약하게 되어 형황熒煌을 편애偏愛한다.

◉ 미치지 못하면 생부生扶하여야 하고, 태과太過하면 마땅히 박삭剝削하여야 한다.

청룡이 종혁從革의 金을 온전히 쫓으면 빈천하다,

백호가 윤하潤下의 水를 갖추면 부유하고 영광이 있다.

춘목春木은 많고 水가 얕으면 스님이 된다.

여름의 화염火炎은 金이 쇠약하게 되어 잠관簪冠의 道이다.

구진국勾陳局에 윤하潤下가 완전하면 분파의 무리가 된다.

주작朱雀이 현무玄武와 三合이 되면 곤약困弱한 무리가 된다.

金이 견고하고 火는 약하면 장사하는 사람이 된다.

土가 敗하고 水가 얼면 오래 머문 조상이 깨어져 객이 된다.

金이 가을에 生하고 土가 중중重重하면 가난하다.

◉ 火 장하長夏에 天金이 첩첩하면 크게 부유하고, 춘목春木이 오로지 많은 水를 만나면 빈천하고, 겨울 水가 왕성한 金을 만나면 한약寒弱한 무리가 되고, 辰,戌,丑,未가 刑衝을 만나면 발發하지 않는 것이 아니다. 子,午,卯,酉가 刑合을 차면 犯한 者는 음란하다.

여름의 金이 거듭 火를 만나고 가을 水에 金이 중첩하면 크게 치우친 무리가 되어 가난하지 않으면 천하다.

춘금春金에 火가 많고 겨울 水에 왕성한 金을 제복制伏하지 않으면 요절하거나 가난하다.

◉ 가을 木이 무근無根한데 부부를 쫓으면 복이 있고, 貴가 숭고하다.

여름 金이 실지失地하면 부부에 영화가 있고 공명이 현달하다.

火가 춘림春林으로 향하여 木旺을 만나면 제거 하면 좋아 이름이 구원된다.

土가 계지季地에 임하여 많은 金을 보면 벼슬을 하고, 甲乙의 여름은 土星이 두터우면 영화가 있고, 공명이 있고 농지가 풍부하다.

丙,丁이 겨울의 왕성한 水는 근원이 청하여 작록爵祿이 완전하고 비단이 풍부하다.

전록專祿이 食傷을 차면 외곤外閫의 권력을 가지고, 羊刃에 官煞이 들면 위진변강威鎭邊疆하게 되고, 공록拱祿 공귀拱貴 협구夾丘는 작록爵祿이 풍요豐饒하다.

◉ 도충倒衝, 요합遙合, 란차欄叉는 공명이 현달顯達하다.

임추간壬趨艮, 갑추건甲趨乾은 청명淸名한 선비이다.

임조양壬朝陽, 을서귀乙鼠貴는 문학에 관한 벼슬이고, 풍호風虎가 온전한 局은 어진 장수이다.

柱에 운룡雲龍이 있으면 대인大人의 덕德이 있다.

사고四庫가 완전하게 갖추면 용龍으로 변화하여 대해大海를 만나면 九五의 존尊이 된다.

삼기三奇의 局이 빼어나 봉황이 등상騰翔하는데 천문天門을 만나면 곧 대각臺閣의 貴가 된다.

財官이 旺하면 부귀하고, 암록마暗祿馬는 영화가 있고, 格에 들면 貴하다고 추리한다. 파국破局되면 貴하지 않다.

한 이치를 궁구하여 백가지의 실마리를 살피고, 밝은 한 조각의 말이 만류萬類에 통하니 후학後學의 군자는 이것을 소홀히 하지 말아야 할 것이다.

精微論 정미론

- 무릇 人命의 간명은 오직 六格을 논한다.
- 官을 만나면 財를 보아야 하는데, 財가 나타나있으면 부귀하다.
- 煞을 만나면 印을 살펴야 하는데, 印을 만나면 영화가 있다.
- 印을 만나면 官을 보아야 하는데, 官을 만나면 십 중 칠은 貴하다.
- 財를 만나면 煞은 꺼리는데, 煞이 있으면 십 중 구는 가난하다.
- 官은 노출되는 것이 좋은데, 노출되면 청고淸高하다.
- 財는 감추어져야 하는데, 감추어져 있으면 풍후豊厚하다.
- 官煞이 혼잡하면 身弱하면 가난하고, 官煞이 상정相停한데 合煞되면 貴하다.

- 年月 官星은 일찍 출사出仕한다.
- 日時 정귀正貴는 만세晩歲에 이름을 이룬다.
- 포태胞胎가 印綬를 만나면 천종千鍾의 祿를 누린다.
- 財氣가 長生을 만나면 비옥한 밭이 만경萬頃이다.
- 추동秋冬의 官星은 刃,傷은 막아야 하고 현무玄武가 완전하면 貴을 의심하지 않아도 된다.
- 섣달(음 12월))의 傷官이 官을 보면 기쁘다.

- 印이 깨어져 傷하면 禍가 重하고 사망한다.
- 財旺하여 生官하는 者는 곧 貴는 적고 富는 크다.
- 傷官이 財를 본 者는 官이 높고 재물이 풍족하다.
- 손상이 없으면 貴하지 않고, 병病이 있어 뛰어난 것은, 비록 처음 기만 하더라도 종내 제거되면 복이 된다.
- 이것만으로도 이치가 신묘한데 어찌 다른 곳에서 구하는가?
- 화염火炎에 水가 적은데, 庚辛을 만나면 身旺하고 官이 가벼워 벼슬이 멈추게 되는 것으로 취한다.
- 혹 土가 重하고 木이 절絶했는데, 壬癸를 만나면 官이 旺하고 身은 輕하게 되어 당해내기 어렵다고 판단 한다.

- 財가 輕하면 劫地을 만나지 말아야 하고, 印이 많으면 財가 가장 좋고, 財가 旺하여 官을 生하면 재물로 貴를 취한다.
- 煞星이 刃을 制하면 劫은 보물을 꾀하는 이름이다.
- 身旺한데 偏財을 취하면 반드시 횡재한다.
- 主가 굳세고 正財가 피겁되면 빈번히 처에 재앙이 있다.
- 劫財, 羊刃에 官煞이 들면 대각臺閣의 신하가 된다.
- 귀록歸祿이 食을 충衝하고 刃傷을 만나면 랑묘廊廟의 貴가 된다.
- 身旺한데 煞이 있고, 印綬를 만나면 권단權斷의 官이 되고, 主가 약한데 印을 만나고, 財星을 보면 심상尋常*의 객客이 된다.

** 심상尋常 : 대수롭지 않고 예사로움

- 羊刃, 偏官을 制하면 담당하는 직분이 병형兵刑을 장악하는 것이다.
- 正官, 正印이 손상되지 않으면 백성을 다스리는 수령守令이 된다.
- 재왕財旺 가색稼穡은 건량을 공급하는 벼슬이 된다.
- 비록飛祿 조양朝陽은 시종侍從의 직職이 된다.
- 건곤乾坤의 本이 청기清氣하면 나라를 다스리는 영광이 있다.
- 子,午는 존尊의 극極으로 황문黃門의 貴가 된다.
- 癸日 癸時에 丑亥가 겸해지면 우두머리로 급제하여 한림翰林에 든다.
- 壬日 壬時에 寅,辰이 있으면 높은 벼슬로 승은承恩되어 어각御閣에 오른다.

- 일덕日德이 괴강魁罡을 보면 설령 길하더라도 빈한貧寒한 선비에 불과하다.
- 괴강魁罡이 財官의 값이고 득지得地되면 의록衣祿이 있는 사람이 된다.
- 傷官이 官을 보아 財印의 地를 만나면 뛰어나다.
- 財星이 印을 깨면 比劫의 장소로 나아가면 貴하다.
- 命에 財가 重하고 運에서 煞을 만나면 吉한데, 命에 煞이 重하게 있는 것이 더 뛰어나고, 運에서 財를 만나면 흉하게 된다.
- 甲乙에 서방 運이 들어오면 身旺하면 공명이 있다.
- 壬癸가 남지南地의 길을 지나는데, 主가 건강하면 財祿이 뛰어나다.
- 劫煞이 旺地로 나아가는 것은 마땅하지 않고, 食神은 偏財가 있으면 가장 뛰어나다.

- 女命의 傷官에 귀록歸祿을 얻으면 극히 吉하고, 男의 명조命造에 羊刃이 있지만 身弱하면 뛰어나다.
- 金神, 건록建祿 난차欄叉를 女命이 만나는 것을 가장 꺼린다.
- 羊刃, 傷官, 七煞을 남자가 만나면 권력을 얻는다.
- 金神이 火를 얻고 煞,刃을 만나면 貴하다는 것을 의심하지 않아야 한다.
- 重한 煞에 印이 있고, 食傷을 만나면 영화가 있다.
- 正官에 正印이 있어도 벼슬을 하지 않을 수 있고, 羊刃에 七煞이 있으면 무과로 출사한다.

- 身旺한데 의지 할 곳이 없으면 승도僧道의 무리이다.
- 도화곤랑桃花滾浪은 창비娼婢로 흐른다.
- 金은 약하고 火는 강하고 土木 소용銷鎔은 장인이 된다.
- 土가 많고 水는 얕으면 마을에서 바느질하는 공인工人이 된다.
- 오호운요五湖雲擾는 처음에 영화가 있고 끝에 욕辱되어 가난한데 寅, 申,巳,亥가 이에 속한다.
- 편야도화遍野桃花는 일생 풍류風流 음색酒色한데 子,午,卯,酉가 그것이다.
- 망신亡神이 煞과 손잡으면 도적의 무리가 된다.
- 빼어난 氣가 실시失時하면 청빈한 선비가 된다.

- 印旺, 身強하면 술을 좋아한다.
- 丁壬이 투화妬化하면 음와淫訛을 犯한다.
- 身,印이 함께 강하면 평생 병病이 없다.
- 천월덕天月德이 도우면 처세處世에 재앙이 없다.
- 食神이 生旺하여 뛰어나면 財,官과 같다.
- 貴는 財煞이 완전하여야 한다.
- 命을 비리고 財를 취하고, 煞을 취하고, 官을 취하는 者는 부귀에 여분이 있다.
- 오직 旺하여 의지 할 곳이 없고, 官,財가 絶되면 빈궁하다.
- 身弱하여 命을 버리고 근根이 없으면 官의 거처가 재상이다.
- 干이 衰하고 身이 化하는 時를 얻으면 자리가 천정天庭에 가깝다.
- 男命은 종從, 화化, 조照, 반返, 귀鬼, 복伏을 상세히 살피는 것이 마땅하고, 女命은 순純, 화和, 청淸, 귀貴, 탁濁, 람濫, 창娼, 음淫을 마땅히 깊이 연구하여야 한다.

驚神論 경신론

- 五行이 生旺하면 조정의 영귀榮貴한 사람이다.
- 四柱가 休囚이면 림하청수林下淸脩의 객이다.
- 귀왕鬼旺하여 身이 쇠약하면 소년에 영화를 얻기 어렵다.
- 祿이 깨어지고 身이 刑하면 어린 나이에 부모를 잃는다.
- 아들은 적고 딸이 많은 것은 陰神이 태중太重하기 때문이고, 아들은 많고 딸이 적은 것은 순양純陽이기 때문이다.
- 현침懸針이 역극逆剋하면 독수리 얼굴을 무리배가 된다.
- 괴강魁罡, 煞,刃은 역신군오役身軍伍로 흐른다.
- 官이 망겁亡劫 겸해서 七煞을 만나면 무장武將이 된다.
- 貴에 財印이 따르고 이덕二德을 만나면 충신忠臣이 된다.

- 財가 衝하고 祿이 깨어지면 시정市井의 도아屠兒가 된다.
- 祿이 旺하여 身이 강강强强하면 호문豪門 귀객貴客이 된다.
- 고진孤辰이 화개華蓋의 값이면 도사道士 혹은 승니僧尼가 된다.
- 劫煞이 괴강魁罡을 만나면 무의巫醫 혹은 술사術士가 된다.
- 함지咸池가 좌왕坐旺하고 刃을 차면 색色으로 인하여 죽는다.
- 역마가 刑이 되고, 祿을 차면 관직에 들고, 부富에 이르고 수명이 길고 부귀하다.

- 무릇 천덕天德이 長生을 만난 인연이면 의식이 풍부하다.
- 財星이 극파剋破되지 않고, 日이 전록專祿이고 支神이 완전하면 貴함을 의심하지 않아도 된다.
- 支에 刃, 干에 官이 時,月에 중봉重逢하면 반드시 벼슬을 한다.
- 戊午, 戊午는 貴한데 刃이 化하여 身을 生하게 때문이다.
- 공록拱祿, 공귀拱貴는 세歲에서 전실填實하여 오면 재앙이 있다.
- 많은 財가 로현露顯한데 敗가 있으면 이룸이 있다.
- 적은 財가 암장暗藏하여 있으면 돈이 너무 많아 썩어 문드러진다.

- 조년早年에 아들이 없는 것은 時日에서 身을 刑하기 때문이다.
- 늦어 아이가 있는 것은 日貴가 時에 있기 때문이다.
- 丙申, 庚寅, 甲巳는 참된 貴人이고, 甲子, 己巳, 壬辰은 직업이 의복醫卜이 된다.
- 日이 刃,煞을 만나면 처는 반드시 자식을 낳다가 사망한다.
- 時가 고허孤虛의 값이면 아들이 닮지 않는다.
- 子나 卯가 한 개의 癸를 만나면 부유하고 가난하지 않다.
- 干支가 刑슴하고 함지咸池를 차면 사창가에서 손님을 돕는다.
- 時上의 偏官을 制하면 늦은 아들이 영기英奇하다.

- 柱中에 財旺하여 生官하면 조년早年에 뽑히게 된다.
- 함지咸池, 화개華蓋가 月時에 상범相犯하면 主는 의지 할 곳 없어 외롭게 된다.
- 조객弔客 상문喪門이 歲運에 병림併臨하면 초상을 맞게 된다.

- 水가 많으면 범람한 무리로 하는 일을 이루지 못한다.
- 土가 많으면 우탁愚濁한 무리로 化生하면 복이 된다.
- 馬가 많으면 1年 내내 분주하다.
- 祿이 많으면 살아나갈 방도가 정해지기 어렵다.
- 刑이 많으면 종終에 잔질殘疾이 있고, 破가 많으면 일생 고한苦恨하다.
- 馬가 많고 祿이 적으면 빨리 달리기 위해 간사한 행위를 한다.
- 財旺하고 身强하면 어질고 충성하는 올바른 선비가 된다.
- 함지咸池가 귀鬼를 만나 合하면 집안이 망하고 사람이 떠난다.

- 劫亡, 煞刃이 傷官을 만나면 흉완하고 재앙이 일어난다.
- 偏財가 身旺하면 재물을 모으는 상인商人이 된다.
- 六合이 財를 만나면 장사꾼이 된다.
- 공인拱印 공귀拱貴는 삼도三島의 궁궐을 거니는 사람이 된다.
- 공록拱祿 공재拱財는 만경의 뽕나무 밭과 붉은 지위의 사람이 된다.
- 印이 있는데 官은 없으면 이루어 누리는 청고淸高한 命이 된다.
- 金神이 水를 만나면 빈한하고 질병이 있다.

- 어리석고 무지無知한 것은 모두 설기되어 身이 손상되었기 때문이다.
- 문무 겸비는 천덕天德, 貴人, 生印이 있는 것이고, 풍류風流, 파탕破蕩은 印이 많고 干이 약하고 함지咸池를 좌한 것이다.
- 스님은 고과孤寡 두 星에 화개華蓋가 임한 것이다.
- 羊刃이 만반滿盤하면 시체가 분리된다.
- 時, 日이 空亡이면 처와 자식이 무력하다.

- 干支에 官이 중범重犯되어 남으면 고질병이 몸을 얽맨다.
- 天乙 한 개가 長生을 만나면 이름을 떨치고 겸해서 누린다.
- 다리를 절고, 곱추는 煞神이 곡각曲脚을 만나 것이다.
- 난쟁이 잔질殘疾은 鬼는 旺하고 日은 쇠약하기 때문이다.
- 支는 유약하고 干은 旺하면 집안은 작고 약하지만 재화는 안정된다.
- 支는 쇠약하고 干은 旺하면 허화虛花에서 벗어난다.

- 四柱가 연주連珠되고 官印이 도우면 일품의 존尊이 된다.
- 五行이 련여連茹하면 財祿이 천종千鍾이 되는 부자가 된다.
- 身이 강강剛強하면 鬼가 와서 나를 훼剋하여도 두렵지 않다.
- 日干이 유약하면 比劫의 도움을 받으면 좋다.
- 身弱한데 食이 많으면 요절한다.
- 金神이 火를 차면 貴하게 된다.
- 강개한 者는 偏財, 劫, 刃이 된다.
- 간린慳吝한 者는 正官, 正財가 된다.
- 七煞을 制하지 않으면 흉악한 무리가 된다.
- 傷官, 함지咸池는 기로岐路*의 객客이 된다.
- 무릇 日干이 크게 약한데 內에 약한 곳을 다시 生하는 것이 있고, 旺相한데 相生한 곳에도 또한 극파剋破하는 것이 있다.

** 간린慳吝 : 몹시 안달하여, 하는 짓이 다라움. 간탐. 칠죄종의 하나인 인색.

** 지로岐路 : 둘 이상의 갈래로 나누어진 길.

明津先生骨髓歌 명진선생골수가

◉ 五行의 생사결生死訣을 알고자 하면 어찌 범인凡人들이 설명하기 쉽겠는가?

五星은 오직 한정된 곳에 기대고, 子平은 오로지 運으로써 판단한다.

삶에 부귀의 과정이 어떻게 되는가 알고자 하는 것이지 죽을 때 어떻게 마감되는 가는 찾는 것은 아니다.

격국은 다만 用神으로써 추리한다. 用이 손상되지 않으면 사람이 멸滅하지 않고, 運行이 먼저 12宮에 분포되어 어떤 궁이 어떤 마디에 내려지는 가를 살피게 되는데 財,官,印綬와 食神의 경중을 알아 분명하게 살펴야 한다.

◉ 官星은 七殺 運으로 나아가면 두렵고, 偏官은 正官이 임림臨하면 두렵고, 官殺이 섞여 나아가면 자세히 살피는 것이 마땅하고, 거살류관去殺도 상세히 평평評하여야 하고, 류관거살留官去殺은 殺을 만나지 말아야 하고, 류살거관留殺去官은 官을 만나지 말아야 하고, 官殺에 손상이 있는 사람은 자절自絶하게 된다.

다시 財格을 살펴 앞일을 정해야 한다. 日時의 財는 偏正을 살펴야 하고, 또 간두干頭에 殺을 차는 것은 두렵다.

殺運을 중봉重逢하면 요절한다. 어느 것이 偏이 재앙이 되고 正이 재앙이 되는가 알아야 한다. 偏이나 正이나 모두 복이 되기도 한다. 형제는 모두 재앙이 되어 運에서 正財가 들어오면 반드시 경쟁하는데, 偏正을 각각 상세히 살펴야 한다.

◉ 財,官 運은 영화가 나타나고, 官에 財運이 들어오면 복의 태胎가 되고, 日干의 근원이 자약自弱한 것은 두렵다. 財가 많으면 鬼를 生하여 身이 쇠衰하게 되고, 財가 많아 身弱한데 財運으로 나아가는 이러한 것은 사망하게 된다.
官이 손상되지 않고 財가 겁탈되지 않으면 수명이 길다.

◉ 印綬는 運行에서 身旺하게 되면 영창榮昌하고, 官과 회합會合하면 관직을 만나고, 사지死地는 재앙이 있다. 만약 財를 만나면 印에 해害롭게 되어 대들보에 목을 매고, 물에 빠지고, 나쁘게 사망하고, 官의 임무를 맡지만 타향에서 사망하고, 장사꾼을 만나면 로방路傍에 존재하고, 印은 財를 만나지 않으면 사람이 사망하지 않는다.
앞의 설명을 추구하여 오로지 세밀하고 상세하게 財,官,印綬를 분명하게 설명하여야 한다.

◉ 다시 食神은 비결이 쉽지 않다. 食神이 유기有氣하여 財,官을 이기면 잔상殘傷이 두렵고 후사가 끊긴다.
도식倒食 運을 만나면 도리어 수명이 손상되어 모름지기 일찍 사망한다.
전격前格은 장단短長을 설명하여 가르치고, 후격後格은 앞의 이치를 정제한 것으로 경중을 나누어 상세히 추리하여야 한다.

官,財가 死絶에 임한 것을 크게 두려워하고, 傷官 命이 運에 다시 官을 만나면 온갖 재앙이 발생하고, 일귀日貴, 일덕日德이 충전衝戰을 만난 이러한 命은 위태로워 망하는 것으로 보고, 비천공록飛天拱祿은 전실塡實되는 것이 좋지 않다.

다시 반신絆神이 들어와 干을 犯하는 것을 살펴야 한다.

만약 희기편의 내용에 의거하면, 格局이 손상되면 요절하고, 후격後格은 生死의 조짐이 어긋나지 않는다.

◉ 財,官이 제일 긴요하다. 運行에서 財官을 만나지 않고 이미 財官을 만났는데, 장소長少가 없으면 수명은 用神으로 알아야 한다.

用神이 制되고 身이 剋되어 손상된다고 禍가 되는 것은 아니고 경중에 따라 구분하는 것이 참된 것이다.

用神이 건왕健旺하면 아무 염려할 것이 없는데, 運에 본질이 손상당하면 건둔蹇迍하게 된다.

◉ 퇴직退職하고, 벼슬에서 파직되고, 집안이 망하고, 업이 깨어지고, 자식 손자가 손상되고, 육친六親 권속眷屬이 좋지 않게 되고, 초상을 당하는 등 온갖 일들이 임해지게 된다.

수명이 어떻게 멈추게 되는가? 運을 깊이 연구 추리하여야 한다. 日干과 運이 殺을 만나고, 刑을 만나면 재앙이 침범한다.

외에 적이 있고, 거듭 내도 적이 있는데, 남은 궁을 구분하여 외부에서 찾아야 한다.

내가 외의 적을 만나면 재앙이 크고, 외가 내의 적을 만나면 禍가 적게 침투한다.

戊,己土는 모름지기 사계四季로 나누어지는데 잡기雜氣 中은 어려워 쉽지 않다.

해마다 수중數中의 몫을 정하여 분별하여야 하는데 制를 받고 손상을 받게 되는 이러한 것은 歲의 氣에 의해서 그러하게 된다.

길흉은 運中에서 지정되고, 어떤 年에, 어떤 月에 재앙이 이르게 된다.

◉ 子運이 歲에서 辰,子,癸을 만나면 태세太歲 및 月에서 극응克應하여야 하고, 寅 運에 丙申을 年에서 만나고, 巳,丙도 마찬가지로 화복의 종류가 된다.

卯 運은 乙木을 상봉하는 것을 두려워하고, 巳中은 戊,庚,丙이 잡회雜會하다.

午 運은 年上에 午,戊가 있으면 흉하고, 年中에 丑,未도 두렵다. 申 궁은 庚,亥를 상봉하지 말아야 하고, 酉는 辛,丑을 만나는 것을 꺼린다.

亥 運은 壬,甲과 申 궁을 만나는 것을 두렵다. 단지 이 8궁은 사계四季를 포함하고, 사계四季는 두혼頭混한 8궁을 따른다.

대저 순환은 지시와 같아 갈 곳을 알 수 없고, 이것은 무궁하다.

干支의 배합, 동일의 위치를 다시 경중을 구분하여 재흉災凶을 정한다. 運은 重하고 歲는 輕한데 마땅히 아울러 논하여야 한다. 길흉은 歲,運을 함께 따른다.

이러한 것은 천금千金과 같은 것으로 비결이 전해지지 않아 내가 흔적은 세상에 털어놓아 도움이 되게 하였으니 술인術人은 의견을 망령되게 하지 않아야 할 것이다.

搜髓歌 수수가

- 조화는 먼저 日主를 살펴야 하고, 다음 제강提綱을 살피고, 四柱는 오로지 財,官으로 논한다.
- 身旺하고 財官이 뛰어나면 부귀하고, 만약 身旺한데 財,官은 손상되면 젊어 이루지만 늙어 없어진다.
- 財,官이 旺한 時가 되고 日主가 旺하면 자포금대紫袍金帶를 어찌 의심하겠는가?
- 財,官이 旺하고 日主가 약하면 運行에서 身旺하게 들어오면 가장 뛰어나다.
- 日主는 旺하고 財,官은 약하면 運에서 財,官이 들어오면 벼슬하는데 이롭다.
- 日主 좌하坐下에 財,官이 있고 월령月令에 상봉하면 貴하게 되는 것이 어렵지 않다.
- 모두 財,官의 동향을 파악하는 것이 긴요하다. 조년早年에 부귀한 것은 祿이 높기 때문이다.

- 財,官이 미약하고, 身은 태왕太旺하면 의지 할 곳이 없어 고한孤寒하게 된다.
- 다시 印이 있는데 比劫이 와서 도우면 처가 傷하고 子가 剋된다.
- 官,煞이 태중太重하고 身도 강하면 오로지 제복制伏을 만나면 현량賢良한 사람이 된다.
- 煞,官이 印과 손잡으면 貴가 적지 않고 훤혁烜赫 위명威名 진양振揚하게 된다.
- 구하九夏에 태어나고 火土가 많으면 水를 만나 구제되어 貴가 중화되어 이롭다.
- 水火는 원래原來 기제既濟되어야 하는데 붓 자루 명리名利가 산하山河를 누른다.
- 화열火熱이 염염炎炎한데 水가 없으면 運行이 水가 되면 아름답다.
- 수세水勢가 도도滔滔한데 土가 없으면 運에서 土가 들어오면 진정으로 기쁘다.
- 동방의 많은 木은 서방 運이 마땅하고, 서방 金旺은 동으로 나아가는 것이 좋다.
- 五行이 상제相濟하여야 조화를 이루어지고, 人命에 만나면 복이 가볍지 않다.

- 삼구三丘 오묘五墓를 重하게 보는 것은 두렵다. 골육骨肉이 참상參商되고, 육친六親이 손상된다.
- 제강提綱이 형충刑衝되면 부모가 剋되고, 日時가 衝하면 처자妻子가 험난하다.
- 比劫 傷官이 만약 다시 旺하면 처가 傷할 뿐만 아니라 아이도 손상된다.

설령 한 명의 자식이 있지만 불효하다. 혹자 구걸하여 기른다 하지만 옳지 않다.

- 身旺, 比肩의 좌에 역마驛馬이면 형제가 이리저리 돌아다녀 한곳에 정착하지 않고, 맑고 깨끗한 것을 좋아한다.

- 팔자에 역마가 번잡하게 교치交馳하면 身에 영화가 있으나 이곳 저곳에 돌아다녀 노곤하다. 혹시 身이 한가하면 마음이 부정不定하고, 동동動하면 풍류가 되고, 정정靜하면 근심이 된다.

- 만약 財星 좌에 역마이면 처가 현숙하고 의지 할 곳을 찾지 못하고 한가하지 못하다.

- 財星이 입고入庫하면 主는 財를 모으고 재물은 잘 지키지만 행동이 떳떳하지 못하고, 처아妻兒에 인색하고, 도와 지키는 것을 좋아한다.

- 단지 羊刃이 암장暗藏하면 두렵고, 官煞 중중重重한데 財가 없으면 처가 내조 하지만 화해롭지 못하고, 시모를 공경하지 않고, 오직 무례하고, 도리어 부권夫權을 빼앗으니 命에서 배척하는 것이다.

- 官星이 生旺하고 다시 長生 時를 얻어 旺을 만나면 자식이 총명하고 매우 뛰어나고 자손들이 개개인 비단 옷을 입는다.

- 日主가 七煞, 梟,食을 차면 처의 胎가 허약하여 자식을 적게 낳고, 경맥이 조화롭지 못하고, 혈질이 있고, 다시 行運도 또한 여하하다.

- 남명에 梟食이 중중重重한데 身弱하면 질병이 많고, 여명에 梟食도 吉하지 않아 난산難産이 있고, 사람을 놀라게 하는 병病이 있고 또한 위태롭다.
- 女命에 官旺하고 겸해서 財旺하면 어진 남편에 아이도 좋다.
- 만약 財,官이 모두 손상을 받으면 지아비가 상傷하고 자식이 剋된다.
- 印綬가 身을 生하고, 身이 다시 旺하면 사람이 刑剋되고 主는 고빈貧孤하다.
- 만약 官이 나타나고 財도 나타나 있으면 보통 사람보다 뛰어나고, 貴人이 돕는다. 女命도 같다.
- 좌하坐下에 傷官이 있으면 지아비를 욕하고, 아침에서 저녁까지 잔소리를 끊지 않는다. 형벌이 백년까지 이어진다.

- 乙巳, 庚午, 辛未를 月干에 차면 가장 아름다운데, 四柱에 보면 主는 지아비가 어질고 貴하다.
- 丙子, 丁丑, 戊子, 己丑의 춘월春月, 이 日에 生한 사람은 서로 같지 아니하다.
- 甲午, 甲申, 乙酉의 좌하坐下에 財,官은 부귀하다.
- 丁亥, 戊子, 庚寅 日主를 만나면 福이 가볍지 않다.
- 辛卯, 丙申, 丁酉는 財官이 내에 숨어 명성이 있다.
- 己亥, 甲申, 庚戌은 印綬, 財官이 안에 암장暗藏되어 다시 丙辰, 壬戌을 얻으면 四柱에 印을 도와 보통이 아니다.

- 甲子, 丙寅, 丁卯, 己巳, 壬辰, 癸巳는 같은데, 身도 같고 月令이 있어 강하면 허명虛名 허리虛利하고 표봉飄蓬하다.
- 辛亥, 庚申에 己丑이 아우르고 좌하坐下에 財官이 처궁妻宮에 없으면 자녀가 좋지 않고 동서남북에 자신의 집이 있다.
- 甲寅, 戊戌, 아울러 庚子가 女에 있으면 지아비를 剋하고, 己巳, 丙午, 丁未도 마찬가지다.
- 壬子가 중중重重하면 主는 고궁孤窮하다.

- 辛酉, 乙卯와 더불어 戊午가 支干이 동류同類하면 처가 부족하다.
- 己未, 庚申, 癸亥은 월령月令이 다시 왕상하면 화해禍害가 있다.
- 日主의 財,官,印綬가 온전하고 月時가 부합하면 福이 연이어진다.
- 干支가 동류同類하고 아울러 身旺하면 극자剋子 형처刑妻하고 조전祖田이 깨어진다.
- 四柱를 강약으로 나누는 것이 좋고, 陰陽으로 잡지 말 것을 첨언하는 바다.

이것이 五行의 참된 묘결로 깨우치지 않은 者는 전傳하지 말라.

四言獨步 사언독보

⊙ 선천先天이 어떠한가? 후천後天이 어떠한가? 온 곳을 알아야 하고, 간 곳을 알아야 한다.

⊙ 四柱를 배정하고, 다음 삼재三才를 구분하여야 하고, 年干은 本이 되고, 원진元辰의 배합을 살핀다.

⊙ 신살神煞의 상반相絆은 경중을 견주어 헤아리고, 먼저 月令을 관찰하고, 格을 논하여 상세히 추리한다.

⊙ 먼저 월령月令을 관찰하고, 格을 논하여 상세히 추리하고, 日을 主로 하여 오직 財,官을 논하여 귀천을 나누어야 한다. 묘한 법이 다단多端하다.

⊙ 단순하면 취하기 쉽고, 난亂하면 밝히기 어렵고, 제거되고, 머무르고, 흩어지고, 짝을 이루는데, 논한 格이 청청淸淸하여야 한다.

⊙ 日主의 고강하여야 하니 월제月提에 득령得令한 것이 좋다.

⊙ 財가 사용되는 물물物物이면 표실表實이 올 바라야 한다.

◉ 년한年限은 主가 되고, 월령月令은 중심이 되고, 日은 백각百刻을 生하고, 旺한 때가 있고 공허한 때가 있다.

◉ 干과 支가 같으면 재물이 덜어지고, 처가 傷하고, 歲,運이 한 무리가 되면 조상의 터전이 파기된다.

◉ 月令에 건록建祿이 있으면 조상의 집에 거처하지 못하지만 財,官을 일견一見하면 자연 발복한다.

◉ 火를 사용하면 水가 근심이고, 木을 사용하면 金이 근심인데, 경중을 구분하면 화복의 참眞을 알게 된다.

◉ 五行이 生旺하면 형수刑囚도 두렵지 않고, 동서남북의 수數는 휴休한 곳에서 다하게 된다.

◉ 寅,申,巳,亥 사생四生의 局을 用하는 物이 되면 身强하게 되고, 만나면 발복한다.

◉ 辰,戌,丑,未는 사고四庫의 神으로 세 개의 인원人元을 사용하는데, 旺하게 투출하여야 참眞이 된다.

◉ 子,午,卯,酉는 사패四敗의 局으로 남이 犯하면 흥쇠가 있고, 女가 犯하면 고독하다.

◉ 진기進氣 퇴기退氣의 物이 命에서 상쟁相爭하면 진기進氣는 죽지 않고, 퇴기退氣는 生하지 못한다.

◉ 財官이 고庫에 임해 있으면 衝하지 않으면 나타나지 않고, 四柱 干支는 서로 合하면 기쁘다.

◉ 제강提綱에 용신用神이 있으면 형충刑衝되는 것이 가장 두렵고. 運을 衝하면 유연하고, 用을 衝하면 흉하다.

◉ 제강提綱에 用神이 있으면 형충刑衝되는 것이 가장 두렵고. 運을 衝하면 유연하고, 用을 衝하면 흉하다.

◉ 삼기三奇가 투로透露하고, 日主가 오직 강하고, 기근寄根이 유력하면 복록이 영창하다.

◉ 十干 화신化神은 유영有影 무형無形이 있는데, 무중無中에 生이 있으면 복록이 기대기 어렵다.

◉ 십악대패十惡大敗은 格中에 가장 꺼리는 것인데, 만약 財,官을 만나면 도리어 부귀하다.

◉ 格들을 상세히 추리하여야 한다. 煞이 重하면 煞을 化하여야 권력이 되니 어찌 用이 훼손된다고 근심하겠는가!

◉ 煞은 印과 분리하지 말아야 하고, 印도 煞과 분리하지 않아야 한다.

煞,印이 相生하면 공명이 현달하게 된다.

◉ 官,煞을 重하게 만났다면 제복하여야 공이 있고, 제왕帝旺으로 行하면 흉하지 않다.

◉ 時煞이 무근無根하면 旺하게 되어야 貴하게 되고, 時煞에 뿌리가 많으면 煞이 旺하여 불리하다.

◉ 8月의 官星은 卯丁을 크게 꺼리고, 卯丁의 극파剋破는 유정有情 무정無情이 있다.

◉ 印綬의 근根이 輕하면 旺하여야 현달하고, 印綬에 근根이 많으면 旺하게 되어 불발不發한다.

◉ 印綬, 比肩은 財로 나아가는 것이 기쁘고, 印綬에 比가 없으면 財를 보면 손상되어 꺼린다.

◉ 먼저 財가 있고 뒤에 印이 있으면 도리어 복이 있고, 먼저 印이 있고 뒤에 財가 있으면 욕辱이 있게 된다.

◉ 財,官,印綬는 比肩을 크게 꺼리고, 傷官, 七煞은 도리어 권력을 돕는다.

◉ 傷官이 財를 用하는데, 官이 없으면 자식이 있고, 傷官에 財가 없으면 자식이 없다.

◉ 시상편재時上偏財는 형제를 두려워하고, 月印이 財를 만나면 比肩을
꺼리지 않는다.

◉ 상관견관傷官見官의 격은 크게 꺼리지만 用神이 손상되지 않으면 어
찌 벼슬을 하지 못하겠는가!

◉ 공록공귀拱祿拱貴는 전실塡實되면 흉하고, 제강提綱에 用이 있으면
같이 논하지 않는다.

◉ 月令에 財官을 만나면 발복發福하여 명록名祿이 고강하고, 比肩은
탈복奪福한다.

◉ 日祿이 時에 있으면 청운득로靑雲得路하는데, 庚日 申時는 財가 투
출하여야 귀록歸祿이 된다.

◉ 임기룡배壬騎龍背는 戌을 보면 무정하고, 寅이 많으면 富하고 辰이
많으면 영화가 있다.

◉ 천원天元이 一氣이고, 지물地物도 서로 같은 이와 같은 것을 얻으면
위치가 삼공三公에 이른다.

◉ 八字가 연주連珠하고 支神이 유용有用하여 조화가 이루어지면 명리
가 반드시 크다.

◉ 일덕금신日德金神은 月에 旺한 土를 만나면 비록 가벼운 이름은 있지만 조업祖業은 몰락한다.

◉ 金神이 煞을 찬 것은 身旺하면 뛰어나고, 다시 火地로 나아가면 명리名利에 마땅한 때가 된다.

◉ 甲日의 金神은 치우치면 火의 制가 마땅하고, 己日의 金神은 火로 制하면 어찌 힘들겠는가?

◉ 六甲이 봄에 태어나서 時에 金神이 犯하면 水는 불발不發하고, 土가 重하면 이름이 참眞되다.

◉ 甲乙이 丑月에 生하고, 時에 金神을 차고 月干에 煞이 있으면 두 눈이 어둡다.

◉ 甲寅에 寅이 겹치고, 二巳가 형살刑煞하면 반드시 종신 덜어지고, 火를 만나도 발發하기 어렵다.

◉ 甲子, 甲寅, 甲辰, 甲午, 甲申, 甲戌이 寅月에 태어나고, 시절時節에 財가 투출하고 행정行程이 서북이면 구류술업九流藝業을 한다.

** 구류九流 : 중국 한나라 때의 아홉 개의 학파. 유가儒家, 도가道家, 음양가陰陽家, 법가法家, 명가名家, 묵가墨家, 종횡가縱橫家, 잡가雜家, 농가農家를 말한다.

◉ 乙日의 卯月에 金神이 강렬하면 比肩에서 부귀하지만, 旺하면 횡사한다.

◉ 天干에 두개 丙이 있고, 地支가 전부 寅이고, 다시 印이 生하는 곳으로 행하면 재앙이 발생하여 사망한다.

◉ 火旺하고 두 개의 寅이 있고, 壬이 투출한 좌에 申이면 간록艮祿은 두 텁게 되고, 水를 보면 身이 손상된다.

◉ 戊子, 戊寅, 戊午, 戊申, 戊戌, 戊子에 寅이 겹쳐있고, 月令에 水金이 있으면 火를 보면 구원되고, 土를 보면 身이 刑된다.

◉ 己日에 戌月은 火神이 무기無氣하고 水,金이 많으면 맹인이 된다.

◉ 年干에 火를 만나고, 日時에 金을 만나고, 己 印을 사용하면 관직에 오르고 이름이 청청淸淸하다.

◉ 추금秋金이 午에 生하고, 丙火가 투로透露하고, 運이 남방에 이르면, 혈상血傷으로 황천에 든다.

◉ 金旺한 삼추三秋에 두 개의 庚과 丙火가 있는데, 丑이 이르면 정이 손상되고, 일이 순조롭게 되지 않는다.

◉ 庚金이 午에 生하고, 辛金이 未에 生하고, 煞이 투출하여 양정兩停하고, 겨울에 生하면 가장 貴하게 된다.

◉ 辛金의 辰月, 庚金의 丑庫는 청고淸孤하고, 순행은 부호하다.

◉ 辛卯日이 年月에 酉를 보고, 時에 조양朝陽을 차면 추한 승도僧道가 된다.

◉ 辛亥日이 月에 戌을 만나고, 水運이 초행初行이면 눈병을 막아야 한다.

◉ 辛酉日에 財,官이 印을 사용하는데, 남방으로 순행하면 반드시 명리를 떨친다.

◉ 辛巳日이 官,印에 祿을 사용하는데, 남방으로 순행하면 귀현貴顯 영복榮福하게 된다.

◉ 酉金이 리離를 만나고, 土가 투출하면 어찌 근심이 있겠는가? 土가 없으면 身이 손상되고 수명이 길지 않다.

◉ 사계四季 月에 生하고 日主에 庚,辛이 있으면 어찌 主가 약하다고 하겠는가? 旺地에서 이름을 이룬다.

◉ 辛金이 火를 만나고 土를 보면 刑이 되고, 陽金이 火를 만나 土가 투출하면 이름을 이룬다.

◉ 壬이 午位에 生하고 祿馬가 동향同鄕이고, 火를 겹쳐 만나면 格局이 고강하다.

◉ 壬癸에 金이 많고 酉申에 生하고 土旺하면 貴하고 水旺하면 가난하다.

◉ 癸가 巳 궁을 향하면 財,官,印이 있어 運이 남방에 이르면 명리를 떨친다.

⊙ 癸日 己亥에 煞財가 투로透露하고, 地에 傷官과 합하면 노력 하지만 富하게 되지는 않는다.

⊙ 癸日에 申月, 卯亥 세시歲時, 年에 己煞, 月에 壬 劫이면 벼슬을 그만 두게 되고 고독하다.

⊙ 癸日이고 干에 己가 있고 陰煞을 겹쳐 만나서 官과 서로 섞여 있지 않으면 명리가 반드시 통한다.

⊙ 傷官 격은 여인이 가장 꺼리고, 印과 財를 차면 도리어 부귀하게 된다.

⊙ 煞이 많지만 制하면 여인은 반드시 貴하고, 官星이 겹치면 음란하다.

⊙ 官星 도화桃花는 복덕福德이 뛰어나고, 煞星 도화桃花는 아침에 분주하고 저녁에 노래를 부른다.

⊙ 庚日 申時에 柱中에 金局이 되고 支에 화합會合이 없으면 官이 손상되고, 처가 겁탈 당한다.

⊙ 癸日에 寅月, 壬日 亥月은 제강提綱을 犯하지 마라 화복을 추리하기 어려울 정도가 된다.

⊙ 甲日에 건월乾月은 煞을 보면 比가 기쁘고, 金水의 뿌리가 심어지면 寅,卯,未를 꺼린다.

392

◉ 戊,己가 丑月에 比肩이 투출하고, 運이 겹쳐 입국入局하면 午未를 만나는 것은 꺼린다.

◉ 壬癸가 감궁坎宮에 生하고, 支에 午戌을 만나고 간두干頭에 比肩이 있으면 동東으로 行하면 길하다.

◉ 甲,乙이 진궁震宮에 生하고, 卯가 많으면 요절하고, 역순逆順 運行은 子,申에 발복한다.

◉ 庚의 辛巳月은 金의 生地이고 火도 旺한데 比劫에 뿌리가 심어져 있어 金火로 행하면 象을 이룬다.

◉ 丙丁의 酉月은 比肩을 꺼리지 않는다. 火 이궁離宮에 들면 比肩의 한 예와 같다.

◉ 곡직曲直 丑月은 印이 있고, 金이 뛰어나고, 壬癸 丑月은 土가 두텁고 金이 잠긴 된다.

◉ 食神이 生旺하면 뛰어나기가 財,官과 같고, 탁하면 천하고, 청하면 벼슬을 하게 된다.

◉ 陽木이 무근無根한 丑月에 태어나고, 水가 많으면 貴하고 金이 많으면 절折한다.

◉ 乙木이 무근無根한 丑月에 生하고, 金이 많으면 貴하고, 火土는 절折된다.

393

◉ 丙火가 무근無根하고 子,申를 완전히 보고, 制가 없고 生도 없는 이 같은 身은 빈천하다.

◉ 六甲 좌가 申이고, 3개 子를 보고, 運이 북방이 되면 횡사를 막아야 한다.

◉ 丙이 申位에 임하면 陽水는 크게 꺼리고, 制하고 身强하면 명리를 크게 이룬다.

◉ 己가 亥宮에 들면 陰木은 크게 두렵고, 月의 印이 生하면 자연히 福을 이룬다.

◉ 己日이 煞을 만나고, 印旺하고, 財는 복복伏하고, 運이 동남이 되면 貴가 높고 財가 족하다.

◉ 壬寅, 壬戌에 陽土가 투출透出하고 官星이 혼잡하지 않으면 福이 높고, 祿이 나타난다.

◉ 陰水가 무근無根하면 火는 貴하고, 陽水가 무근無根하면 火가 두렵다.

◉ 丁酉는 음유陰柔하여 水가 많아도 근심이 없고, 比肩이 투로透露하면 格에서 가장 꺼린다.

◉ 戊寅 日主는 어찌 煞이 旺한 것을 두려워하고, 火가 노출하면 이름을 이루고, 水가 들어오면 표탕漂蕩하다.

◉ 庚午 日主의 支에 火가 염염炎炎하고, 土를 보면 貴하고 水를 보는 것은 싫어한다.

◉ 辛未는 身弱한데 卯가 제강提綱에 있으면 格으로 취하고, 癸酉도 身弱한데 財를 보면 格에 해롭다.

◉ 癸巳는 무근無根한데, 火土를 중견重見하고, 財가 투출하면 명예가 있고, 근根이 노출하면 천하다.

◉ 辛酉 8月, 未時는 生을 받는데, 人命에 이것을 만나면 평생 흉이 많다.

◉ 甲乙이 무근無根하면 申,酉를 만나는 것은 두려운데 반드시 맹인이 된다.

◉ 乙木 酉月이 水를 만나면 뛰어난데, 뿌리가 있으면 丑은 끊고, 뿌리가 없으면 寅은 위태롭게 된다.

◉ 乙木 坐에 酉가 있고, 庚丁이 투출透出하고, 두 庫에 귀근歸根하고, 고신孤神은 득실이 있다.

◉ 丙火에 申이 제강提綱이고 뿌리가 없으면 종살從煞이 되고, 뿌리가 있는 남에서 旺하고, 뿌리를 잃으면 수명이 짧다.

◉ 陽火가 뿌리가 없으면 水는 반드시 꺼리고, 陰火가 뿌리가 없으면 수향水鄉에서 구원된다.

◉ 陰火가 酉月이면 命를 버리고 財(棄命就財기명취재)를 취하는데, 북으로 행하면 입격入格하고 남으로 나아가면 재앙이 발생한다.

◉ 戊己 亥月은 身弱하여 命을 버리게(棄命기명) 되고, 卯月도 같이 추리한다. 劫比은 뿌리가 되어 좋지 않다.

◉ 庚金이 뿌리가 없으면 인궁寅宮, 화국火局, 남방은 貴하게 되는데 수명은 짧다.

◉ 辛巳는 음유陰柔하다. 水는 官煞이 갇히고, 運에서 金이 더해지면 총명하고, 발달한다.

◉ 壬日에 戊이 제강提綱, 癸干 未月은 運이 동방이면 좋고, 衝을 만나면 끊긴다.

◉ 命을 버리고 財를 취하는 기명취재棄命就財는 모름지기 財,煞을 만나야 한다.

◉ 종재從財는 煞을 꺼리고, 종살從煞은 財가 좋다. 근기根氣를 만나면 손상되는 것을 의심하지 않아야 한다.

이 법은 지극히 깊고 멀지만 뜻은 깨닫게 되면 신선이 될 것이다.
학자에 내용을 전수하니 천금千金을 얻어도 전하지 마라.

五言獨步 오언독보

◉ 병病이 있는 곳이 貴하고, 손상이 없으면 뛰어나지 않은데 格中의 병病을 제거하면 비로소 財와 祿이 함께 따라 기쁘게 되는 것이다.

◉ 寅,卯에 金丑이 많으면 빈부에 고저가 있고, 남지南地는 申을 만나는 것이 두렵고, 북지北地는 酉를 보면 쉽게 된다.

◉ 건록建祿이 제월提月에 있으면 財,官이 天이 투출한 것이 좋고, 身이 다시 旺한 것은 좋지 않고, 재원財源이 무성하여야 한다.

◉ 두터운 土가 많은 火를 만나고, 金이 旺한 가을을 만나고, 겨울의 天 水에 木이 뜨면, 명리가 허부虛浮하다.

◉ 甲,乙이 卯에 생거生居하는데 金이 많으면 도리어 길상吉祥하고, 煞을 많이 보는 것은 마땅하지 않고, 火地는 의량衣糧을 얻는다.

◉ 火는 서방의 酉을 꺼리고, 金이 水에 침침沈하는 것이 두렵고, 木神은 午를 보면 휴休하고 水가 卯에 도달하면 손상된다.

◉ 土에 亥가 행하면 휴휴하고, 巳 궁은 임관臨官이 되고, 남방은 근根이 旺하게 되고, 서북은 만나지 말아야 한다.

◉ 陰日의 조양격朝陽格이 무근無根하고, 월건月建에 辰이면 서방西方이 도리어 貴하고, 干에 火가 래침來侵하는 것을 두려워한다.

◉ 乙木이 酉에 생거生居하면 巳,丑은 만나지 않아야 하고, 부귀는 감리 坎離의 궁이 되고, 빈궁은 곤간坤艮에서 머무른다.

◉ 煞이 있으면 오직 煞로 논하고, 煞이 없으면 用을 논하고, 다만 煞星 은 제거하기를 요하고, 제강提綱이 重한 것은 두려워하지 않는다,

◉ 甲,乙이 만약 申을 만나면 煞,印이 相生하고, 木旺이 金旺을 만나면 반드시 관포冠袍를 몸에 걸친다.

◉ 丙火를 겹쳐 만나는 것은 두려운데 북방은 도리어 공이 있고, 水를 보 는 것이 마땅하지만 제강提綱을 衝하는 것은 두렵다.

◉ 8月 官星은 旺한데, 甲이 깊은 추기秋氣를 만나면 財,官이 겸한 도움 으로 명리가 자연 형통하다.

◉ 곡직曲直인 춘월春月에 生하여 干上에 庚辛을 만나면 남리南離는 부 귀한 것으로 추정하고 감지坎地는 흉하다.

◉ 甲,乙이 3月에 生하여 庚,辛,戊,未가 있고, 丑 궁, 壬癸의 위치는 어찌 무근無根이 되겠는가!

◉ 木이 무성하면 金火가 마땅하고, 身이 衰하면 鬼를 감금하여야 하고, 時는 서와 북으로 나누고, 경중은 동남으로 분별하여야 한다.

◉ 시상포태격時上胞胎格은 月에 印綬를 만나면 통하고, 煞官의 運이 되어 도우면 직위가 삼공三公에 이른다.

◉ 두 개의 子는 午를 衝하지 못하고, 두 개의 寅은 申을 衝하지 못하고, 두 개의 午는 子를 衝하지 못하고, 두 개의 申은 寅을 衝하지 못한다.

◉ 財,官,印綬 三格이 완전한 하나의 格이 되었는데 運에서 극파剋破를 만나면 황천에 들어간다.

◉ 진기進氣는 死해도 死하지 않고, 퇴기退氣는 生하여도 生하지 않는다. 종년終年에 발왕發旺하지 않고 오히려 소년에 刑이 있어 꺼린다.

◉ 시상편재時上偏財 格은 간두干頭에 比肩을 꺼리고, 身主가 旺한 月에 生하면 貴, 福의 氣가 깊다.

◉ 시상일위귀時上一位貴는 支中에 이것이 감추어져 있고, 日主가 강강 剛强하면 이 氣가 있는 곳에 명리가 있다.

◉ 運行은 10년인데 上下 5年으로 나누고, 먼저 유년流年 세歲를 관찰하고 깊이 래왕來往하는 순旬(10년)을 깊이 알아야 한다.

2019. 02. 15 大尾.

蟾彩 金正安